2020年度国家出版基金资助项目；
广州市人文社会科学重点研究基地“广州与中外文化交流研究中心”项目；
中山大学西学东渐文献馆项目。

西学略述
西学考略

〔英〕艾约瑟／著　吕飞跃／校注

〔美〕丁韪良／著　吕飞跃　肖清和／校注

晚清西学丛书

主编：梅谦立　周伟驰　姚达兑

南方日报出版社
NANFANG DAILY PRESS
中国·广州

图书在版编目（CIP）数据

西学略述 /（英）艾约瑟著；吕飞跃校注．西学考略 /（美）丁韪良著；吕飞跃，肖清和校注．-- 广州：南方日报出版社，2021.12
（晚清西学丛书．第二辑）
ISBN 978-7-5491-2312-4

Ⅰ．①西… ②西… Ⅱ．①艾… ②丁… ③肖… ④吕… Ⅲ．①学术思想－思想史－西方国家②西方文化－研究Ⅳ．① B5 ② G11

中国版本图书馆 CIP 数据核字 (2020) 第 257854 号

XIXUE LÜESHU XIXUE KAOLÜE
西学略述　西学考略

著　　者：（英）艾约瑟　（美）丁韪良
校 注 者：吕飞跃 肖清和
出版发行：南方日报出版社
地　　址：广州市广州大道中 289 号
出 版 人：周山丹
出版统筹：谭庭浩
策划编辑：黎　衡
责任编辑：陈　焱
装帧设计：邓晓童
责任校对：魏智宏
责任技编：王　兰
经　　销：全国新华书店
印　　刷：广州市岭美文化科技有限公司
开　　本：889mm×1194mm　1/32
印　　张：12.625
字　　数：267 千字
版　　次：2021 年 12 月第 1 版
印　　次：2021 年 12 月第 1 次印刷
定　　价：58.00 元

投稿热线：（020）87360640　读者热线：（020）87363865
发现印装质量问题，影响阅读，请与承印厂联系调换。

总序一

梅谦立

近三十余年来，西学东渐方面的研究已取得了较好的成绩，尤其是晚明清初时段的研究，产生了不少新成果，在学界有不小的影响。从晚明延至晚清民国的西学东渐研究，这是很合理的研究趋势。晚清民国的西学东渐，并非从零开始，而是与晚明有着千丝万缕的联系。其实，在鸦片战争之前，晚明开始引入的西学，潜移默化之间已经渗透进中国社会文化的各个领域。

2006年，在倪梁康教授的领导下，中山大学组建了西学东渐文献馆，其宗旨在于借助广东的地缘优势，进行相关文献资料的收集、整理和研究工作，以推进西学东渐方面的研究。围绕着这一目标，文献馆稳步推进有关工作。比如，目前已连续出版了学术辑刊《西学东渐研究》，共8辑。2015年，文献馆与中国社会科学院周伟驰教授、中山大学姚达兑副教授筹划出版《晚清西学丛书》，侧重于晚清时具有一定影响力但当前还未作整理校注的西学著作。2016年，经广州市社会科学规划领导小组批准，在文献馆的基础上设立了广州市人文社会科学重点研究基地——中山大学广州与中外文化交流研究中心。中心亦随即加入推动落实《晚清西学丛书》的整理和出版计划。2018年，《晚清西学丛书》第一辑（共计七册）付梓。现在，丛书的第二辑亦将印行，包括《劝世良言》《普法战纪》《中西关系略论》《辨学启蒙》《西学略述　西学考略》《格致新机　格致新法》《时事新论》《百年一觉》《富国策》等九册十一种。除了《劝世良言》和《西学略述》在1980年代初曾经出版之外，其他的并没有再版，不易寻觅。这些著作涉及哲学、文学、政治、科学、经济等学科，呈现出晚清时期西学东渐的丰富性，同时对于追溯现代中国的西方哲学、文学、政治学、经济学、自然科学等学科的建立及发展都具有很大的价值。相信这些书的出版，能有助于高校师生和普通读者更为深入地了解晚清知识界的世界视野，以及西方知识在中国的传播过程。

在晚明清初的中西交流中，广州扮演了很重要的角色。延至晚清，尽管上海逐渐兴起，但广州在文化交流上的重要性并没有因此而衰落，在译介及出版方面仍处于领先地位。《晚清西学丛书》第二辑收入的一批曾经产生很大影响的文献，与广州作为中西文化交流的中心密切相关。《劝世良言》为基督新教第一位华人传道人、广东人梁发的著作。此书还收入了稀见的梁发《言行日记》《熟学圣理略论》《真道问答浅解》等。梁发一家曾生活在广州海珠区龙导尾附近。梁氏逝世之后，其墓还曾迁到岭南大学校园中央。《普法战纪》为王韬在香港撰写，在晚清产生了很大的影响，重印数次。《劝世良言》一定程度上影响了洪秀全领导的太平天国运动，《百年一觉》《时事新论》等对康有为、梁启超等维新派产生了巨大的影响。这些著作，提供了理解广东敢为天下先这一改革开放精神的思想背景。这些对于广州（乃至广东的）的历史文化研究，也有着重要的意义。

整理文献不是很起眼的工作，但需要相当的付出。好的整理工作，需要很谨慎，需要做很多研究性的工作。而在当前管理制度下，文献整理很难获得好的“工分”。因此，这一吃力不讨好的工作得以顺利完成，要非常感谢参与本辑丛书整理工作的杨汤琛、叶杨曦、周伟驰、李彬、吕飞跃、肖清和、马永康、王雨、张锦冬、姚达兑等诸位学者的付出，同时也感谢南方日报出版社编辑团队的精心编辑。

此外，本辑丛书获得了2020年度国家出版基金和广州市人文社科重点基地建设项目的资助，特此致谢。

2020年6月8日

总序二

周伟驰

一、晚清西学东渐的译述时期与转译时期

历史上发生过几次大规模的知识传播运动，表现为大规模的翻译运动，如希腊经典被译为阿拉伯语（百年翻译运动），阿拉伯语的希腊经典被译为拉丁语，印度佛典被译为汉文，日本明治维新后对于西方著作的翻译等。明清之际，西方知识开始向中国传播，虽然中间有过停顿，但西学东渐规模越来越大，在晚清呈现上升趋势，到民国达到一个高潮。改革开放后，更是以前所未有的速度快速进行，目前的态势用“方兴未艾”来形容也不为过。“西学东渐”作为一个过程，跟“中学西传”是一体两面。就西学东渐本身来说，在这个过程中，虽然也有少量著作是撰写的，但还是以翻译著作居多，可以说西学东渐是一个翻译的过程。

在明末以来这个生机勃勃的“400年翻译运动”中，晚清占有特殊地位。晚清译介者[1]来源是多种多样的，既有西方传教士也有中国学者，既有教会组织也有政府机构。翻译内容五花八门，从宗教知识到世俗知识，呈现出阶段性的特征。我们可以根据翻译活动的方式是直接翻译还是转译，是合作翻译还是独自翻译，概括地将晚清西学翻译分为两个时期，时间上大致以甲午战争至维新变法为界。甲午战争前是“译述时期”，维新变法失败后是“转译时期”。

---

[1] 本文所说的“西学东渐”是指西方知识在中国的传播，它们有些是通过直接翻译实现的，有些则是由一些人撰写著作实现的。本文重视翻译，但也重视介绍西方知识的著作。一般模糊地称为“译撰”或“译介”，如林乐知、花之安，既翻译又自己撰写、介绍西方的知识。再如一些中国学者，可能在不懂外文或仅是略懂外文的情况下，也编写一些西学著作，如王韬、王炳耀都可以放在西学东渐传播西学范围之下。

从马礼逊来华到戊戌变法失败后，翻译者主要是西方传教士及其中国助手，一般情况下是传教士“口译”，中国助手“笔述”。当然，这时期不是没有个别人士可以单独地进行翻译（如颜永京），但总体来说这样的人凤毛麟角，因此，我们可以把这一时期（1807—1898年）称为“译述时期”。这一时期的翻译者如果受雇于教会，则其翻译内容多为宗教类著作；如果受雇于清政府（如江南制造局翻译馆），则其翻译多为军事科技类著作；如果是自立的学会（如广学会），则人文社科类著作会多一些。

“译述时期”大致可分成三个阶段。从1807年马礼逊来华学习中文翻译《圣经》到第一次鸦片战争，为第一个阶段，翻译的主体为传教士及其中国助手，他们主要在中国的广州、澳门以及东南亚一带，翻译的内容主要是宗教书籍，也有一些地理、历史、科技的著作，还办了一些中文杂志。

第一次鸦片战争到第二次鸦片战争，为第二个阶段。这时香港被割占，广州之外，福州、厦门、宁波、上海成为通商口岸，太平天国运动使得中华帝国南部陷入战乱。以上海为中心，传教士在各大口岸与其中国助手翻译了一些宗教著作与文化著作，创办了一些中文杂志[1]。

在这两个阶段中，著名的译撰者有马礼逊、米怜、郭士立、麦都思、合信、俾士、湛约翰、罗孝全、艾约瑟、慕维廉、玛高温、伟烈亚力等，与之合作的中国人有李善兰、王韬、管嗣复、张福僖等人。这些传教士所出中文书刊对林则徐、梁廷枏、徐继畬、魏源都有影响，使他们成

[1] 第一、二个阶段的主要译著，可参考熊月之：《西学东渐与晚清社会》（修订版），北京：中国人民大学出版社2011年版，第105—109页及第三章。其出版数据主要依据伟烈亚力《基督教在华传教士纪念录》及苏精《马礼逊与中文印刷出版》。

为第一批睁眼看世界的中国人。较出名的出版中心有宁波花华圣经书房（1860年迁到上海后改名美华书馆）、上海墨海书馆等。

第二次鸦片战争到甲午战争和维新变法期间，为第三个阶段。这一阶段，太平天国被镇压，同光中兴，洋务运动兴起，以传教士为主的西方人士有一些服务于北京、上海、广州、福州、天津等地的清政府机构，与中国助手翻译了大量军事、科技、史地类著作。一些为教会服务的传教士翻译了一些宗教著作。一些有“文化传教”情怀的传教士则创办了广学会这类文化机构，他们办刊、出书，译述了一些社会科学类的著作。西学翻译的中心，在教会方面主要有广学会、益智书会、美华书馆、博济医局、上海土山湾印书馆、金陵汇文书院、福州美华书局，在官方和中国知识分子方面则主要有同文馆、江南制造局翻译馆、天津机器局、天津武备学堂、上海译书公会、农学报社、申报馆等[1]。活跃的口译者有嘉约翰、傅兰雅、金楷理、林乐知、李提摩太、艾约瑟、慕维廉、花之安、韦廉臣、舒高第[2]等人，著名的笔述者则有中国的王韬、沈毓桂、蔡尔康、徐寿、徐建寅、华蘅芳、钟天纬、瞿昂来、李凤苞、任廷旭、范祎等人，能从事独立翻译的有李问渔、颜永

[1] 熊月之列出了主要出版中心书目、京师同文馆译著书目，见熊月之：《西学东渐与晚清社会》（修订版），北京：中国人民大学出版社2011年版，第253—254页；江南制造局翻译馆译书目录，见第423—432页；广学会出版西书目录（1900年以前），见第446—447页。

[2] 舒高第是中国人，在美国学习过很长时间，中文笔译能力似不甚佳，翻译时尚需助手笔述。

京等少数几人[1]。他们译介的西方知识对洋务派、维新派、革命派，如李鸿章、张之洞、康有为、梁启超、谭嗣同等人都有影响，西方知识传播者的影响力在维新变法中达到顶峰。

甲午战争的战败意味着洋务运动的失败。向西方学习几乎成了朝野上下的共识，日本因为“同文同种”、路近学费低、现代化成绩较好而获得了梁启超、张之洞等人的青睐，他们认为留学日本学习西学是一个捷径。在他们的提倡下，清政府自1896年开始向日本派出留学生，人数逐年增多[2]。在废除科举的1905年和次年，留日人数达到顶峰，分别是8000人和1.2万人。1898年维新变法失败后逃亡日本的梁启超[3]，加上留日学生，使得从日文“转译西学”大为兴盛，翻译数量快速地超过了“译述时期”[4]，我们可将这一时期（1898—1911年）称为“转译时期”。这不是说在此阶段已没有“译述”和单独直译，广学会、

[1] 有些学者认为，晚清条约口岸围绕着当时传教士和清政府的翻译活动，出现了一批了解西学、倾向西学的中国知识分子，参考段怀清：《传教士与晚清口岸文人》，广州：广东人民出版社2007年版；王立群：《中国早期口岸知识分子形成的文化特征：王韬研究》，北京：北京大学出版社2009年版。

[2] 黄福庆：《清末留日学生》，台北：“中央研究院”近代史研究所1975年版，第2—3页。

[3] 梁启超在去日本之前的西学知识主要来源于译述，流亡日本后他凭借自创的“和文汉读法”，能够阅读日文著作。关于梁启超与明治思想界的关系，可参考狭间直树编：《梁启超·明治日本·西方》，北京：社会科学文献出版社2012年版；狭间直树主讲：《东亚近代文明史上的梁启超》，上海：上海人民出版社2016年版；郑匡民：《梁启超启蒙思想的东学背景》，上海：上海书店出版社2009年版。与梁启超相关的近代中日之间西学概念的翻译与传播，可参考狭间直树、石川祯浩主编，袁广泉等译：《近代东亚翻译概念的发生与传播》，北京：社会科学文献出版社2015年版；石川祯浩：《中国近代历史的表与里》，北京：北京大学出版社2015年版。

[4] 实藤惠秀：《中国人留学日本史》，北京：北京大学出版社2012年版，第167—207页。

严复、林纾亦仍在翻译，而只是说，在规模和影响上，这一阶段是以从日文“转译”过来的西学为主。民国后才进入对于西学大规模的“独立直译”阶段。

这一时期译介西学的机构有商务印书馆、译书汇编社、南洋公学译书院、广智书局、作新社、文明书局、会文学社（会文堂书局）、金粟斋译书处、教育世界出版社、新学会社、中国医学会等，翻译的内容侧重于社会科学和史地书籍，而应用科学与自然科学比重减少。译介者大多是留日者，如樊炳清、蔡元培、王国维、范迪吉等。

在“转译时期”，明治时期由日本学者创制的对译西方名词的“和制汉词”大量进入中文，有很多取代了“译述时期”的译法，成为今天我们仍然在应用的主流译词。这可能是自佛教词汇之后最大规模的“外来词”群体。像“哲学”“社会”“文学”“经济”“政治”“宗教”“自由”这类人文社科名词，都是来自和制汉词。这些词的总量在1000个左右[1]，实际数量可能远不止此。由于“转译”在广度和深度上远超此前的“译述”，和制汉词逐渐占据主流，替代了“译述时期”的许多译法，而使汉语基本词汇实现了“急速现代化”[2]。不过，明治和制汉词本身对于日本来说只是一个历史阶段现象。随着日本减少汉字学习，以及用“和制英语”的人越来越多，汉词及和语逐渐不用或少用[3]，汉字在日本的使用本身呈萎缩

[1] 周圣来：《美意识的种子：和制汉词对中国现代文学的影响》，香港：练习文化实验室有限公司2016年版，第89—93页；和制汉词总表参见该书第335—341页。

[2] 郎宓榭等著：《新词语新概念：西学译介与晚清汉语词汇之变迁》，济南：山东画报出版社2012年版，引言。

[3] 周圣来：《美意识的种子：和制汉词对中国现代文学的影响》，香港：练习文化实验室有限公司2016年版，第71—73页。

状态。但是，明治和制汉词在中文世界中反而站稳脚跟。可以说，今天中文世界的翻译已难以离开和制汉词。虽然里面问题很多，但是约定俗成，即使要作改良也只能逐步地进行了。

由“译述”逐渐向“转译”发展，这在书目汇编的变化中体现出来了。晚清新书的编目，除了出版者（如广学会）的年报外，比较集中的有：傅兰雅《译书事略》（江南制造局翻译西书事略），《格致汇编》1880年5—8月连载。孙维新《泰西格致之学与近刻翻译诸书详略得失何者为最要论》，本为上海格致书院作业，对140本西书做出比较评价，后刻印出来。梁启超《西学书目表》[1]，《时务报》报馆1896年版，录通商后西书名352种，附表录通商前西书名86种、近译未印书目88种。沈桐生《东西学书录提要总叙》，读有用书斋1897年出版。黄庆澄编《中西普通书目表》，上海算学报馆1898年刻，里面西学部分多取自梁启超《西学书目表》。徐维则编《东西学书录》，1899年出版。这些书目所录的绝大多数是“译述”著作。徐维则的《东西学书录》后来得到顾燮光帮助，顾燮光补充了从日文译为中文的西书，二人合编《增版东西学书录》，1902年出版。赵惟熙编《西学书目答问》，1901年出版。而上海通雅书局在1903年、1904年出版的《新学书目提要》，编者可能是一群留日学生。顾燮光《译书经眼录》，杭州金佳石好楼1934年印。这些书目中，最齐全的

[1]《西学书目表》，1896年武昌质学会重校本。该本前言《西学书目表序例》，亦载《时务报》（第八册），见《时务报》报馆编：《强学报时务报》（第一卷），北京：中华书局1991年版，第488—494页。

可以说是《增版东西学书录》和《译书经眼录》[1]。从这两本书可以看出，1900年后从日文转译的西学著作已成为当时翻译书的主流，在社会科学著作中占有绝对地位。据不完全统计，1896—1911年，中国翻译的日文书至少有1014种。这个数字远远超过此前半个世纪以来中国翻译西文书数量的总和，也大大超过同时期中国翻译西文书的数量[2]。而其中社会科学著作达366部，法律图书98部，政治图书96部[3]。

上面所说的西学著作多指图书，但是晚清介绍西学的还有一些中文报刊，不少著作都是先在报刊上登出再出单行本的。近代报刊的一般情况，可以参考戈公振《中国报学史》[4]的第三章“外报创始时期”以及美国白瑞华《中国近代报刊史》等[5]。关于这些报刊的详细目录，可以参考《中国近代期刊篇目汇录》[6]。

《西学书目表》《增版东西学书录》和《译书经眼录》，都侧重于科技类与社会科学类译著，许多书被遗漏，比如新教人士的著作。早期新教来华传教士所译撰的

---

［1］这两个目录被收入熊月之：《晚清新学书目提要》，上海：上海书店出版社2014年版，前言。该书索引亦很有价值。

［2］熊月之：《西学东渐与晚清社会》（修订版），北京：中国人民大学出版社2011年版，第509页。

［3］谭汝谦主编：《中国译日本书综合目录》，香港：香港中文大学出版社1980年版。转自滕超：《权力博弈中的晚清法律翻译》，北京：中国社会科学出版社2014年版，第335页。

［4］戈公振：《中国报学史》，上海：上海书店出版社2014年版。

［5］白瑞华著，苏世军译：《中国近代报刊史》，北京：中央编译出版社2013年版；赵晓兰、吴潮：《传教士中文报刊史》，上海：复旦大学出版社2011年版。传教士中文报刊对维新派报刊有影响，可参考徐松荣：《维新派与近代报刊》，太原：山西古籍出版社1998年版。

［6］上海图书馆编：《中国近代期刊篇目汇录》（一），上海：上海人民出版社1965年版。该书于1980年重印。

著作，可以参考伟烈亚力1867年出版的《基督教新教传教士在华名录》[1]；1860年后的新教译撰著作散落各处，近已有人系统整理，如黎子鹏的《中国基督教文字事业编年史：1860—1911》[2]。

二、译述时期的主要译撰者及其观念

从1807年马礼逊来华并准备翻译《圣经》到1911年清王朝覆灭，晚清可以说是经历了一个“百年翻译”运动。如果说最后13年（1898—1911年）是“转译”由无到有到兴盛的过程，那么，在此之前的90余年（1807—1898年）则是“译述时期”。虽然有不少翻译机构，但如果看最活跃的翻译者，我们会惊讶地发现，他们大多是新教传教士[3]。译得最多也最有名的，几乎全是传教士[4]，如伟烈

[1] Alexander Wylie, *Memorials of Protestant Missionaries giving a List of Their Publications, and Obituary Notices of the Deceased.* With Copious Indexes. Taipei: Ch' Eng-wen Publishing Company, 1867. 伟烈亚力著，赵康英译：《基督教新教传教士在华名录》，天津：天津人民出版社2013年版。

[2] 黎子鹏编著：《中国基督教文字事业编年史：1860—1911》，香港：基督教文艺出版社有限公司2015年版。

[3] 有的学者将传教士翻译分为三个阶段：1815—1842年，从南洋创办《察世俗每月统记传》至上海墨海书馆建立；1843—1887年，从上海墨海书馆建立至上海广学会成立；1888—1898年，广学会成立至维新变法失败。并列出了各时期的主要非宗教类著作。参考何绍斌：《越界与想象：晚清新教传教士译介史论》，上海：上海三联书店2008年版，第44—45页及第一章。这种分期法过分以上海为中心，而且太细。其实，无论宗教还是非宗教类书籍，晚清译述是多中心的，上海当然最活跃，但北京、广州、宁波、武汉等地也从未中断过。

[4] 改革开放后，对作为中国近代史上重要一环的传教士展开了大规模的翻译和研究。翻译中较为重要的系列是周振鹤教授主编并由广西师范大学出版社出版的“来华基督教传教士传记”丛书，黄兴涛、杨念群主编并由中华书局出版的“西方的中国形象”丛书。此外，亦有不少零散出版的传教士传记。

亚力[1]、傅兰雅[2]、林乐知[3]、丁韪良[4]、李提摩太[5]、金楷理等人，因为当时愿意来华且愿意从事文化传播的西方人士只有传教士。西方本土的知识分子没有机会、动力和经费来华，中国人也没有主动去请他们。这种局面要等到“五四”前后杜威、罗素受邀来华方有改变。传教士撰译宗教书籍是其来华的本行和义务，而译介科技、史地、人文社科著作，要么是因为受雇于清政府，要么是被“文化传教”“社会福音”的淑世情怀驱动[6]。如广学会的几位

［1］汪晓勤：《中西科学交流的功臣：伟烈亚力》，北京：科学出版社2000年版。

［2］王扬宗：《傅兰雅与近代中国的科学启蒙》，北京：科学出版社2000年版。傅兰雅在加州大学的全部英文档案已收入戴吉礼主编：《傅兰雅档案》，桂林：广西师范大学出版社2010年版。

［3］贝奈特著，金莹译：《传教士新闻工作者在中国：林乐知和他的杂志（1860—1883）》，桂林：广西师范大学出版社2014年版；梁元生：《林乐知在华事业与〈万国公报〉》，香港：香港中文大学出版社1978年版；卢明玉：《译与异——林乐知译述与西学传播》，北京：首都经济贸易大学出版社2010年版。单篇论文当然更多，如查时杰：《林乐知的生平与志事》，载林治平主编：《基督教入华百七十年纪念集》，台北：台北宇宙光出版社1977年版。

［4］丁韪良著，沈弘等译：《汉学菁华》，北京：世界图书出版公司2010年版；丁韪良著，沈弘等译：《中国觉醒》，北京：世界图书出版公司2010年版。目前关于丁韪良最好的研究著作，可参考王文兵：《丁韪良与中国》，北京：外语教学与研究出版社2008年版。

［5］李提摩太：《亲历晚清四十五年——李提摩太在华回忆录》，天津：天津人民出版社2005年版。他人撰写的李提摩太传记，立场差异较大，主要有丁则良：《李提摩太》，上海：开明书店1951年版；苏慧廉著，山西大学外语学院《李提摩太传》翻译组译：《李提摩太传》，香港：世华天地出版社2002年版；苏慧廉著，关志远、关志英、何玉译：《李提摩太在中国》，桂林：广西师范大学出版社2007年版（按：后两书实为同一书，译者不同而已）。

［6］近代传教士创办的中文报刊情况，可参考赵晓兰、吴潮：《传教士中文报刊史》，上海：复旦大学出版社2011年版。由于传教士是中文报纸的先驱，因此，在晚清早期，其办报史跟中国近代报刊史基本是重叠的。大陆较早系统地研究传教士与晚清现代化关系的，可参考王立新：《美国传教士与晚清中国现代化》，天津：天津人民出版社1997年版。该书于2008年出版第二版。

传教士，他们避开了直接传教的做法，也避免只译介实用性的技术，而是通过《万国公报》[1]等报刊和著书立说，对西方文明进行比较全面的介绍，这跟他们背后的一些基本信念有关。

19世纪来华的新教传教士，跟当时的西方人一样，都自觉不自觉地持有西方中心论，认为西方文明要优越于其他文明，西方的政治制度（民主、自由等）要优越于东方。对于他们来说，优越的根本原因是新教优越于别的宗教。这种观点可以称为“新教文明等级观”[2]，主要包括几个信念：从事实来看，西方文明无论在政治、经济、商贸、军事、科技方面都超出非西方文明，非西方文明逐步屈从于西方即真实的证据；追溯西方文明强大的根源，在于基督教，它使西方人有道德，有博爱精神，重团结，乐群，有求知精神，追求知识，在教育、慈善等方面都具有宗教精神；当时的国家富强等级是新教国家（英美德）强过天主教国家（法意西），基督教国家强过中国、印度、日本、土耳其等“半文半野”国家，更强过非洲、南太平洋野蛮人国家，这表明新教要优于天主教，基督教要优于异教；像日本这样的国家之所以进步，是因为吸收了

[1] 关于《万国公报》，早期有台湾王树槐和香港梁元生的研究，大陆较系统的研究有王林：《西学与变法——〈万国公报〉研究》，济南：齐鲁书社2004年版（该书根据作者1996年博士论文改编）；杨代春：《〈万国公报〉与晚清中西文化交流》，长沙：湖南人民出版社2002年版。

[2] 周伟驰：《晚清新教传教士的文明等级观》，《文景》，2012年第9期。亦见周伟驰：《太平天国与启示录》，北京：中国社会科学出版社2013年版，第276—308页。近来，一些学者对19世纪西方的一般文明等级观及其对中国的影响进行了研究，可参考刘禾主编：《世界秩序与文明等级：全球史研究的新途径》，北京：生活·读书·新知三联书店2016年版。

西方“教化”（文明）的长处，当然，它现在还没有学到“教道”（新教）。而拒绝学习西方的国家（如中国和土耳其），则往往面临险境。国家想强盛，就要像日本那样学习西方“教化”与“教道”。与启蒙主义思想家从“自由、平等、博爱”及“科学、民主、道德”等世俗价值观来看文明等级不同，传教士是从宗教的角度来看文明的本质和等级的。广学会的几个主要撰稿人如林乐知、李提摩太、韦廉臣、花之安[1]、艾约瑟、慕维廉、沈毓桂[2]都坚持这个观念。从某个角度上看，他们是马克斯·韦伯之前的“马克斯·韦伯”。

新教文明论在韦廉臣、花之安、李提摩太等人那里都有具体的论述，但在林乐知、沈毓桂的“三伦说”里得到了集中的表达。它认为，人上要面对上帝，下要处理万物，中间要对待同类，因此而有神伦、物伦和人伦。只有崇拜真神，才能正确地对待他人，以平等、自由、民主处之，才能正确地对待万物，发展科技，利用厚生。如果说神伦是强调基督教排他一神论，物伦则是要引入西方科技观念，以破除中国人的泛灵论和风水迷信之类阻碍现代化的观念（如风水严重阻碍了修铁路和开矿），那么人伦跟中国传统的人伦有什么不一样呢？在《教会新报》阶

[1] 对花之安的研究，可参考张硕：《汉学家花之安（Ernst Faber）思想研究》，北京：知识产权出版社2013年版。

[2] 易惠莉：《西学东渐与中国传统知识分子：沈毓桂个案研究》，长春：吉林人民出版社1993年版。较早的对传教士个体的介绍可参考顾长声：《从马礼逊到司徒雷登——来华新教传教士评传》，上海：上海书店出版社2005年版。至于艾约瑟、慕维廉、韦廉臣，尚未看到相关的研究专著。在对待基督教与中国文化的高低评估上，传教士虽然总体上扬耶抑儒，但个体存在着程度上的差异，如李提摩太和李佳白较为和缓，林乐知则较为严峻。

段，林乐知尚侧重耶儒在仁义礼智、忠孝节义、戒律上的一致，但随着甲午战争严重暴露中国文化的负面因素，林乐知开始强调新教人伦异于且优越于儒教之处，以美国式的自由、民主、平等来反衬儒教的专制、束缚、愚昧，较为系统地揭露并批判了儒教的负面影响。正如在印度的传教士对印度文化的批判促进了印度知识分子的启蒙主义一样，传教士与中国基督徒对中国文化风俗陋习（从男尊女卑、缠足到专制）的系统批判，启发了从康有为、梁启超到新文化运动的文化反思与启蒙主义。

今天，如果我们系统地阅读《教会新报》和《万国公报》上中外作者的文章，就会发现，对中国传统宗教的批判，对皇权、族权、夫权、神权的批判，对国民性的批判，以及提倡白话文、汉字拼音化，在晚清已经全面展开，只不过用词没有那么激烈。他们的这种反思与批判，可以称为近代第一波启蒙主义运动。如果说陈独秀、鲁迅、胡适等人是以现代西方科学民主思想来批判中国传统文化，那么这第一波启蒙主义运动就是以现代新教思想[1]来批判中国传统文化。

西学对晚清各方面，尤其对政治和思想方面，一直持续发挥着影响。从林则徐、魏源、徐继畬到洪仁玕和冯桂芬这样的新式思想家，一步步地向前深化，直到在戊戌

[1] 现代新教思想是在基督教的视野下容纳科学与民主，它跟苏格兰启蒙、英美温和的改良传统有关，它并不认为基督教与科学、民主是矛盾的。这种兼容论的思想视野，在民国初期的赵紫宸那里都还存在。而新文化运动的主导方向则是排除了信仰的科学与民主，近似于法俄无神论与世俗化传统。

运动中达到高潮。康有为、梁启超、谭嗣同[1]等人受李提摩太、林乐知的影响是十分显著的[2]，他们的许多改革建议、新知识和新思想，直接来源于广学会、江南制造局翻译馆的著作[3]。经过义和团运动的反西方文明后，清朝痛定思痛，决定实行君主立宪，不仅西学在“转译”中迎来新一波高潮，连民教关系也在双方的反思和克制下开始缓和，基督教迎来一个平稳增长期。西学不仅对经世派、改良派、洋务派、维新派有影响，对一早一晚以洪秀全和孙中山为代表的反清人士亦有影响。太平天国与基督教的关系甚深，尤其深受《圣经》与《劝世良言》的影响[4]。孙中山早年自命“洪秀全第二”，1894年他曾在《万国公报》上发表《上李傅相书》[5]，改良不成后，决定采取革命方式再造中华，其早期追随者与起义人员中多为基督教

[1] 张灏著，崔志海、葛夫平译：《烈士精神与批判意识：谭嗣同思想的分析》，北京：中央编译出版社2016年版，第45—51页。朱维铮先生在谈到西学对谭嗣同的影响时说：“谭嗣同非但同意彻底西化，甚至像王韬一样，以为西方列强侵略中国是好事，可以加速中国的革新。”参考李天纲编校：《万国公报文选》，上海：中西书局2012年版，第24页。

[2] 王树槐：《外人与戊戌变法》，上海：上海书店出版社1998年版（原书于1965年在台湾出版）；梁元生：《林乐知在华事业与〈万国公报〉》，香港：香港中文大学出版社1978年版；房德邻：《〈万国公报〉与戊戌变法》，《北京师范大学学报》，1986年第6期。

[3] 强学会办的《万国公报》（与上海《万国公报》同名）和《中外纪闻》，许多内容即直接转自传教士所办刊物。关于维新派所办报刊的一般情况，可参考徐松荣：《维新派与近代报刊》，太原：山西古籍出版社1998年版。

[4] 可参考周伟驰：《太平天国与启示录》，北京：中国社会科学出版社2013年版。

[5] 李天纲编校：《万国公报文选》，上海：中西书局2012年版，第269—279页。

徒[1]。这是因为他们受到西方现代思想的影响，具有了新的世界观和价值观，不能再忍受清朝的腐败统治。在晚清，香港、广东、上海等沿海地区和海外，中国基督教徒已呈现网络状分布，通过与西方基督教世界的连接，他们中间正酝酿着一些新的思想和人群、改造社会和国家的力量，也酝酿着新世界各行业的领袖[2]。

梁启超在关于明清学术思想史的著作[3]中，对西学的影响和意义做了高度评价。但是，后来者在撰写中国近代史时，由于种种原因，对于晚清西方人士如何译介西学，将新的思想和观念传递给中国知识分子（口岸文人），并通过他们的笔影响到中国思想界，进而影响到中国历史，整体上的研究尚不足。比如，桑兵等著的近800页巨著《近代中国的知识与制度转型》[4]，就很少谈到晚清译述带来的知识变化，而直接从日本的影响开始。相比之下，《剑桥中国晚清史》[5]，则用了《1900年以前的基督教传教

[1] 梁寿华：《革命先驱：基督徒与晚清中国革命的起源》，香港：宣道出版社2007年版；李志刚：《洪秀全与孙中山对耶儒的认识及推行革命的比较》，载《基督教与中国近代文化》，香港：基督教文化学会2009年版；李志刚主编：《辛亥革命与香港基督教》，香港：基督教文化学会2009年版。

[2] 罗元旭：《东成西就：七个华人基督教家族与中西交流百年》，北京：生活·读书·新知三联书店2014年版。讲述了上海互有姻亲关系的七大基督教家族的崛起历史。其实，在香港、广东、福建也有不少这样的基督教世家。

[3] 梁启超：《论中国学术思想变迁之大势》，上海：上海古籍出版社2001年版，第135—136页；梁启超：《清代学术概论·儒家哲学》，天津：天津古籍出版社2003年版，第85—87页；梁启超：《中国近三百年学术史》，天津：天津古籍出版社2003年版，第30—31页。

[4] 桑兵等著：《近代中国的知识与制度转型》，北京：经济科学出版社2013年版。

[5] 费正清、刘广京编：《剑桥中国晚清史》，北京：中国社会科学出版社2006年版。

活动及其影响》一章专门讨论这种影响，显得比较平衡。

在资料上，与明清时期西学东渐重要文献逐渐得到系统出版[1]不同，晚清西学文献（包括宗教文献）一直没有得到系统整理出版，相关著作的出版只能比较孤立而零散地进行。比如，在人文社科书籍方面，上海书店出版社2002年“近代文献丛刊”出版过晚清几本产生过重要影响的西学书，如李提摩太译《泰西新史揽要》、花之安编著《自西徂东》、林乐知译《文学兴国策》、丁韪良译《万国公法》、傅兰雅译《佐治刍言》等。上海科学技术文献出版社2012年出版了《江南制造局译书丛编》，将当年江南制造局翻译馆的译著予以出版，除了工程类书籍外，还选了较有思想性的“政史类”书籍，收入《佐治刍言》《列国岁计政要》《西美战史》《俄国新志》《法国新志》《埏纮外乘》《四裔编年表》《各国交涉公法论》《各国交涉便法论》《公法总论》《美国宪法纂释》《欧洲东方交涉记》《英俄印度交涉书》《东方时局论略》等。2014年，上海书店出版社影印出版了全套《万国公报》，在清晰度上超过了当年曾普惠于学界的台版《万国公报》。在宗教类书籍方面，最近几年，上海大学陶飞亚教授对近代基督教（包括新教）文献的总量和馆藏情况做

[1] 最近代表为张西平等主编：《梵蒂冈图书馆藏明清中西文化交流史文献丛刊》（第一辑），郑州：大象出版社2014年版。它基本涵盖了以往相关的出版物。另可参考钟鸣旦等编：《法国国家图书馆明清天主教文献》，台北：台北利氏学社2009年版；周岩编校：《明末清初天主教史文献新编》，北京：国家图书馆出版社2013年版。黄兴涛、王国荣编：《明清之际西学文本》，北京：中华书局2013年版。

了一个系统摸底，取得了很大成就，可以作为以后出版的一个路线图。在港台，一些新教传教士的著作开始得到搜集、整理和出版，郭士立、丁韪良、米怜、宾为霖、理雅各、杨格非等人的中文著作选集开始出现[1]。

不过，跟晚清西学的总量相比，这只是沧海一粟。例如，广学会当年出版了大量著作，后来有机会重新出版的并不多见。

我们出版这套《晚清西学丛书》，是希望能搜集、整理出一些具有代表性的晚清西学译撰著作，填空补缺，为还原晚清思想的全貌做一些添砖加瓦的工作。我们希望能促进对晚清西学的研究和重新评估，将之作为明末清初至今完整的“西学东渐”上的重要一环，予以独立的突显。

三、晚清西学东渐中的岭南西学

鸦片战争之前，广州是清朝对外开放的唯一港口，也因此是西学东渐的唯一口岸。以新教传教士为代表的具有现代知识的西方人士，都是先到广州[2]，如马礼逊、裨治文、卫三畏等人；鸦片战争后，香港被割占，上海、

[1] 周联华主持，曾庆豹、吴昶兴主编的“汉语基督教经典文库集成”系列，在香港橄榄出版有限公司出版，已出版的晚清传教士文献有黎子鹏编注：《晚清基督教叙事文学选粹》（2012年）、《赎罪之道传：郭实猎基督教小说集》（2013年）、《天道溯源：丁韪良基督教作品选粹》（2013年）。

[2] 梁碧莹教授介绍了跟广州关系密切的20多位美国人，其中有一小半是传教士。参考梁碧莹：《美国人在广州：1784—1912》，广州：广东人民出版社2014年版；雷雨田主编：《近代来粤传教士评传》，上海：百家出版社2004年版。晚清来华传教士介绍了马礼逊、郭士立、米怜、麦都思、裨治文、卫三畏、伯驾、嘉约翰、罗孝全、理雅各、合信、明稽章。

厦门、福州、宁波开放后，西方人士才逐渐分头奔向这些沿海城市。在很长一个时期内，广州在西学东渐中占有优势，但后来逐渐被上海赶超。关于广州为何被上海赶超[1]，以及何时被上海超过，曾经有过讨论。一个主要的可能原因是，鸦片战争后，按《南京条约》的规定广州应对英国人开放，但广州人抗拒，前前后后拖了十五年[2]，正是在这一时期，一些西方人士开始从广州迁往上海，广州西学人才外流。虽然如此，广州也仍旧是近代文化中一个极其重要的中心点。广东人容易接受新的生活方式和思想观念。反观一下中国近现代史就能知道，从太平天国起，“南风北吹”跟“西学东渐”几乎是同步的。这种态势甚至持续到改革开放的今天。

在近代报刊创办上，广州领先一步。广州原为清朝唯一通商口岸，早期来华西方人士为让西方人了解中国而创办了一些英文期刊，同时又创办了一些中文报刊，一是为了向中国人传教，二是为了让中国人了解西方，促进文化交流，增加西方文明对中国人的影响。中文报刊中，较为连贯且有影响的，包括《东西洋考每月统记传》《察世俗每月统记传》《遐迩贯珍》，都是在广州、香港与南洋创办的。后来，上海和北京的发展速度超过广州，《六合丛谈》《格致汇编》《万国公报》均在上海创办，《中西闻见录》则在北京创办。维新时期京沪涌现了一些报刊，如《中外纪闻》《强学报》《时务报》等。同一时期在广州

[1] 熊月之：《西学东渐与晚清社会》（修订版），北京：中国人民大学出版社2011年版，第167—168页。

[2] 王毅：《皇家亚洲文会北中国支会研究》，上海：上海书店出版社2005年版，第4—5页。

也有一些新的报刊，但是影响力主要在南方和南洋一带。

西方知识也以著作的形式在广东出现。1834年，西方人士在广州成立了“在华实用知识传播会”（Society for the Diffusion of Useful Knowledge in China），裨治文和郭士立（郭实腊）是其中主力。该会出版的著作包括：郭士立《大英国统志》（1834年）、郭士立《古今万国纲鉴录》（1838年）、《犹太国史》（1839年）、《贸易通志》（1840年）、《万国地理全集》（1838年）、郭士立主编《东西洋考每月统记传》（1837—1838年）、裨治文《美理哥合省国志略》（1838年）、罗伯聃《意拾喻言》（1838年）、裨治文《广东方言撮要》（*Chinese Chrestomathy in Canton Dialect*）[1]。1843—1860年之间，西方人士在广州出版的中文书刊，除了《圣经》、传教小册子、词典和年鉴外，还主要有裨治文《亚墨理格合众国志略》（1844年）、合信《天文略论》（1849年）、合信《全体新论》（1851年）、哈巴安德《耶稣教要理问答》（1851年）和《耶稣正教问答》（1852年）、合信《博物新编》（1855年）、湛约翰《上帝总论》（1856年）、俾士《地理略论》（1859年）、纪好弼《醒世要言》（1859年）和《真教问答》（1859年）、嘉约翰《经验奇症略述》（1860年）等[2]。鸦片战争后，原在广州的一些西方人士逐渐转移到上海。1857年，裨治文、卫三畏、艾约瑟、雒

[1] 沈国威：《打造专业术语：以19世纪的英汉词典为中心》，载郎宓榭等著：《新词语新概念：西学译介与晚清汉语词汇之变迁》，济南：山东画报出版社2012年版，第299页。

[2] 熊月之：《西学东渐与晚清社会》（修订版），北京：中国人民大学出版社2011年版，第129—130页。

魏林等18人决定成立“上海文理学会”，后来它成为皇家亚洲文会北中国支会[1]。上海的西方人士办报著书的越来越多，使上海成为传播西学的最大中心，但广东仍有叶纳清（1864年去世）、花之安（1839—1899）等人在从事译撰活动。花之安于1886年去上海，但其主要著作是在广东时完成的。

广州作为晚清最重要的西学中心之一，其西学传播从来就没有停止过。上文显示，在广州以至广东的西学著作以宗教类和医学类为突出，马礼逊、梁发、合信、嘉约翰都是显著者。一些用粤语翻译的文学著作，如《天路历程》、《人灵战纪》、《辜苏历程》（即《鲁滨孙漂流记》），在粤语文学中有一席之地，可视为《虾球传》的先驱。即便在近代国际公法方面，也是广州的伯驾节译瓦泰尔《国际法》在前[2]，丁韪良翻译惠顿《万国公法》在后。

由于开放最早，广东得风气之先，其西学视野领先内地一步，不少广东人从事西学的介绍或引进。如鸦片战争前，对西方最了解的中国人是梁廷枏，他著有《海国四说》《夷氛纪闻》等。跟随马礼逊和米怜学习的梁发，其《劝世良言》直接影响了太平天国运动。洪仁玕在香港与传教士韩山文、理雅各等人交往，阅读他们出版的中文著作，使他能够写出中国近代第一个现代化纲领《资政新篇》。再如跟德国人关系密切的东莞世族王家，第一代王元琛是郭士立的弟子，王元琛之子王炳耀和王炳堃跟叶纳

[1] 王毅：《皇家亚洲文会北中国支会研究》，上海：上海书店出版社2005年版，第11—13页。

[2] 谭树林：《美国传教士伯驾在华活动研究：1834—1857》，北京：群言出版社2010年版，第179页。

清、花之安等人有师承关系，交往密切，王炳耀与孙中山也有深厚友情，其子王宠惠后来成为民国外交部长和总理，他们都有西学著译问世。再如南海人何进善（福堂），他是理雅各在马六甲任教于英华书院时的学生，著有宗教书多部，其子何启是维新派思想家，女婿伍廷芳曾任清廷驻美公使和民国外交总长。像王元琛、何进善这样的世家尚有不少。至于郑观应、康有为、梁启超、黄遵宪等思想家，张荫桓、何如璋等具有新思想的官员就不多说了。甚至康有为的弟子、创办孔教会的高要人陈焕章，也到美国拿了一个博士学位（1911年），其英文著作《孔门理财学》还被马克斯·韦伯引用过。陈氏对儒教的认识已经是在全球化的视野中，含有与西学比较的问题意识，跟传统的儒家大为不同。广东人久在西学熏染中，自觉不自觉地以西学促中学，以中学解西学，融会贯通，创立新学。康有为之参照基督教创立孔教就是一例。

四、编选说明

我们这套丛书，选取了晚清西学中较重要的一部分进行校注。在“西学”范围上，我们不做严格限定，而大致指跟泛称“西方”有关的知识和思想。在时间方面，我们所说的“晚清”，限定在1807—1911年之间，若有个别作品或作者实在重要而延伸至明末清初或民国，也可做灵活的处理。比如，某些译者或作者的选集文章发表时代横跨清朝、民国两个时期。在地域方面，凡是以汉文译撰的著作，不管它们是在南洋、港澳或内地产生的，都可以入选。在作者方面，不管是西方人还是中国人，是直接翻译还是借鉴后独创，都可以入选。由于是立足于广州和广东，我们会侧重广东的西学传统。

我们选书的考虑，大致有如下几个方面：

第一，对晚清思想界和社会产生过影响的西学著作，比如，影响过晚清经世派、洋务派、维新派、革命派甚至保守派的著作。产生影响的译撰著作不一定是在西方本身重要的著作，但在当时晚清的形势下，它们影响了很多中国人，甚至改变了中国的历史进程。如《佐治刍言》《泰西新史揽要》《百年一觉》《大同学》《中东战纪本末》《中西关系略论》《治心免病法》《西学略述》《列国变通兴盛记》《时事新论》《西学考略》《格物探原》等。

第二，有些书的影响较小或几乎没什么影响，但它们在西方本身有重要的历史地位，也有永久的价值，因此是值得重视的，如哲学名著培根的《格致新机》（即《新工具》）[1]，以及一些文学名著，如《天路历程》《鲁滨孙漂流记》等。这些名著在民国还有不同的译本，甚至直到今天还在产生新的译本。回过头去看晚清的译本，一些词语和概念的不同译法，显得别有一番风味。

第三，还有些是因为晚清译本提供了另一种翻译的可能性，具有语言考古价值。晚清译述出现在日语转译之前，译撰者尚未受到和制汉词的影响，而根据汉语自身的规则与历史进行翻译，因此为今日西学的翻译提供了另外的可能性。比如颜永京、丁韪良关于心理学的著译，艾约

---

[1] 邹振环：《影响中国近代社会的一百种译作》，北京：中国对外翻译出版公司1996年版，第80—87页。该书较详细地介绍了《谈天》《重学》《佐治刍言》《心灵学》《泰西新史揽要》《治心免病法》《文学兴国策》《百年一觉》等书。

瑟、傅兰雅关于政治经济学的著译，里面很多关键词语的译法跟现代汉语译法（大部分为和制汉词）颇为不同，值得玩味。这就如同在文学上，新文化运动掀起白话文革命之初，涌现了很多种白话文的可能性，在今天语言越来越趋于统一和相同的情况下，回过头去考察白话文革命之初的种种表达方式，有可能像敞开新的空间一样。在一种语言的构成中，词语是基本细胞，作为思想的直接现实，语言意味着思想的界限，重新审视汉语革命的历史，也就是对现代思想史的一种反省。近年来，学界对中国哲学史、思想史有过反思和争论，如现代中国人用“现代汉语”来研究中国古代“哲学”等，是否等于“汉话胡说”，是否在“以西解中”？对于近代以来学科的分类、变迁，基本词语和概念的巨大变革，我们可以借由对这些处于变革前夜的晚清西学译著典籍的“渐变”所进行的微观考察，来重新把握和理解现代中国人思维内容与方式变革的过程，也对诸如“自由”“哲学”这类重要译词是否能准确表达西文原词展开反思和探讨。与此相关，对于一些在和制汉词中传过程中起到了重要作用但今天很少被人提起的转译本，我们也会予以注意。比如王国维翻译桑木严翼的《哲学概论》、元良勇次郎的《心理学》及《伦理学》等等，就既对王国维本人的思想发展起过作用[1]，也对哲学类和制汉词进入中文世界有所影响。在译述和转译之间，相对来说，我们会侧重于译述时期的译撰著作。

第四，虽然我们所理解的“西学”是广义的西学，但

[1] 可参考佛雏：《王国维哲学译稿研究》，北京：社会科学文献出版社2006年版。

由于出版数量有限，我们会侧重于考虑各领域的代表作。比如天文学，晚清相关著译是相当多的，我们可能只选最早也最具代表性的伟烈亚力和李善兰译述本《谈天》，以及他们两人译述的《几何原本》和《代数学》，艾约瑟和李善兰译述的《重学》，合信编译的《博物新编》。当时有开创性的植物学、动物学等自然科学著译也将酌情选入，当然，如果今天其他出版社已有出版，我们会尽量避免重复[1]。晚清历史、地理的著译相当多[2]，我们也只选有代表性的。在人文社会科学方面，可以考虑比较中英法律、详细介绍英美陪审团制度的哲美森《华英谳案定章考》，中国人介绍英法政治制度的刘启彤《英政概》《法政概》，徐建寅《德国议院章程》，李佳白比较各国政治制度的《列国政治异同考》，详细介绍美国宪法的林乐知《环游地球略述》，以及舒高第、郑昌棪译述的《美国宪法纂释》（1907年）等。在西方思想的译介上，虽然只是到了"转译时期"才大盛，但译述中也有不少，比如李提摩太和马林对社会主义的介绍，尤其是马林发表在《万国公报》上含有基督教社会主义成分的关于地租、公正、平等的文章，对孙中山等人产生过影响。在宗教方面，宣教著作我们不会选，但比较有特色或者有历史价值，或者在今天仍有比较宗教、比较经学和比较神学意义的少量译撰著作，会适当选入。韦廉臣、艾约瑟对古埃及、波斯、希

[1] 韦廉臣、艾约瑟口译，李善兰笔述：《植物学》，上海：上海交通大学出版社2014年版。该书原于1858年由上海墨海书馆出版，拟定了许多专有名词，对后世有影响。该书此次是作为刘华杰主编的"博物学文化"丛书中的一本出版的。

[2] 艾约瑟译的《希腊志略》《罗马校略》得到出版，参考陈德正、韩薛兵校注：《〈希腊志略〉〈罗马志略〉校注》，北京：商务印书馆2014年版。

腊、罗马的宗教情况做了较多的介绍。在哲学思想等方面，艾约瑟、林乐知等人介绍了古希腊、古罗马和中世纪哲学，林乐知的包含十四本书的《自历明证》丛书，就详细介绍了基督教八大教父中的两位即奥古斯丁和金口约翰的生平与学说，以及日本明治维新时期同志社大学的创办人新岛襄的传记，其篇幅在中文世界里都是前无古人的。在文学方面，比如艾约瑟对弥尔顿、库柏诗歌的译介，都堪称最早。

第五，如前所说，广州在晚清西学东渐中有特殊地位，西学对广东敢为天下先的近现代文化有着潜移默化的影响，并随着广东人走向全国而在全国产生影响。我们将选择有广东特色的译撰著作，包括方言作品，以呈现一个鲜活的广东近代西学传统。

第六，虽然晚清西学著译不少，但我们侧重于以往不太受重视和整理的那些著作，而对于已得到很好整理、校注或市面上易得的著作，如严复的译著、容闳的《西学东渐记》等，则尽量避免重复，因此我们的选择含有一种“补遗”的意味，以呈现一个更丰富、更立体、更多面的历史。

五、致谢

在倪梁康教授的主持下，中山大学在2006年成立西学东渐文献馆，搜集、整理西学东渐文献与资料，并定期出版《西学东渐研究》，目前主要有法国籍的梅谦立教授做明清天主教文献研究，倪教授本人做唯识学和现象学的比较研究。我本科毕业于中山大学哲学系，中山大学是我的母校，我跟中山大学有特殊的情谊。近些年我在做晚清新教研究，涵盖的范围从太平天国到广学会和康有为、梁启超维新派之关系，正属于“晚清西学东渐”范围。因我父母在广东，每次我回家探亲，都会去看望在中山大学的师友，如哲学系的陈立胜老师和中文系的新进学者姚达兑。姚达兑是80后学者，他对近代西方文学的中译颇有研究，对出版晚清西学很有兴趣。2015年夏天，我与陈立胜老师拜见倪梁康教授，谈起西学东渐，说起我和姚达兑约了几个海内外同人想做晚清西学校注，只是出版资金一时遇到困难。倪教授听闻后，觉得此事有益于西学东渐研究，也有益于社会和学界，乐意促进此事，于是决定将这套丛书置于西学东渐文献馆的项目当中，通过广州市人文社会科学重点研究基地“广州与中外文化交流研究中心”及广州市科创委“西学东渐与广州21世纪海上丝绸之路”专项基金的经费予以资助。我们决心放眼长远，编出一套有参考价值的丛书。

晚清西学的校注与普通古籍的校注尚有不同，在文言之外，尚有外语（英法德日）及西学知识的问题，校注起来有额外的难度，相关人员寻找起来非常不容易。为找到这套丛书每本书的校注者，姚达兑和我可没有少在网上和微信上讨论。最后，对丛书的校注，我们找到了几位学贯中西、学养上佳的年轻学者，他们都是海内外名校毕业的博士，有的长期从事中西文化比较的工作，堪称“合适的人做合适的事”。

此项计划的完成，有赖于一些机构和个人的帮助。尤其是以下机构：中山大学西学东渐文献馆、广州与中外文化交流研究中心、南方日报出版社、“十三五”国家重点图书出版规划、国家出版基金和“西学东渐与广州21世纪海上丝绸之路”专项基金；以下个人：倪梁康教授、张伟教授、梅谦立教授，以及加盟本项目校注工作的学者肖清和、马永康、赵璐、张洪彬、李彬、王雨、龚昊、孙若圣、韩晓、葛小辉、窦新光、杨汤琛、叶杨曦、陈思行、张锦冬、司佳、吕飞跃等。姚达兑在联系校注者和出版社方面付出了大量劳动，很多实际的工作也是他在做，在此我要特别感谢他。希望我们的丛书能够有益于读者与学术界，越做越好。

2017年6月26日

2020年3月22日略有修订

目　录

《西学略述》导读

吕飞跃

一、作者介绍

《西学略述》一书的作者是艾约瑟（Joseph Edkins），为晚清来华的英国伦敦会基督教传教士。艾约瑟于1823年12月19日生于英国格洛斯特郡的内尔斯沃斯（Nailsworth），1843年毕业于伦敦大学。1847年12月8日，艾约瑟被英国伦敦会按立为传教士，1848年7月22日离开伦敦赴中国，9月2日抵达上海，开始其文化传教的生涯。从1852年到1858年，艾约瑟负责编辑《华洋和合通书》，后来被称为《中西通书》（*Chinese and Western Almanac*）；与此同时，他与李善兰、王韬等人合作，将西方科学著作译成中文；且参与《圣经》的翻译，成为英国皇家亚洲协会华北分会的成员。1850年代，他还在上海和宁波地区进行了大量的旅行和街头布道。1858年，艾约瑟回国完婚，后于1859年重返上海，次年7月，访问了在苏州的太平天国领导人李秀成，以"接触探悉他们对外国人的感情和意见"[1]，渴望通过太平天国打开传教的新路径；次年赴南京，了解太平天国的信仰及商讨通商事宜，然而，在"上帝有形还是无形"的问题上与洪秀全所进行的正面交锋[2]，造成彼此之间信仰裂痕的全面爆发，并促使艾约瑟放弃和太平天国建立关系的梦想。1860年，艾约瑟迁居烟台，后又至天津，并于1863年定居北京。此后，除短期回国或外出外，他共在北京生活30余年，早期尽心

[1]艾约瑟：《访问苏州的太平军》，王崇武译，《历史教学》，1953年第2期。
[2]茅家琦：《太平天国对外关系史》，北京：人民出版社1984年版，第107页。

于教会事务，创办北京缸瓦市教堂并于此进行教会工作多年。到1880年，艾约瑟辞去伦敦会职务，供职海关，成为海关总税务司赫德的翻译，《西学略述》所属的“西学启蒙十六种”[1]（介绍详见下文）即在此后相继译出。1905年4月23日，艾约瑟病逝于上海。

艾约瑟一生笔耕不辍，研究的范围也十分广泛，主要集中于汉学研究，最突出的当属语言学领域。1843年，他初至沪上，即投入对汉语的研究中，并有多部专著、论文发表，主要著作有《汉语口语语法——以上海为中心的研究》（*A Grammar of Colloquial Chinese: As Exhibited in the Shanghai Dialect*, Shanghai: Presbyterian Mission Press，1853，1868）；《汉语口语渐进教程》（*Progressive Lessons in the Chinese Spoken Language: With Lists of Common Words and Phrases, and an Appendix Containing the Laws of Tones in the Peking Dialect*）, American Prebyterain Mission Press，Fourth Edition，1864；《汉语进化史——对人类语言起源与演变的例证考察》（*The Evolution of the Chinese Language: As Exemplifying the Origin and Growth of Human*

[1]在“西学启蒙十六种”中的《西学略述》是艾约瑟为概括其他丛书，而写的总览，非译自他人。然因该丛书共有16本，李鸿章和曾纪泽所作之序也称之为“格致启蒙之书十有六种”，故合称之。其他15种详见《西学略述》一书之序言部分的艾约瑟序，丛书的具体内容也会在下文予以简要介绍。

Speech, Trübner and Company，London，1888）等[1]。此外，艾约瑟对语言学的研究不限于汉语领域，涉及面极广，主要包括希伯来语、上古西亚语（楔形文字）、日语、汉语及各种语言之关系。与此同时，由于自身的传教士身份，艾约瑟在宗教、哲学、思想以及历史文化问题上的著述同样丰富。他刚到中国，即著成《释教正谬》一书，但由于基督教立场过于鲜明，旋即引发佛教界的轩然大波，而以日本佛教界的反驳最为明显[2]。终其一生，他对佛教的研究推陈出新，态度也有明显变化，护教立场虽然不移，但其态度明显缓和，论据也更为充分且有说服力，后又著成《中国佛教》（*Chinese Buddism: A Volume of Sketches, Historical, Descriptive, and Critical*，London: Kegan Paul ,Trench, Truener & Co. Ltd，2nd，1893）、《早期宗教观念的传播》（*The Early Spread of Religious Ideas, Especially in The Far East*. The Religious Tract Society,

[1]艾约瑟刚到中国，就集中精力对汉语进行研究，他的研究所涉及的汉语方言十分广泛，主要有北方官话（包括北京话、中原官话、济南话、晋语、西南官话等）、吴语（上海话、南京话和杭州话）、粤语、客家话等等，而对上海方言的研究所著的书籍即为《汉语口语语法》，该书主要目的在于编纂简单的上海话教学课程。此外，他对汉语的研究也涉及对于汉语读音、汉字演变等领域的考察，这一部分研究的主要目的是为了论证他的研究理论“中学西源说”的成立。艾约瑟进行语言学研究目的有二，一是为了当时英国商业利益发展的需要，二是为了推动传教事业。如在文中列举他所著的语言学书目中《汉语口语语法——以上海为中心的研究》即为基本的汉语教程，便于教学应用；而《汉语进化史——对人类语言起源与演变的例证考察》则为探究汉语起源、发展、变化的书籍，为其“中学西源说”寻找语言学上的依据。

[2]佛教界辩驳此书者，主要在日本，有养鹈彻定《释教正谬初破》《释教正谬再破》各一卷；南溪之《释教正谬噱斥》二卷；南条神兴之《释教正谬辩驳》等，见北京大学宗教研究所编《明末清初耶稣会思想文献汇编》第五十六册《释教证谬》前言之《释教证谬题解》。

1893）[1]等多部宗教学著作。同时，艾约瑟对中国的其他宗教思想，诸如儒家思想、道教、民间迷信、风水、星象、建筑等也有研究与批判。晚年，艾约瑟转向对中国财政、货币等领域的研究，著作有《中国通货》（*Chinese Currency,* Shanghai: Presbyterian Mission Press，1902）；《中华帝国的财政与税收》（*The Revenue and Taxation of the Chinese Empire*, Presbyterian Mission Press，1903）和《中国的银行业与物价》（*Banking and Prices in China*, Shanghai: Presbyterian Mission Press，1905）等[2]。

二、《西学略述》与“西学启蒙十六种”

《西学略述》一书是艾约瑟为“西学启蒙十六种”所作的总论。这部丛书源起于1880年12月10日，赫德托“中国海关驻伦敦办事处主任金登干订购麦克米伦公司[3]出版的‘科学初级读本’和‘历史初级读本’”[4]，为“泰西新出学塾适用诸书”。购书所需费用支付方为中国海关

[1]《中国佛教》为艾约瑟对佛教研究的经典之作，主要讲述了佛教在印度的兴起、演变，传入中国的历程，以及唐朝之后禅宗兴起的历史缘由等内容。《早期宗教观念的传播》则是艾约瑟论证“中学西源说”在宗教领域内的著作。在本书中，他认为人类的文明，主要是宗教文明起源于上古西亚，然后或经海路、或经陆路向世界各地扩散，由于所述内容皆为有文字以前的人类文明，故多有臆想成分，理论成立与否尚待历史考古证明。

[2]这三本书为艾约瑟晚年在上海时的著作，主要研究庚子事变后，在清政府推行新政、以期图强的时代环境下的中国国内经济问题。

[3]麦克米伦公司，即Macmillan & Co，李鸿章在丛书序文中称之为“麻密纶大书院”，见《西学略述》的李鸿章序言。

[4]钟叔河、曾德明、杨云辉主编：《走向世界丛书·西学启蒙两种》，长沙：岳麓书社，2016年，叙论第19页。

在伦敦开办的丽如银行，以字户头A进行支付[1]。赫德购买后，托艾约瑟采择除文学书籍以外的“历史初级读本”和“科学初级读本”的全部内容，进行翻译，终于1885年“得脱稿告成”[2]，付梓刊印。先前的传教士或中国学人所引进的西学，零散而不成系统，艾约瑟启蒙丛书的翻译极为全面，涉及天文地理、自然科学、物理化学、人文历史、哲学宗教、身理、动植物学、经济学等诸多领域，为中国人全面认识西方和世界，并了解现代人文社科、自然科学知识提供了很大助益。“西学启蒙十六种”的翻译开创了大规模引进西方教科书的先河，引发了在中国教育领域全面引进西学的浪潮，并促成了清廷教育体制与科目设置的改革。

《西学略述》是“西学启蒙十六种”的总纲，对读者了解该丛书非常重要。该书序言有四，作序四人分别是李鸿章、曾纪泽、张謇和艾约瑟。前三人对待西学的态度虽都倾心向慕，然其所论不尽相同，透射着晚清政界、学界对于西学的基本态度。其中，李鸿章在序言中说“泰西之学，格致为先，自昔已然，今为尤盛，学校相望，贤才辈出，上有显爵，下有世业，故人人竞于有用以臻于富强”，道出了西方近代富强的科学源泉；同时，他又是洋务运动的积极提倡者和践行者，在“（江南）制造局译刊西学书大小数十种”，在北京又“延西国教习以诲良家子弟之聪颖者”，渴望引进西学，开辟风气，故“深喜其

[1]中国海关共在丽如银行设立A、C、D 三个户头的账户，后又增设特殊账户G，以应付清政府特殊事务，此外，还有赫德的私人账户Z，详见陈霞飞编：《中国海关密档》，北京：中华书局，1990年，第1册第10页。

[2]艾约瑟：《西学略述·序四》，总税务司署印，1886年版。

（艾约瑟）有契”，而其所译之丛书得到李鸿章“不朽”的盛赞[1]。曾纪泽之序认为泰西之学起点甚低，甚至到了“孩提之童所能言能知，而愚夫愚妇所不屑道”的程度，但西学以众人皆能懂的角度出发来力证深邃的自然公理，令他盛赞大有“撼风霆而揭日月，夺造化而疑鬼神”的气势，揭示了格物致知自然科学极高明而道中庸的精髓，为中学所未及[2]。然张謇之论则持定“西学中源说”，认为西方富强之术“不外夫推步、测算、制作诸事，而其实皆一一导源于中土”，不过，他也认为中国人当向西方学习，以“翻然改图”改变中国“孱弱不振”的现状[3]，反映了晚清士人求强富国的普遍心理。艾约瑟的序言较为简单平和，仅仅介绍了“西学启蒙十六种”的由来和书目。

就《西学略述》一书的内容来说，全书共分十卷，分别为训蒙、方言、教会、文学、理学（哲学）、史学（世界历史）、格致、经济、工艺、游览。其中，第一卷“训蒙”主要讲述西方字母文字的基本构成法，儿童所要学习的地理、算术和音乐的基本知识，对幼童进行教育的方法和重要性，认为西方富强是教育体系发达所致。第二卷“方言”为语言学的基本知识，并对世界几大语系，如印欧语系、藏缅语系、满蒙通古斯语系等作了简要介绍，又从古代埃及象形文字到巴比伦楔形文字的演变得出文字的演变规律为由表象到表音的演变过程，对语言是否出于一

[1]艾约瑟：《西学略述·序一》，总税务司署印，1886年版。

[2]艾约瑟：《西学略述·序二》，总税务司署印，1886年版。

[3]艾约瑟：《西学略述·序三》，上海著易堂印，1896年版。该序为张謇在上海著易堂刊印时所作，总税务司署出版的丛书没有他的序言。

源进行追问。第三卷“教会”主要讲述古代西亚的琐罗亚斯德教、基督教和伊斯兰教的形成与演变，印度宗教的轮回观念和佛教外传等。第四卷“文学”主要从西方文学的源头古希腊罗马讲起，并对西方诗歌中的哀诗、田园诗、闺秀诗等作了介绍，对西方诗歌押韵格律形式也予以说明，同时对西方近代的文学也有介绍。第五卷“理学”主要讲述西方哲学史，对上溯古希腊罗马下至近代的主要哲学家进行简要介绍。第六卷“史学”主要讲述世界历史，从古埃及、巴比伦讲起，中经希腊罗马，下至法国大革命、德国、意大利统一、俄国历史以及大航海时代美洲发现和西方商业活动和殖民地开辟等内容。第七卷“格致”所讲述的内容最为丰富，涉及化学、物理学、电学、天文学、医学、生理学、植物学、代数、几何、微积分、考古学和民俗学等内容。第八卷“经济”主要讲述自由主义经济和世界市场的开拓，税收与富国强民、各国经济简史、河道及海岸治理、铁路火车的修筑对经济发展的推动等内容。第九卷“工艺”主要讲述西方雕塑、美术、绘画和音乐（包括宗教音乐和世俗音乐）等艺术领域的内容，和西方纺织技术、金属冶炼及金属工艺品制作、书籍印刷等生活技艺一类的内容。第十卷的“游览”主要讲述从古至今中西之间的交通史以及航海大发现后欧洲探险家对世界各地的探险考察史。综合而论，《西学略述》内容丰富异常且言简意赅，向中国如此介绍世界文明史的各个方面之内容，尚属首次，诚如艾约瑟所言，“博约简收”是本书最大的特色[1]。

[1]艾约瑟：《西学略述·序四》，总税务司署印，1886年版。

“西学启蒙十六种”除了《西学略述》一书以外，尚有《格致总学启蒙》《地志启蒙》《地理质学启蒙》《地学启蒙》《植物学启蒙》《身理启蒙》《动物学启蒙》《化学启蒙》《格致质学启蒙》《天文启蒙》《富国养民策》《辨学启蒙》《希腊志略》《罗马志略》和《欧洲史略》等十五本。

在上述诸书中，《格致总学启蒙》涉及人的心灵领域与自然物质的认知的内容，与《西学略述》对西学全面的介绍稍微不同，可以视为“西学启蒙十六种”总纲。该书分为上下两卷，上卷共分为三个部分，第一部分主要讲述人的心灵认知与外物的关系，强调心灵的主观能力对事物的认知和事物自身的客观性，并认为认识需赖经验方能获得。第二部分为“有体质但不属飞潜动植物之诸物”，主要讲述了万有引力定律和水的物理、化学性质，或与水混合后诸物所起的变化等。第三部分主要讲述“有体质属乎飞潜动植物之灵物”，即主要讲述动物、植物的分类及生长、繁殖的原理。下卷主要是讨论纯粹属于心灵领域或心理学的内容，主要包括情绪、意志、情感等。由于中国古代格物致知所讲的内容也包括了人的心灵心理、道德意志和自然客观世界的内容，大致与本书所讲的内容相符，所以艾约瑟把本书中所涉及的自然与人文两个领域合称为“格致”就不足为怪了。但另一方面，也必须看到，中国古代的格物致知所讲的自然界是被用来进行道德教化，进而提升人的道德境界的，诚如《大学》中言：“致知在格物。物格而后知至，知至而后意诚，意诚而后心正，心正而后身修，身修而后家齐，家齐而后国治，国治而后天下平”[1]。这与西方将人的认知领域划分为两个互不相扰的外在客观的自然领域和内在主观的心灵领域是完全不同的。

关于地理学的知识主要在《地志启蒙》《地理质学启蒙》和《地学启蒙》三本书中进行讲述。其中，《地志启蒙》共分四卷，主要讲述了地图的绘制方法与比例问题、全球各大洲大洋和山川河流的介绍和专有地理名词的引进，如海湾、半岛、海峡、分水岭（界）等，大体相当于初等地理教育。《地理质学启蒙》与《地志启蒙》相比，内容难度稍为增加一些，讲述大气成分、全球气候、风云雨雪等天气现象的成因、土壤成分、全球植被、冰川作用、海洋性质与洋流、海底地质、地球、地核、地壳、地幔等结构之类，大致相当于高等义务教育地理学的内容。《地学启蒙》主要讲述岩石及其相关知识，全书共分六卷，前三卷讲述了岩石的分类和地质作用下岩石的地理学知识；第四卷讲述沉积岩的物理特征及河流、海洋在塑造沉积岩时所发挥的作用；第五卷则涉及动植物在地壳变动中经过沉积、高温所发生的物理、化学变化，进而揭示煤的形成（当时，石油尚未进入生产阶段，故该书并未论述石油的形成原理）；第六卷则讲述在火山爆发的情况下岩石（即火山岩）的形成机理，并对花岗岩、云母（艾约瑟称为“礞石”）和石英三类岩石进行了专门的介绍。

“西学启蒙十六种”对生物学的介绍也有三本，即《植物学启蒙》《动物学启蒙》和《身理启蒙》。《植物

[1]陈晓芬、徐儒宗校注：《论语·大学·中庸》，北京：中华书局2011年版，第258页。

学启蒙》主要讲述植物的茎叶和花朵的结构和在植物生长、发育繁殖中的作用，植物种子的特征及培育原理和植物的细胞构造原理等。《动物学启蒙》主要讲述动物的科学分类，艾约瑟称之为类科品三个等级划分，即现在动物学分类中的门纲目。接着，艾约瑟主要讲述了脊椎动物（艾约瑟称之为“脊骨动物”）和无脊椎动物下属的节肢动物类（艾约瑟称之为“圆节动物”）两类，又将脊椎动物分为乳养类（即“胎生”）、羽族类（即“鸟类”）和龙头类（即“爬行类”）三类，分别介绍了动物的骨骼、血液、脑、五脏、四肢等身体组织，并对蛇、蛙、鱼类等动物进行了专门的介绍；对节肢动物的介绍与脊椎动物的介绍相仿，但又介绍了节肢动物不同阶段的变化，如蝴蝶从卵、虫、蛹、蝶再到产卵的依次变化过程。《身理启蒙》主要讲述人的身体特征及意识感觉等内容，具体来说首先论及人体的温度及所需的营养物质，又论及人身体的皮肤、肌肉、骨头、大脑、津液、血液循环、排泄及身体各个脏器之间相互关系等内容，最后讨论了身体的保养与人的意志感觉等原理。

从书之中属于自然科学的也有三本，即《化学启蒙》《格致质学启蒙》和《天文启蒙》。《化学启蒙》主要讲述金属元素和非金属元素的相对原子质量、化合价，氧气和碳的反应、水电解后氢气与氧气的制得，地壳中矿藏的开采和冶炼等内容。《格致质学启蒙》的内容相当于今日的物理学基本知识，主要涉及力学、光学和电学三大部分。其中，力学部分主要有摩擦力、向心力、重力、浮力和吸引力等；物质划分为固体、液体和气体三大类，及其相关压强、浮力、密度、体积及三种物质形态的声音传递及热胀冷缩等知识；光学主要讲述光速、折射、反射、凸镜成像等知识；最后一部分讲述电学与电学通信应用的相关知识。

该丛书在经济学方面的译著是《富国养民册》，英文名为 *The Theory of Political Economy*，今译《政治经济学理论》，该书与《辨学启蒙》均为哲分斯所著[1]。该书共有十六章，主要讲述工作、土地、资本三大项。具体来说，该书首先阐释了商品经济的发展、生产和交换在人民生活中的必要性，其次阐述财富产生的渠道，即工作、土地和资本。然后，分别论述三者，在讨论工作时，主要讲述分工协作对于生产效率的提升；资本领域主要讲述资本的产生、利用等；土地讲述的是土地对于财富获取的直接助益等。本书对于行会保障劳资双方的利益以及让工人参与企业资本的股份制经营也有介绍。最后，本书对国家的税收、经济危机问题和银行金融业的发展也有一定的阐释。哲分斯的另一部著作《辨学启蒙》主要讲的是逻辑学的基本问题，内容有归纳和演绎的逻辑方法、三段论的推理逻辑、哲学命题的基本判定方法等。

“西学启蒙十六种”对西方历史也进行了介绍，即《希腊志略》《罗马志略》和《欧洲志略》，这三部书比较详细地介绍了古希腊文明、古罗马文明和中世纪到19世纪的欧洲文明史。

[1]哲分斯，即威廉·斯坦利·杰文斯（William Stanley Jevons，1835—1882），英国经济学家、逻辑学家。《晚清西学丛书》（第二辑）收入其《辨学启蒙》（*Primer of Logic*）一书。

三、《西学略述》特色简述

艾约瑟是晚清来华的基督教传教士，编纂该丛书时又入职海关总署，结合其自身的经历与晚清时期中国社会的总体背景，加上《西学略述》一书为“西学启蒙十六种”总括性书籍，所涉及的范围十分广泛，因此他在本书中留下了自己独特的痕迹。

1. “中学西源说”的保留及其客观审慎的态度

在艾约瑟来华后所撰写的语言学、宗教学著述中，有很强烈的“中学西源说”的色彩。该学说在19世纪的欧洲汉学界堪称显学，在中国也影响了不少人，如章太炎所著的《种性篇》、刘师培所著的《中国民族志》等书皆有很强烈的“中学西源说”色彩。“中学西源说”认为，中国人种、古代的文明都是从西亚北非地区的古代埃及、巴比伦等地或经海路印度洋达中国南海传入中国，或经中亚由河西走廊传入，它或主要从语言学中文字和语音的演变寻找蛛丝马迹予以确证，或从中国古代的思想文化、宗教哲学中寻找与西亚地区的雷同之处进行立论，从而证明其“中学西源”的理论[1]。艾约瑟在编辑《西学略述》一书之时，对此理论也予以支持。如谈到古代巴比伦有与中国类似的二十八星宿与天文星象理论时，则认为巴比伦“周初时国富兵强，乐于战争。……不乏精求天文、测日月、

[1] 艾约瑟关于“中学西源说”的书籍有很多，具体可参见*The Early Spread of Religious Ideas: Especially in The Far East*, *Progressive Lessons in the Chinese Language: With the Lists of Phrase and Common Words*和*The Evolution of the Chinese Language: As Exemplifying the Origin and Growth of Human Speech*等宗教学、语言学著述。

星丽、天度数，时刻之璇玑玉衡、刻漏等器，即彼国倡始制造，并定出各星宿之呼称，传于各国。”[1]又如，在谈到中国古代数字如“一”“二”“三”等写法时，他认为这些和上古西亚的数字很类似，就说“中国所用之数目号字，皆与形似，且并作右行，岂汉张骞奉使西域时之所流传耶？”[2]

但即使如此，在本书中，艾约瑟也对“中学西源说”保持了一种怀疑、审慎的态度，如在论证中国语言文字起源之时，艾约瑟说：“埃及与巴比伦文字，皆创始于图画。即中国文字创始时，亦为数无多。至其初或即中国人自造，或由近西处传来，要皆无从论定。”[3]与艾约瑟以往著述对中国文明的研究来看，他所持定的“中学西源说”在这本书中虽有保留，但态度已不如以前坚决，表现出了客观的研究态度。

2. 调和基督教信仰与儒家思想的努力

艾约瑟来华后，为使传教工作得以顺利进行，特别注意中国士人和政府的文化意识形态，由此他采取了联合儒家的策略。具体来说，他认为儒家的伦理道德也为基督教信仰所有，甚至儒家所强调的君臣伦理也为基督教所肯定。[4]这样的立场，在《西学略述》一书中也有体现，他

[1]艾约瑟：《西学略述》，总税务司署印，1886年版，第56页。

[2]艾约瑟，《西学略述》，总税务司署印，1886年版，第14页。

[3]艾约瑟：《西学略述》，总税务司署印，1886年版，第12、13页。

[4]关于这一方面的论述，详见艾约瑟所著的《释教证谬》及*Religion in China: Containing a Brief Account of the Three Religions of the Chinese, with Observations on the Prospect of Christian Conversion Amongst that People*等书。

努力调和儒家思想和基督教信仰，如在讲述初级教育中道德教育的意义时写道：

> 凡为人子者，无不知父母之宜孝，兄弟之宜亲，君之宜忠，长之宜事。然尤有极尊宜敬畏者，在上帝是也。故须使知宜晨昏祈祷，以求上帝之恩祐。庶得正心绝欲，荡涤恶习，自在从容，安然而入于至善之途也。似此之论，泰西各国，无问官民，凡有治人之责者，多以是为训蒙不易之法。[1]

而在第一章最后部分讨论义塾之处写道：

> 义塾子女，年各不齐，师之教授须有差等也。如识字、读书、习音、学算，以及忠君、孝亲之道、敬畏上帝之方，一师百徒，势难兼顾。若能择派徒中之年学较优者，分教幼童。则塾无旷课，师逸功倍矣。[2]

从以上所论，可以看出，艾约瑟直接将基督教敬畏上帝的信仰和儒家忠君孝悌的伦理进行对等衔接，或者将敬拜上帝作为教导子民忠孝节义必不可少的工具，对儒家思想和基督教信仰竭力调和，以期增进中国人对基督教的好感。然而，不得不说，他的这种调和更像是儒家思想和基督教信仰的强制性关联，用儒家的“忠君孝亲之道”加上基督教“敬畏上帝之方”未免给人一种方枘圆凿的感觉。

---

[1]艾约瑟：《西学略述》，总税务司署印，1886年版。

[2]艾约瑟：《西学略述》，总税务司署印，1886年版。

3. 对教育的极端重视和对日本引进并推广西式教育的肯定

由于“西学启蒙十六种”为初等教育的教材或读本，其中所显示艾约瑟对教育重视的论述屡见不鲜。本书的第一章就系统地介绍了西方的婴幼儿学前教育及小学教育，也对义务教育法规的创立及传播进行简要叙述，对西方教育中由慈善机构捐赠建立的学校作了介绍。如在论述婴幼儿教育及学前教育时说：

> 今泰西婴塾之设计，凡生足十八月之幼孩，及年未逾八岁者，皆为立有教育之法。其法乃由德国人之名额伯邻者创始。至中国之嘉庆年间，流传入英，而建于伦敦城内。此塾立有专章，故英人威得斯宾，又为著书详定。德国婴塾，皆择立于花木繁茂之园内。其程课则半坐授于塾之内，半游示于塾之外也。似此婴塾最著名于泰西各国。[1]

由此，艾约瑟更是认为西方之富强是近现代教育的发展所致。他总结道：

> 欧洲诸雄国皆多方立塾，争以储育人才为急务。是以四民之业，妙奥日增。即彼执殳之士，幼而学道，长而知方技，艺既精，恪从上命。在昔德败于法，退修其政，专以育才为本，文武并重，后数十年而德竟大败法人，富强至今。惟时邻疆皆虞，已国久

[1] 艾约瑟：《西学略述》，总税务司署印，1886年版，第8页。

或处于德之下也，故皆竞新其政令，立不学之禁以励其民，是以荷锄居肆之家，鲜或不学。即今英国公私在塾之童，数倍于昔。[1]

日本自明治维新后，积极学习西方，对西方教育制度和体系的引进更是不遗余力。艾约瑟对这一点甚是知晓，对日本的教育情状作了详细介绍：

近日本国皇力遵行泰西新政，垂二十年，除民间公立之义塾不计外，即其都邑内外，为国家所建之书院，已约有学生二百万人之多；所学皆宗本西法，如医学、方言学、翻译学皆有专塾；至于女艺，近亦设有多处。观日本之举措如此，是有欲与欧洲诸雄国并列之心明矣。[2]

如此，反观晚清时期的中国，仅仅同文馆的设立就招致保守派人士的反对，而对赴美留学的幼童教育更是阻挠再三，致使清廷撤销了赴美学习的计划。虽然李鸿章、曾纪泽所作的序言体现了当时士人和开明官僚求学若渴的态度，如李鸿章盛赞该丛书足以不朽，曾纪泽也说“探骊得珠，剖璞成玉，遴择之当，实获我心”；虽然这套书浅近易知，有“涉海之帆楫、烛暗之灯炬”般的启蒙作用，进而鼓励儒家士人和官僚努力学习和了解西方科技，因为

[1]艾约瑟：《西学略述》，总税务司署印，1886年版，第9页。
[2]艾约瑟：《西学略述》，总税务司署印，1886年版，第10页。

“一物不知，儒者耻之”[1]；但张謇所作的序言坚持“西学中源说”的立场，依旧表现出了对西学懵然无知，同时又拥有文化自我中心主义的夜郎自大的心态。

4. 采用中国人能够理解的方式进行叙事

艾约瑟在翻译该丛书时，为了照顾当时中国人的阅读需要并助益中国人理解所属之事，均采取中国人能够理解的方式进行叙事。这一点主要体现在以下几个方面。

一是历史纪年方式。在中国古代，长期使用的纪年方法有干支纪年法、王公年次纪年法、年号纪年法和年号干支兼用纪年法。除干支纪年法长期使用外，在汉武帝以前，年号尚未出现，历史纪年以王公年次纪年为主，如《春秋》就是如此；汉武帝以后，年号纪年法开始成为主流，中国历史纪年开始以年号纪年为主。[2]艾约瑟在进行纪年之时并没有太多使用西方通用的公元纪年法，仅在个别地方说“当耶稣降生前多少年”之语，大部分年代则是采用了王公纪年法和年号纪年法。如在讲述汉武帝以前的西方历史时，就说“当中国周朝匡定二王（按：即前612—前586年）之时，希腊出有七人，世称七贤”[3]；而在讲

[1]艾约瑟：《西学略述·序二》，总税务司署印，1886年版。
[2]年号纪年法，为中国古代帝王常用的纪年法，始于汉武帝，终于清朝最后一位皇帝宣统皇帝。中国历史上第一个年号为公元前122年的“元狩”，此后汉武帝追加其从公元前141年至前122年之间的年号为建元、元光和元朔。明朝之前，一个皇帝往往有许多个年号，明朝以后，一个皇帝一般只有一个年号，故以年号来称皇帝，如万历皇帝、康熙皇帝、乾隆皇帝等。皇帝即位会宣布改元，一般改元从下诏的第二年算起。该纪年法后传入日本、朝鲜和越南，在日本至今依旧保留，今日本德仁天皇年号为“令和”，2020年即令和二年。
[3]艾约瑟：《西学略述》，总税务司署印，1886年版，第43页。

述宗教改革基督教分裂为罗马天主教和基督新教之时就说到“当中国前明正德（按：明武宗朱厚照年号，即1506—1521年）年间，西教又自分为二”[1]。艾约瑟书中这样的例子相当多，不必一一枚举。这样的叙述方式极大地增进了中国人对西方历史事件的理解。

二是在叙述中国历史有记载的西域或与西方有关的历史书籍时，往往引用中国的历史资料，以互相参照，促使中国读者更好地明白书中所要表达的意思。如在讲述罗马帝国征服地中海时说到“奥古斯都（即凯撒）登皇帝位，地中海周围、巴西国西之各国，无思不服。即《后汉书》所言四百余城小国，数十之大秦国也”；中后期蛮族迁徙之时，又言“追罗马强不及前，边防稍有未周，即有处失去土地，为若辈所有矣。终至客民多于土民，散遍于欧洲各地。兹时之英人、德人、丹人、瑞典人，皆其各族之后裔也。即《史记》《前汉书》《后汉书》详加校对，知哥低或即月氏，奄蔡后汉已改为阿兰聊，或即阿兰；绥威或即西夜撒革孙，或即塞，或即莎车”[2]。虽然他将哥低人（哥特人）与月氏人相对应不尽符合事实，但如奄蔡对应阿兰，绥威对应西夜撒革孙（撒克逊）或塞种人大致符合事实，并引用中国历史书籍作为证明，有助于中国人对西方历史的了解。

5. 重商主义、富国养民和自由经济的思想

艾约瑟《西学略述》一书第八卷专门讲述的经济思想

[1]艾约瑟：《西学略述》，总税务司署印，1886年版，第29页。
[2]艾约瑟：《西学略述》，总税务司署印，1886年版，第62页。

与该丛书的《富国养民策》相仿，其中所透射的现代经济思想和国家财政政策值得一提。在该卷中，艾约瑟认为重商主义、富国养民和自由经济是推动国家发展和人民生活水平提高的必要策略。

艾约瑟首先引述亚当·斯密的经济理论，说到“凡有碍于商贾之政，国家皆为铲削无遗。如是必器物坚好，贸易流通，将不求富而自富也”，体现了国家重商主义与自由经济并进的经济思想。关于养民就是富国的理论艾约瑟更是引用亚当·斯密的话说“富亦非多金银之谓，凡人生之不可缺者，若能民皆家给户足是即富国。凡君相率，宜听民自谋生财之道，莫为遏止，而国家利在通商，切不可禁闭口埠以自囿。倘违以上诸言，则其国所受之损，恐非鲜浅”[1]，彰显了民富就是国强以及国家在促进民生发展、实现人民富裕中尽可能发挥积极有效的作用的自由经济学主张。然后他又谈到富民四术，即“分工”“裕资本”“广贸易”和发展交通[2]。对中国改变积贫积弱的现状并走向富强无疑具有重要的启发作用。

然而，艾约瑟的自由经济理论也并非绝对化的一以贯之，这一点在国际贸易中体现出来。他列举英国政府在征收小麦进口关税时强调了关税在保障英国农业、工业发展中的积极作用[3]。反观清政府在第二次鸦片战争期间，竟然以对外国商品免关税为条件企图换取外国公使不进驻北京的外交谈判主张，可以说清政府是懵然不懂现代国际交

[1]艾约瑟：《西学略述》，总税务司署印，1886年版，第86页。

[2]艾约瑟：《西学略述》，总税务司署印，1886年版，第89页。

[3]艾约瑟：《西学略述》，总税务司署印，1886年版，第87页。

往之规则和关税对国民经济发展的保护作用的[1]。

关于国内税收问题，艾约瑟在该书中也提出了自己的建议。他认为，国家的税收都是从老百姓那里获得，而政府则需要注意以下六点：

> 一、国用分民，贫富取之于民，民宜欣供而不怨。民财要皆资保于国，国宜竭力而无疑；二、应征租赋之数，责完租赋之时，概有定章，俾民遵守，不可月更岁改，以致纷纭；三、责纳租赋，宜择农隙，随到随收，银钱两便；四、富国富民，最患中饱报官，输库经费宜少；五、租税之公，宜先除其本后，乃计其所得之利，百分中定取几分；六、国用惟倚租赋，恐有不足，别自立税征商，亦无不可。然以合于舆情，使民由之而不知之，方为贵也[2]。

易言之，要求政府明白按规定、听取民意进行税收、杜绝贪污，并利用税收发挥遏制贫富分化的作用。这段议论可以说是呼吁晚清国家税收制度改革的先声，就其税收主张对现在世界各国政府而言，亦不为过时。此外，文中对法国国王路易十五时期大臣安德烈·赫丘勒·德·弗勒里的经济政策进行批评，因为该大臣认为“垦土为生财之本，而以商人经营自肥无益于国”的重农抑商的政策名义上“欲富其民，而先忽除货物出入口岸之利柄，其失显然易见”[3]。应用于中国，更是对中国重农抑商政策的批评而

[1]蒋廷黻：《中国近代史》，上海：上海古籍出版社2006年版，第19、20页。
[2]艾约瑟：《西学略述》，总税务司署印，1886年版，第86页。
[3]艾约瑟：《西学略述》，总税务司署印，1886年版，第92页。

希冀清政府能够有所改正，以养民而实现国富。

艾约瑟本书也出现了一些差错，如将希腊哲学和宗教混淆，认为苏格拉底是希腊教的开创者，他说“迨中古圣人出，而史书具始能信，而有征如犹太教，则以摩西创定律法、著有创世等记为圣人；以大卫造制诗篇为圣王。希腊教，则以梭革拉底（即苏格拉底）为圣人。罗马教，则以前王弩玛之能创定律法、勘正祭仪为圣人”[1]，甚至将琐罗亚斯德称为哲学家[2]。这或是在艾约瑟时代尚未分清哲学和宗教所致。另，中国明朝孝宗皇帝朱祐樘年号为“弘治”，艾约瑟将之错写成“宏治”；一些西方人的译名前后文也不甚一致，如笛卡尔或译为“代加德”，或译为“戴加德”，大卫或译为“大辟”，或译为“大卫”等。

四、《西学略述》及“西学启蒙十六种”的历史意义

今日学界对“西学启蒙十六种”的关注较少，仅在一些研究论文中提到。但即使在这些论文中也没有对“西学启蒙十六种”作全面介绍，而仅就作者自己所关涉的领域进行研究。如在赵少峰所著的《“西学启蒙丛书”中的西方史学及学界回应》一文，即对该丛书中的翻译源起及其中的三部史书《希腊史略》《罗马史略》和《欧洲史略》进行了简要介绍，并将这三部史书在当时学界的流行传播状况进行了介绍[3]。在罗文军《“博考简收”与

[1]艾约瑟：《西学略述》，总税务司署印，1886年版，第23页。
[2]艾约瑟：《西学略述》，总税务司署印，1886年版，第47页。
[3]赵少峰：《“西学启蒙丛书”中的西方史学及学界回应》，《聊城大学学报》（社会科学版），2012年第2期。

“即指见月”：〈西学略述〉的西诗简介》一文中，对艾约瑟《西学略述》中的第二卷方言及第四卷文学及其影响进行了介绍[1]。关于艾约瑟在本书中民俗学方面的介绍研究则见于《十九世纪中国语境下的民俗学汉译及其学术思想史意义》一文，文中对中国民俗研究的起源、西方民俗学研究方法的传入和艾约瑟对民俗学的介绍均有提及，而艾约瑟该书中民俗学的翻译更是直接推动了中国民俗学的兴起[2]。对动植物启蒙书籍的介绍则见于《晚清英国传教士艾约瑟带来的动植物学启蒙》一文，但该文所述较为简单[3]。《欧洲史略》《富国养民册》和《西学略述》三本书曾于近年校注出版[4]。

然而，艾约瑟“西学启蒙十六种”的出版却在晚清的中国社会引起了不小的轰动。从书甫一出版，海关总税务司赫德即利用职务之便，不仅在王公大臣中广为散发，还亲自给光绪的老师翁同龢送了一册，以期影响光绪皇帝。从书自1886年首次由总税务司刊印出版后，由李鸿章、曾纪泽为之作序，傅兰雅作《批阅西学启蒙十六种说》[5]一文，重点推荐。从书出版后的二十年内，先后有1896年上海著易堂版本、1898年上海盈记书庄版本和1898年上海图

[1]罗文军：《“博考简收”与“即指见月”：〈西学略述〉的西诗译介》，《成都大学学报（社会科学版）》，2016年第1期。

[2]沈梅丽：《十九世纪中国语境下的民俗学汉译及其学术思想史意义》，《民俗研究》，2017年第2期。

[3]付雷：《晚清英国传教士艾约瑟带来的动植物学启蒙》，《中华读书报》，2018年1月3日，第15期。

[4]关于这几本书校对出版的情况参见王娟、陈德正：《〈欧洲史略〉〈西学略述〉校注》，北京：商务印书馆2018年版。另见钟叔河、曾德明、杨云辉主编：《走向世界丛书·西学启蒙两种》，长沙：岳麓书社，2016年版，此启蒙丛书两种指的是《西学略述》和《富国养民策》。

[5]傅兰雅：《批阅西学启蒙十六种说》，《格致汇编》，1891年，第2期。

书集成局版本三个版本问世，可见此书在清末受欢迎的程度[1]。到庚子事变后，通过改革教育制度使国家富强的观念逐渐成为朝野各界的共识，由于“西学启蒙十六种”出自总税务司，且该丛书为“‘科学初级读本’和‘历史初级读本’”[2]，自然很容易进入清廷的视野。1902年，清廷制定了我国教育史上第一个全备但并未施行的学制，称为“壬寅学制”。张之洞即向朝廷建议将“西学启蒙十六种”列为“暂为讲授，并备教员参考”[3]的书目。

“西学启蒙十六种”出版后，受到中国维新派知识分子和官员的关注，而最受欢迎的当属《希腊志略》《罗马志略》和《欧洲志略》三部史书。1897年，唐才常就发表一系列文章盛赞《西学略述》及这三部史书对于中国人了解西方社会和历史的重要引导作用，并在《湘学新报》上对之进行系列介绍[4]。同年，京师大学堂王周瑶教习也认为研究西方历史的话，三本史书“皆不可不一读”[5]。

[1]姚永超、王晓刚编译：《中国海关十六讲》，上海：复旦大学出版社2014年版，第170页。

[2]钟叔河、曾德明、杨云辉主编：《走向世界丛书·西学启蒙两种》，长沙：岳麓书社2016年版，叙论第19页。

[3]张之洞：《筹定学堂规模次第兴办折》，见璩鑫圭、唐良炎编：《学制演变》，上海：上海教育出版社2007年版，第110页。

[4]《湘学新报》为维新派人士唐才常于1897年4月创办的旬报（每月10日见刊），其宗旨为倡新学、开民智、育人才、图富强；主要内容为介绍西方自然科学、人文历史，到第21期时改称《湘学报》，该报明显受到梁启超创办的《时务报》的影响，对传播新学、鼓吹维新变法起到积极作用。唐才常（1867—1900），湖南浏阳人，晚清维新派人士，戊戌变法失败后流亡日本，次年回国；1900年，因密谋发动自立军起义失败而被捕杀害。唐才常对艾约瑟书籍的介绍详见《湘学新报》第1、15、17、18期，原名为《史学第一》，今更名为《史学论略》收入于《唐才常集》，北京：中华书局，1980年。

[5]王舟瑶：《京师大学堂中国通史讲义》，中国国家图书馆馆藏档案。

稍后，梁启超认为这三部书是“古史之佳者”，而欲要了解西方历史，就必须读这三部书，且说这三部书远胜《万国史记》和《通鉴》（即《万国通鉴》），并认为《西学略述》一书所述“希腊昔贤性理词章之学，足以考西学之所自出，而教之流派，亦颇详焉”[1]。湖南的时务学堂更是将该丛书列为“任意涉猎”的参考书，三本历史书成为了解西方历史的“专精之书”[2]。1889年12月，蔡元培在绍兴徐氏墨润堂购买了该丛书。目录学家徐维则认为三部史书所述“颇为翔实，其言教亦详，足与《古教汇参》互证”，而《西学略述》则是“综言各学渊源”，属于纲领性的书籍，可为其他书籍作参考[3]。而周维翰则将三本史书列入他于1900年编写的《西史纲目》一书中，使之成为自己研究西方历史的参考书籍[4]。清末维新派人士孙宝瑄更是详细阅读了《西学略述》一书，并做了笔记。由上述可见“西学启蒙十六种”对中国晚清社会，特别是维新变法人士产生的重要影响。

五、校注说明

本书的校注，有几点需要说明如下：

1. 本书之校注以光绪丙戌年（1886）总税务司署印版

[1]梁启超：《〈饮冰室合集〉集外文》，北京：北京大学出版社2005年版。

[2]朱有瓛主编：《中国近代学制史料》（第一辑下），上海：华东师范大学出版社1986年版，第302—305页。

[3]徐维则、顾燮光编：《增版东西学书录》（第1卷），石印本，1902年版。

[4]朱发建：《中国近代史学“科学化”进程研究》，长沙：湖南师范大学出版社2005年版，第22页。

本为原本，同时参照其他版本。张謇所著之序则见于1896年上海著易堂版本，为方便读者了解该书出版情况及方便参阅，特将张謇序言列入本书中。

2．凡本书中出现的外来词汇，包括人名、地名、书名、学派等，为方便读者，皆在文中注解，并在文后附上译名对照表，以助查阅。但由于本书为艾约瑟译述，没有英文底稿参校，同时，限于校对者的水平，还有少量专有名词没有找到对应的原文，希望读者见谅。

3．原书没有标点符号，校注时为方便读者参阅，按照国家标点符号规范要求进行断句和标点。

4．原书采取中国古代帝王世系或年号纪年法，为保留原貌并方便读者参阅，在注解中一律以公元纪年标明。

西学略述

[英]艾约瑟 著
吕飞跃 校注

艾约瑟（1823—1905）

光緒丙戌仲冬

西學畧述

總稅務司署印

《西学略述》扉页书影

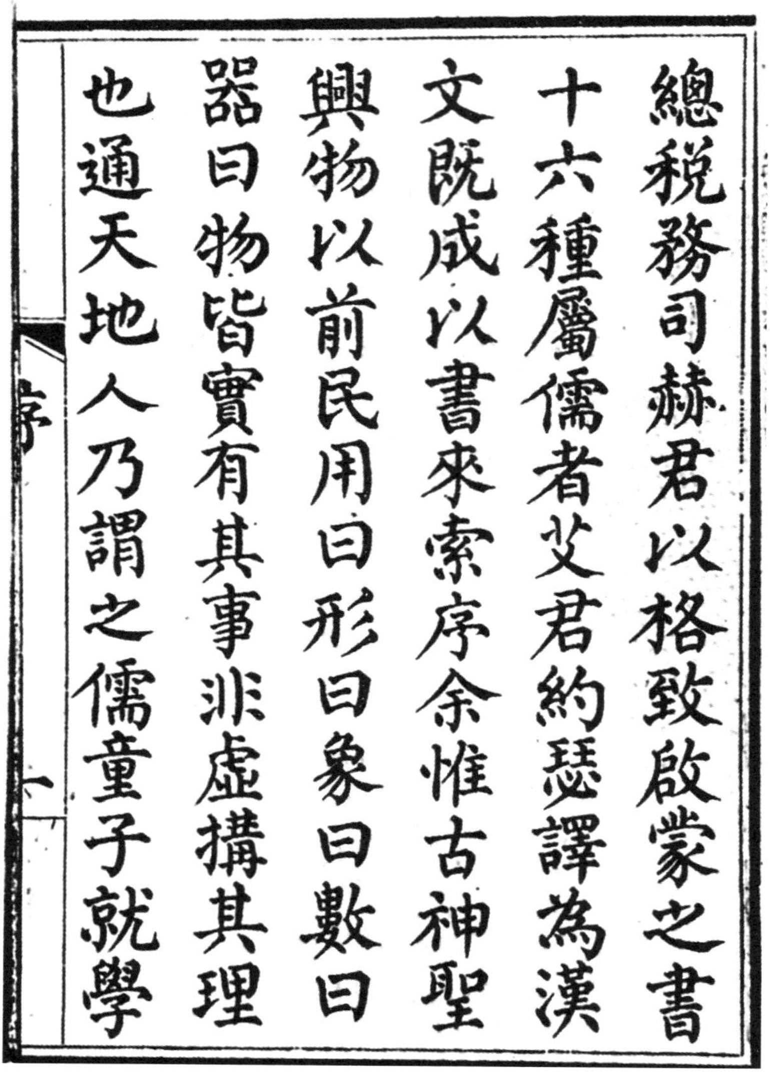

總稅務司赫君以格致啟蒙之書十六種屬儒者艾君約瑟譯為漢文既成以書來索序余惟古神聖興物以前民用曰形曰象曰數曰器曰物皆實有其事非虛搆其理也通天地人乃謂之儒童子就學

《西学略述》序言书影

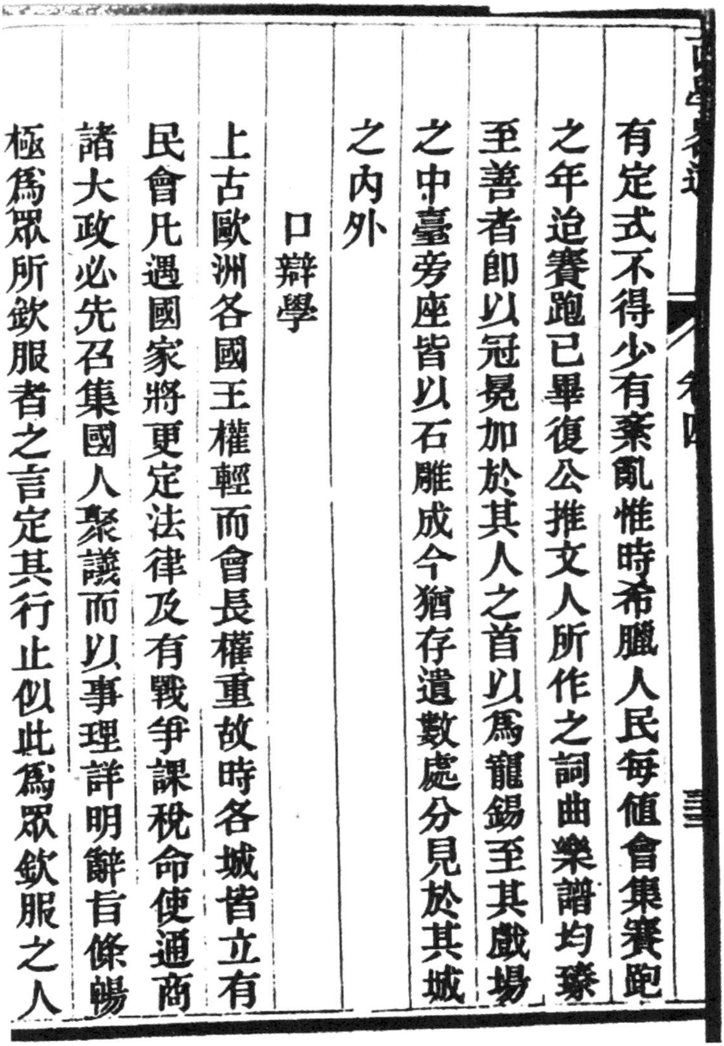

有定式不得少有紊亂惟時希臘人民每值會集賽跑之年迨賽跑已畢復公推文人所作之詞曲樂譜均臻至善者即以冠冕加於其人之首以爲寵錫至其戲場之中臺旁座皆以石雕成今猶存遺數處分見於其城之内外

口辯學

上古歐洲各國王權輕而會長權重故時各城皆立有民會凡遇國家將更定法律及有戰爭課稅命使通商諸大政必先召集國人聚議而以事理詳明辭旨條暢極爲衆所欽服者之言定其行止似此爲衆欽服之人

《西学略述》内页书影

“西学启蒙十六种”序

序一

李鸿章

总税务司赫君[1]以格致[2]启蒙之书十六种，属儒者艾君约瑟译为汉文，既成，以书来索序。余惟古神圣兴物以前民[3]用，曰形、曰象、曰数、曰器、曰物，皆实有其事，非虚构其理也。通天地人乃谓之儒，童子就学，教以书数，穷理精艺，实基于此。自此意微，遂以浮华无实之文字，汩没后生之性灵，乃率天下相出于无用矣。泰西之学，格致为先，自昔已然，今为尤盛。学校相望，贤才辈出，上有显爵，下有世业，故能人人竞于有用，以臻于富强。此书十六种，即麻密纶大书院[4]原本也。其理浅而显，其意

[1]赫君，即赫德（Robert Hart，1835—1911），字鹭宾，出生于英国北爱尔兰，1853年毕业于贝尔法斯特大学，1854年来到中国，1861年开始担任中国海关总税务司。他在职期间，工作勤奋，创建了近代中国海关体系，并积极推动洋务运动，参与近代中国的外交活动，维护中国权益，得到清政府的肯定。他于1908年辞职回国，但依旧保留总税务司的头衔直到1910年。1911年他去世时，清廷追赐优恤，加尚书衔、太子太保。

[2]格致，即格物致知，语出《礼记·大学》之“物格而后知至，知至而后意诚，意诚而后心正，心正而后身修，身修而后家齐，家齐而后国治，国治而后天下平”。原意为探究事物本身所体现的道理，从中获得某种修身齐家、治国理政的智慧。此处之意为探究挖掘自然界所具有的规律或对事物推理时，所运用的方法和逻辑，因此，在清末为物理、化学、地理等学科的总称。

[3]前民，引导人民。语出《易·系辞上》：“是以明于天之道，而察于民之故，是兴神物以前民用。”

[4]麻密纶大书院，即Macmillan & Co.，今译“麦克米伦公司”。

曲而畅，穷源溯委，各明其所由来，无不阐之理，亦无不达之意，真启蒙善本。艾君之妙笔与赫君之盛心，并足不朽矣。

赫君在华综司关榷[1]三十年，勤能公廉，闻于中西，于华故相习也，而与余相知尤久。今岁谒假将回国，而是书适成，属为弁言，使问相继，其用意殷肫[2]，弥为可念。余自治兵迄于建节，迭任南北洋大臣，往在江表，就制造局译刊西学书大小数十种，既来畿甸[3]创设各学堂，延西国教习以诲良家子弟之聪颖者，涂径[4]渐辟，风气渐开，近复有博文书院之设，而赫君之书适来，深喜其有契余意，而又当其时也。孟子曰："能与人规矩，不能使人巧。"[5]如此，则能使人巧矣。孔子曰："民可使由之，不可使知之"[6]，平叔[7]训为"百姓能日用而不能知"。圣人言"凡民正以儆学者"，此与"民斯为下"之民正同，盖谓民可不知，学者则不可不知也。若元晦[8]所训，是"圣人欲民之愚矣"，是老氏[9]之旨也，非圣人意也。同治初，同文馆教习丁君韪良成《格致入门》一书，五台徐侍郎惊为闻所未闻，使及见此，更不知若何叹赏矣。

钦差大臣、太子太傅、文华殿大学士、直隶总督、一等肃毅伯李鸿章撰。

---

[1]关榷，原意为官府专卖，此处指海关。

[2]殷肫，殷切诚恳的样子；肫，即诚恳。

[3]畿甸，京都，即北京。

[4]涂径，今作"途径"。

[5]语出《孟子·尽心下》。

[6]语出《论语·泰伯》。

[7]平叔，即何晏（？—249），南阳宛（今河南南阳）人，三国时期曹魏大臣、玄学家，著有《论语集解》《老子道德论》等。

[8]元晦，即朱熹。

[9]老氏，即老子。因老子《道德经》第65章有"古之为道者，非以明民，将以愚之。民之难治，以其智多。故以智治国，国之贼；不以智治国，国之福。知此两者亦稽式。常知稽式，是谓玄德。玄德深矣远矣，与物反矣，然后乃至大顺"之论，故李鸿章如是言之。

序二

曾纪泽[1]

记曰："辟如行远必自迩，辟如登高必自卑。"[2]老氏亦云："合抱之木，生于豪末；九层之台，起于累土；千里之行，始于足下。"[3]盖天下事业、文章、学问、术艺，未有不积小以高大，由浅近而臻深远者。

泰西之学，条别派分，更仆难数，学成而精至者，大抵捍风霆而揭日月，夺造化而疑鬼神。方其授学伊始，往往举孩提之童所能言能知，匹夫愚妇所不屑道者，笔之为塾钞[4]，编之为日课，耆彦师姆[5]谆复道之，不以粗浅为耻，翻以躐进为戒，其向学易而为学有次第，此泰西学者之所以众多，学而成名者亦因是而济济焉，试举一二端明之。论光色之学曰：白者，诸色皆备；黑者，诸色皆无。诸色皆备，则不复受色，故以色著白纸，常推而拒之显露于纸上；诸色皆无，则能受众色，故以色著黑纸，常纳而入之隐于纸中。夫绘白纸而显露，绘黑纸而隐晦，此孩提之童所能言能知，匹夫愚妇所不屑道者也，然泰西学士由此理以证日质之所有，辨虹霓之七色，窥玻璃之三角，定藻绘之彰施，考影相之宜忌，其学无穷极焉。又论寒热之

[1]曾纪泽（1839—1890），字颉刚，湖南湘乡人，曾国藩次子，近代中国著名外交家，曾任英、法、俄诸国大使。

[2]语出《礼记·中庸》。

[3]语出《道德经》第64章。

[4]塾钞，亦作"书钞""书抄"，即对资料进行辑录或指辑录资料而成的书籍。

[5]耆彦，指老人；师姆，一指古代宫廷教育嫔妃的女官，二指保育幼童的女子。

学曰：五金传热，毛羽不传热。投铁杖一端于火，火外之铁，遽不可执；焚兽皮，将尽而未尽者仍可执，此传热不传热之证也。狐貉足以御寒，非狐貉能生热也，惟其不传热，故能护藏人身本有之热。夫投铁杖与兽皮于火，可执不可执之别，此亦孩提之童所能言能知，匹夫愚妇所不屑道者也，然泰西学士由此理，以考求太阳、地心之热力、与一切机器、键辖、火轮、舟车、蒸汽生力之大。凡稽化学生克之源，察冷暖涨缩之理，储水银铸钢鼓，以制寒暑之表、风雨之针；五纬[1]彗孛地球月轮，藉摄力以环日，地火震山，空阳生飓，循定规以行灾。推测之妙，通乎神明，其学亦无穷极焉。所谓积小以高大，由浅近而臻深远者，非其效欤？

总税务司鹭宾赫君[2]择泰西新出学塾有用之书十有六种，属英国儒士艾先生约瑟译成华文。书成问叙于予。予尝忝持使节，躬涖[3]欧洲，每欲纂辑见闻，编为一帙，事务纷乘，因循不果；今阅此十六种，探骊得珠[4]，剖璞呈玉，遴择之当，实获我心。虽曰发蒙之书浅近易知，究其所谓深远者，第于精微条目益加详尽焉耳，实未始出此书所纪范围之外，举浅近而深远寓焉，讵非涉海之帆楫、烛暗之灯炬欤？古称通天地人为儒，又曰“一物不知，儒者之耻”，儒岂易言？发轫于此书，就性天之所近，更

[1]五纬，亦称五星，是古代中国对太白星（金星）、岁星（木星）、辰星（水星）、荧惑（火星）、镇星（土星）五星的合称，五星与日、月合称七曜。

[2]鹭宾赫君，即罗伯特·赫德（Robert Hart，1835—1911），见前之“赫君”条。

[3]涖，通“莅”，躬涖，即亲自到临某处。

[4]探骊得珠，意即在骊龙的颔下取得宝珠，原指冒大险得大利，后常比喻文章含义深刻，措辞扼要，得到要领。出自《庄子·列御寇》。

著研耽之力，其于专门之学，殆庶几乎？《尔雅》训诂之文，《急就》奇觚[1]之字，贾、董、扬、班[2]于是乎兴。吾人而有志于西学，则虽以《尔雅》《急就章》视此编焉可也。

诰授建威将军、管理三库事务大臣、帮办海军事宜大臣、总理各国事务衙门大臣、户部右侍郎兼管钱法堂事务、世袭罔替一等毅勇侯兼一云骑都尉世职、湘乡曾纪泽劼刚氏撰。

---

[1]奇觚，犹奇书。觚，古代用来书写的木简。《急就篇》卷一："急就奇觚与众异。"颜师古注："言学僮急当就此奇好之觚，其中深博，与众书有异也。"《急就篇》又名《急就章》，是西汉元帝时命令黄门令史游为儿童识字编的识字课本，因篇首有"急就"二字而得名。《急就篇》用不同的字组成三言、四言或七言韵文，内容涉及姓名、组织、生物、礼乐、职官等各方面，如一部小百科全书。该文自汉至唐一直是社会流传的主要识字教材。唐代以后，《急就篇》的主导蒙学教材地位方为《千字文》《百家姓》《三字经》所代替。

[2]贾、董、扬、班，指两汉时期的贾谊、董仲舒、扬雄和班固，四人分别以政论、文学、思想、述史见长。

序三

张謇[1]

天地开辟以来，我中土立国最先。顾其时，獉獉焉，狉狉焉[2]，浑噩沕穆[3]之象而已。世代递降，人事日新，历来才智聪明之士，往往出其余力，以穷究夫推步[4]、测算、制作之事，其书至今盖犹有存者。假令当年好尚相同，群天下之人标新立异，积久不懈，其所成就，庸讵知不有与造化争其巧者？然而圣王知浮伪之足以乱世害俗也，于是作为奇技淫巧者有诛，是庙堂禁之于其上，朝野虽不敢习之于其下。朱子补释格物致知之章，亦第言其理而不言其效，天下后世仍只安其日用所习之常，然后知我中土圣人之教之大也。

泰西自犹太立国于三代之间，滋生蕃育，递衍递推，至于今日，各国且纷纷林立矣，独是壤地既远，风土遂异，纲常之道，盖亦稍稍殊矣。至于富强之术，则有非中土所能几及者，然亦不外夫推步、测算、制作诸事，而其实皆一一导源于中土，惟能沿流以穷其源，又复精而益进，驰心思于六合八极之表，日从事于可惊可愕之端，于是一孔目论之士，几以精巧为泰西独得之奇，而不知其渊源之有自也。海禁既开，交涉日众，以我之日用行习周旋于其间，先已孱弱不振，至于龃龉既

[1]张謇（1853—1926），字季直，江苏海门人，清末状元，中国近代实业家、教育家和政治家，主张实业救国。

[2]獉獉狉狉，草木丛杂，野兽出没，指远古混沌未开的景象。

[3]沕穆，幽远隐藏，见《史记·屈原贾生列传》：“沕穆无穷兮，胡可胜言！”

[4]推步，推算天象历法。

生，兵革相见，礼仪干戈，忠信甲胄，要不可复用之于今世。《易》曰："穷则变，变则通。"故近今以来，未尝不翻然改图也。

英国赫先生德久居中土，感礼待之厚，爰搜集其国有益于民生国计之书十六种，属其国艾先生约瑟译而行之，以惠我中土人士，意至美也。著易堂[1]主人见而善之，惜其书之不多见也，翻印而广其传，是书盛行我中土，才智聪明之士，必不惮殚厥精能以求造乎其极，庶几富强之术不让泰西独步，倘终安其日用行习之常，而以浑噩沕穆为足尚者，又岂今日诸君译刻是书之意也哉？

是为序。

时光绪二十二年，岁次丙申[2]十一月，上元季直张元方序于沪上客邸。

[1]著易堂，晚清民国时期上海印书局之一，曾经刊刻过"西学启蒙十六种"。

[2]光绪，清德宗爱新觉罗·载湉（1870—1908）的年号。光绪丙申年或光绪二十二年，即1896年。

序四

艾约瑟

名世者圣，称述者贤，所以启迪生民，嘉惠后学。事虽创，若仍旧言，历久而愈新。此大地有国，莫不皆然者也。至于代变时迁，一兴一革，来今往古，有异有同。倘弗溯其源，更孰悉其委，且欲得奇材于后日，惟务求善教于兹时。迩者中西敦睦，不限舟车，商使互通，无分畛域，故得交相择购利生致治之书，咸译以本国文字，藉便披研，盖亦借助他山之一道也。

余司译于总税务署经本署。总税务司赫君择授以泰西新出学塾适用诸书，俾于公牍之暇，译以华文，抵今五载，得脱稿告成，十有六帙。而其中之博考简收者，一曰《西学略述》；依诸原本者十五，曰《格致总学启蒙》、曰《地志启蒙》、曰《地理质学启蒙》、曰《地学启蒙》、曰《植物学启蒙》、曰《身理启蒙》、曰《动物学启蒙》、曰《化学启蒙》、曰《格致质学启蒙》、曰《天文启蒙》、曰《富国养民策》、曰《辨学启蒙》、曰《希腊志略》、曰《罗马志略》、曰《欧洲史略》。近将辑付剞劂，爰弁数言于《西学略述》一书之首，若夫即指见月，举隅反三，是则有望于学者矣。

光绪乙酉[1]孟冬，总税署司译英人艾约瑟自识。

[1]光绪乙酉，即1885年。

目　录

卷一　训蒙

字母

泰西训蒙之道，要皆始而教之熟习字母。缘泰西典籍累千万轴,其间文字皆由字母合成，非如中国文字千万，而音义亦殆有千万之繁计。今除朝鲜、日本、安南[1]等国之文字，尚多同于中国，以及满蒙文字，惟依字头外，其他诸国，皆莫不遵用字母，离合而成，为语言之记志。夫酌用字母之人，闻物名而别其音根于耳，而形诸目，嗣则连画数音之号，以为所属物名之记志。而字母之数，则各国率有多寡，或为二十四五，或为三十、四十不等。简而易识，便于诵记，以授童蒙[2]，不旷日即皆可习熟。然分识字母之要，既务熟正其音，尤贵通会其合而成言之术。

拆习字母

凡字母，皆不仅宜识其状，习其名，又须究明其正

[1]安南，为1054年到1804年间越南所使用的正式国号（1400年至1428年间被中国明朝统治除外）。1804年，清嘉庆帝赐“越南”名，沿用至今。

[2]童蒙，指处于启蒙时期的孩童。

音为何。缘上下千余年间，其言之字母同，而音已迥异者甚多。如此言之，首一字母，而移置于他言之首，音或不同；再若言之中间，同一字母，而音亦多不相袭；至若列居言尾之字母，则其有音无音，尤宜辨晰。是皆非暂习即能之事，皆学者所宜存心，而时加玩索者也。

字母在泰西诸国，率有殊异。缘诸国之人民言语，其音要多不同故耳。而学者于他国字母，其音复大殊于本国者，尤宜留意。盖恐遇有彼国之人，与尔谈时，尔依其国之字母，而仍以尔本国音出之，恐难使之喻也。似此取各字母，拆习分读。学者莫敢忽视，恐书函往来间有谬误。且无论朗诵何文，使值地名或人名，稍属罕见者，如未纯熟于拆读字母之法，诚恐有讹于音，而不免致闻者之粲然[1]也。至若字母分节，长短悬殊。短仅二三字母，自成一节而已；长则至有可截分六七节之多者。以之训蒙[2]，亦必由二节即成一言者始。

启蒙读本

凡泰西新出之拆习字母诸书，作者原取便于训蒙，故皆必以一言。仅合以二字母即可成一物名为始，继乃读以三字母合一物名之言，而其物之若禽若兽，皆即仿图刻印。于是一言之上，侭[3]堪供五六岁之幼童玩察也。至旁列图说，其中诸言，亦以三字母相合为率，庶使幼童易读

[1]粲然，笑貌，此处指嘲笑的意思。
[2]训蒙，教导启蒙。
[3]侭，通“尽”。

易晓。嗣而一言成为物名之字母，渐由四而五而六，以次递加。其间仿绘物形，即物成章之文，皆同上式。又间有歌诗，或为可信口而吟；或以之称颂上帝；或畅言草木；或详诵禽鱼。至于此书分有五六等，第其所选诗文类，皆名家著述。以是教授幼童，可使于嬉戏之年已多识成人之语也。

迨习读书，计有三要：一则须熟识字母，连书成言之音义；一则当对人朗诵之时，务使音韵清贯，庶旁听者入耳即可了然；一则如目前有书，能即遵依成规，诵以俗语。此三者即初习读书之三要也。

书法

书虽小道，而列居六艺[1]之一。如泰西作字，其笔墨书法均异于中国。兹略述之，以为学者之一助，如其笔：无论为钢，或为鹅管，下端末处要皆强锐。而双乂[2]以便作字时，使所蘸取之墨水，即沿乂流下，无少凝滞。其作字佳与不佳，惟视执笔之合法与否。凡初学大草书者，以右手执笔，轻若拈花，右肘尖宜与案平，忌侧引身倚压手。上置纸，当胸务正，而以左肱曲卧案傍，防纸动移。右肘则恒与案边直交，俨若十字，继乃徐徐自左而右，至笔上端尽处，宜与右肩头遥对，拇指顶宜对食指之上节纹，腕平附案，小指作斜立势，使小指顶轻依纸上。似此

[1]六艺，中国古代儒家要求学生掌握的六种基本才能，也泛指中国古代高等教育的学科总称，共有礼、乐、射、御、书、数六门学科，故称。西方自古希腊以来，则有七艺，即逻辑、语法、修辞、数学、几何、天文、音乐。

[2]乂，本义指割草、治理。艾约瑟此处用来指写字的笔头。

纯熟于进习小草时，则先习横画平线，如泰西乐谱，次习曲线诸画，俟皆能信手回环，无不与著名善书人逼肖。方可究辨字形结构，互异之故，笔画纤肥，相生之奇也。

地理

地理一学，如论大海之洋洋，旷野之寂寂，林木森茂而无蹊[1]，雪山矗出于云表，皆足使学者畅悦心目。然欲习地理，则必宜解明之事有六：一当使明地图所分东西南北之方位；一推测地之远近须先为酌立一准，如以人每一点钟行十里为准，自无难推而至于千百万里之遥；一凡地理书中所论之江山河海、土角土腰[2]等处，皆宜即其所已知者推而明之，如小湖可作一大海视是也；一当明绘地图例用之号志[3]，如图小圈为城，凸曲线为山平[4]，曲线为河或海岸诸式；一如地理书中分论之平陆、原隰[5]、分水界山[6]以及大河，并其旁入之各支流，浸占地面广狭诸理，皆宜明晰；一如地球全图径纬[7]其间之早暮时差，即原于周天三百六十度，而每十五度为一点钟[8]之候也。

[1]蹊，小路。
[2]土角，指半岛；土腰，指地峡。
[3]号志，即图例。
[4]山平，即等高线。
[5]原隰，指广平与低湿之地或反指原野，此处意为低洼地。
[6]分水界山，今作分水岭。
[7]径纬，今作经纬。
[8]点钟，即一小时。

算数表

一百四十四方算数表

1	2	3	4	5	6	7	8	9	10	11	12
2	4	6	8	10	12	14	16	18	20	22	24
3	6	9	12	15	18	21	24	27	30	33	36
4	8	12	16	20	24	28	32	36	40	44	48
5	10	15	20	25	30	35	40	45	50	55	60
6	12	18	24	30	36	42	48	54	60	66	72
7	14	21	28	35	42	49	56	63	70	77	84
8	16	24	32	40	48	56	64	72	80	88	96
9	18	27	36	45	54	63	72	81	90	99	108
10	20	30	40	50	60	70	80	90	100	110	120
11	22	33	44	55	66	77	88	99	110	121	132
12	24	36	48	60	72	84	96	108	120	132	144

泰西不以珠算而以心算，如上表式，最便初学，实足为习算婴孩之一助。凡婴孩皆心静神专，授以此表，若能使熟诵于口，必将终身不忘。其法竖读起自二行，如一二为二，二二为四，三二为六。依是而读至于表末。

音乐

泰西之诸小儿女，日多以鼓琴歌诗为事。凡琴诗鼓歌之际，其音轻重高下，各有所合。如儿女之音，皆轻且高。男子年及盛壮，则音重而下。音乐实基于人。今泰西洋琴计分四十九牌[1]，或五十六牌不等，其甚轻清而高者，固非儿女音之可及，而极重浊者亦倍下于盛男之音。如分有四十九牌之洋琴，其间以条分宫、商、角、徵[2]之

[1]牌，指音阶。

[2]宫、商、角、徵，中国古代音阶，共有宫、商、角、徵、羽五个，相当于西方音阶1（宫）、2（商）、3（角）、5（徵）、6（羽）。

诸牌，上下清浊皆各计有七等。鼓者循牌抚按，其条分之精较之歌者，尤为详细。再每一正牌外，多有二副牌。副牌之音较之正牌，高下各可使差至半外。此又有节奏之缓急迟速，约分有五六等。故亦须向琴谱中详为分析。初习琴者，固宜对此谱而鼓；初习诗者，亦宜依此谱而歌。琴谱分析高下，如是微奥习者[1]，若多忽而不察，则不足以悦闻者之耳。如四人同歌，取诗一也，依谱一也，而其音虽高下轻重不一，仍皆能秩然不紊。今有父母子女聚室习歌者，不论长幼，以一人坐而抚琴，众皆傍立抗声高歌。初学琴诗每日只率习一点钟之候，久久自必纯熟。

调习童孩耳目及手

设牢缚幼童一手，使不少动，如是半载，此手必废。可知人身之脏腑肢骸，其间气血，皆时时任其流运为宜。故凡幼童，即恒使辨色以习目，辨音以习耳，辨弄方圆曲直诸玩物以习手。盖泰西之教育童孩，计由二岁以至八岁，皆必先酌使之精其耳目与手。类别科分，约有四五十等。如教以树艺花木，编制蓆笼，绘画图样，诸戏皆是。

强健幼童肢体

凡幼童，可多任其出嬉，恣览山水、花卉、木石等类，和其肢体，以防疾病。故幼童每日至少亦须一次出游。在男子固可任其攀援树木，超越沟渠。若泰西女子，

[1]微奥习者，指各等学习之人。微，初步的；奥，深奥，此处已届高等的。

原不裹足[1]，固免受此形近刖刑[2]之惨。即其俗重细腰，亦不可结束过紧。傥必务饰美观于外，而更不问其内伤与否，果益耶？果无益耶？

反本思源

凡为人子者，无不知父母之宜孝，兄弟之宜亲，君之宜忠，长之宜事。然尤有极尊宜敬畏者，在上帝是也。故须使知宜晨昏祈祷，以求上帝之恩祐。庶得正心绝欲，荡涤恶习，自在从容安然，而入于至善之途也。似此之论，泰西各国，无问官民，凡有治人之责者，多以是为训蒙不易之法。

婴塾

古者中国，童年八岁始入小学。今泰西婴塾[3]之设计，凡生足十八月之幼孩，及年尚未逾八岁者，皆为立有

[1]裹足，俗称缠脚，中国帝制时代针对妇女的社会陋俗，兴起于宋，清末始受到传教士及开明知识分子的抨击，清政府亦曾下令制止此陋俗。民国时期，民智渐开，抨击者日众。中华人民共和国成立后，缠足风俗消失。

[2]刖刑，中国酷刑之一，又称剕刑，受刑者被砍去左脚、右脚或双脚。该刑在夏称膑，周称刖，秦称斩趾，隋朝以前为五刑之一，属肉刑，清代依旧存在。艾约瑟此处为错误，缠足与刖刑没有关系。

[3]婴塾，即学前教育，包括托儿所、幼儿园等婴幼儿教育机构。

教育之法。其法乃由德国人之名额伯邻[1]者创始。至中国之嘉庆[2]年间，流传入英，而建于伦敦城内。此塾立有专章，故英人威得斯宾[3]，又为著书详定。德国婴塾，皆择立于花木繁茂之园内。其程课则半坐授于塾之内，半游示于塾之外也。似此婴塾最著名于泰西各国。

义塾

泰西绅富诸人，怜贫家子女幼而失学，长而无成也。故多相率出资创立义塾。其定章：凡遇有送子女入此塾者，例取半费，其余半费则由存塾公项代为支补。有人谓此法诚美矣。而惜其尚多缺，如不可不早为区处[4]，俾无遗憾。计其犹未尽善者三事：

一、义塾无多也。盖缘绅富固难随地皆有，而有处亦未能皆爱育人材。若国家能拨发帑金[5]，多建义塾，庶可使贫家子女无欲学，莫从之戚。

一、贫家子女均宜入塾也。若国家能遍喻通国，凡

[1]额伯邻，即弗里德里希·威廉·奥古斯特·福禄贝尔（Friedrich William August Frobel，1782—1852），德国教育家，被公认为是19世纪欧洲最重要的几个教育家之一，现代学前教育的鼻祖，创办了第一所称为“幼儿园”的学前教育机构，其教育思想迄今仍在主导着学前教育理论的基本方向，对世界各国幼儿教育的发展产生了深远影响。

[2]嘉庆，即清仁宗爱新觉罗·颙琰（1760—1820）年号。

[3]威得斯宾，即威廉·爱德华·福斯特（William Edward Forster，1818—1886），英国工厂主和政治活动家，自由党人，从事教育改革，通过《1870年初等教育法》，又称《福斯特法案》。

[4]区处，处理；筹划安排。

[5]帑金，意为钱币，多指国家财政。见明沈德符《万历野获编补遗·户部·岁入》：“今宇内岁入各项帑金，不及千万，然惟正之供入太仓者，不满四百万。”

贫不能延师课读之家子女及年，皆送入义塾，不可听其游惰，以致老大无成，违者即量罚示警。

一、义塾子女，年各不齐，师之教授须有差等也。如识字、读书、习音、学算，以及忠君、孝亲之道、敬畏上帝之方，一师百徒，势难兼顾。若能择派徒中之年学较优者，分教幼童。则塾无旷课，师逸功倍矣。

论者之言如此，凡有国家者，皆不可不以储育人材为急务也。

富强由兴学校

近自中国之嘉庆年间，欧洲诸雄国皆多方立塾，争以储育人才为急务。是以四民[1]之业，妙奥[2]日增。即彼执殳[3]之士，幼而学道，长而知方技，艺既精，恪从上命。在昔德败于法，退修其政，专以育才为本，文武并重，后数十年而德竟大败法人，富强至今[4]。惟时邻疆皆虞，己国久或处于德之下也，故皆竞新其政令，立不学之禁以励其民，是以荷锄居肆[5]之家，鲜或不学。即今英国公私在塾之童，数倍于昔。近日本国皇力遵行泰西新政，垂二十

[1]四民，是古代中国对平民职业的基本分工，有士、农、工、商四个等级。据《春秋穀梁传·成公元年》载："古者有四民：有士民，有商民，有农民，有工民。夫甲，非人之所能为也。丘作甲，非正也。"但有论者认为这个次序并无隐含社会高低之义。《荀子·王制篇》亦有"农士工商"的排列。

[2]妙奥，指知识学问。

[3]执殳，意为皇室效力或做士兵。语出《诗·卫风·伯兮》："伯也执殳，为王前驱。"

[4]该处所言德法之争当指19世纪初拿破仑多次粉碎反法同盟，吞并普鲁士、奥地利等国之事和1871年普法战争法国战败之事。

[5]荷锄居肆，指农民和居住于城市的居民。肆，酒肆，泛指城市。

年，除民间公立之义塾不计外，即其都邑内外为国家所建之书院，已约有学生二百万人之多；所学皆宗本西法，如医学、方言学、翻译学皆有专塾；至于女塾，近亦设有多处。观日本之举措如此，是有欲与欧洲诸雄国并列之心明矣。

卷二　方言[1]

言语未易考原

言语者，心之声，本乎自然，无待有学于外。如二人相晤之际，要皆有怀欲吐，而彼此终可互达者，则缘此言语往反，足通其情之故耳。夫目可代语，未始不亦堪示意。然以较诸朗宣于口之言，无乃过于简隐。故凡人之情也，意也，志也，虑也，要皆假此言语，以喻于人，辨议祈许[2]，闻者均自了然。至欲溯究原始，上考鸿蒙[3]，则太古无史书文字，更将何从而稽知[4]之？

[1]方言，今作“语言学”；下文“土语”，今作“方言”。

[2]祈许，向上天或神明求福，对神佛有所祈求时，提出事后给予的某种酬谢，也可以说是许愿的意思。

[3]鸿蒙，中国神话传说的远古时代，传说在盘古昆仑山开天辟地之前，世界是一团混沌的元气，这种自然的元气叫做“鸿蒙”，因此称该时代为“鸿蒙时代”。后来该词也常被用来泛指远古时代。

[4]稽知，当作“稽式”，原意为准则、法式，引申为取法。

详言语今富于古之原

世有圣贤，则人之所知者日博，所知日博，则言语因之，亦必日多后人复踵[1]前人之言而扩充之，是以愈日形繁富。如自有人创习天文一学，世即增无数特属[2]，论天文之名目言语。自有人创究医药，品味草木，世即增无数特属，论药味之名目言话。自有人创精贸易一事，世即增无数特属，论贸易之名目言语。至若万方之国，皆可获非其土产之物，识非其土产之名，若无贸易往来，胡克臻[3]此？

人即所日见之诸物，而辨其色，别其状，形容于口，以为此色状之名者，言语已奚止万千。再即如一人之身，其五官四肢，动静作息，由是而生有之活字[4]，已难枚举。久乃字之活者渐多用同于虚，惟时此字旧义别有新活字出，以补其缺，似此字之代谢无穷。泰西人著有多书，以资征考，今计其足供潜玩者，约数十卷。

能言与否为灵性有无之证

英国人之名罗革[5]者言：禽兽知营巢穴，而不知栋宇

[1]复踵，即相继。
[2]特属，即词汇。
[3]克臻，能够达到。见明刘若愚《酌中志·逆贤羽翼纪略》：“（马谦）诚区画安详，任劳任怨，祁寒暑雨，未之少懈，不四五年，克臻厥成。”
[4]活字，即动词。
[5]罗革，即罗杰·培根（Roger Bacon，1214—1294），英国方济各会修士、哲学家、炼金术士。他学识渊博，著作涉及当时所知的各门类知识。他对阿拉伯世界的科学进展十分熟悉，提倡经验主义，主张通过实验获得知识。

之佳；知食，而不知火食之益：知爱子，而不知谢上帝之恩，即其不能如人之以言语相通，可识其皆不同于人之有灵性也。今详察禽与兽，皆大异于人。如犬知人之击己，而弗知击己人之意有美恶，此即其心不能别是非之明证。又何能创立言语，以为明表心意之用，而传至久远哉？即以能言与否，为人畜判然之界域也。可至于禽兽亦有能效人言者，是不过仅识其然，而终难尽其变。

辨识土语为考方言之助

诸国言语，率难为之条分清晰。盖因诸国，各有其乡音、土语，变幻不可胜穷。且即一国而论，自古迨今，其语音变迁，已不知凡几。故昔德国有人名雷伯尼，常寓书于俄国之君彼得[1]，内言亚细亚洲沿北诸地[2]之属于俄者，其间边幅辽阔，人民散处，语音驳杂，多异少同。若尔能遣人周行其地，访其土语乡音及诸文字，笔志成书，必于方言一学，大有稗益。雷伯尼之言如此，设各国皆果能如是考稽[3]，则其加惠于方言学家者，诚非浅鲜。不然则诸有志于方言一学之士，结伴周游，自行采访著书，尤为确实。

[1]彼得，即彼得一世，又作彼得大帝（1672—1725），为俄罗斯帝国罗曼诺夫王朝的沙皇（1682—1721）及俄罗斯皇帝（1721—1725），在位期间力行改革，推动俄罗斯现代化。

[2]亚细亚洲沿北诸地，即今俄罗斯西伯利亚地区。

[3]考稽：考察。清姚鼐《〈西魏书〉序》：“然延寿自序，言见别史千馀卷；今时代远隔，泯亡无一存，不获使观察据之以考稽同异而裁定焉。”

字原出于图画

近世泰西诸国之字，皆祖于斐尼基文[1]。是谓字母原夫斐尼基文之所自出，则图画为之先嗣，乃从省变。近今之字母详斐尼基文，其一为“א”，乃象牛也；其二为“ב”，乃象室也；其三为“ג”，乃象驼也；其四为“ד”，乃象门也。按斐尼基，门字乃三音，合而成文，读若大雷德，如“ד”为其首一字母之音，惟读若大而已。凡遇文中有宜读若大、若地、若舵、若度等音者，皆可以“ד”相代。即是可知凡字母，皆始本于图象物形。久久即变为记音之号识。至于图画，在埃及地传行最久，是与古埃及国相终始。若巴比伦创始未久，即省如今字母形矣。

图画之作，原以备志言语。故各即物之名以为名，嗣乃避繁从省，由渐而变。埃及与巴比伦文字[2]，皆创始于图画。即中国文字创始时，亦为数无多。至其初或即中国人自造，或由近西处传来，要皆无从论定。

---

[1]斐尼基文，即腓尼基字母，是腓尼基人用以书写腓尼基语（属北闪含语系）的一套字母，公元前1000年左右出现，由原始迦南字母演化而来。现在的希伯来字母、阿拉伯字母、希腊字母、拉丁字母等都可追溯至腓尼基字母。腓尼基字母跟希伯来字母、阿拉伯字母一样，为辅音音素文字，没有代表元音的字母或符号，字的读音须由上下文推断。腓尼基铭文曾在考古遗址中发现，包括一些腓尼基城市及地中海周边的殖民地，如比布鲁斯（今黎巴嫩）和迦太基（今突尼斯）。腓尼基字母被认为是当今所有字母的祖先，起源于古埃及的只有辅音用声旁表示的象形文字圣书体。腓尼基人把源于古埃及的辅音声旁进行改造字形后，变成了纯表辅音的字母。

[2]埃及为象形文字，巴比伦为楔形文字，皆为今日所发现的世界最古老文字。

笔墨考

上古人以铁或竹木、细梃，挖画木石及未经入火之泥砖上以为号志。中古人乃易以竹木、细梃，蘸取有色诸料物、画皮为书。若纸则创自埃及国，其初惟层剥水生植物之皮，取以为纸[1]。嗣因剥植物皮不足给用，乃有移居埃及亚利散太城[2]之希腊人，筹及截取此植物全株，捣治制而为纸。当东汉之世，法始传入中国，蔡伦[3]首行仿制以代练帛，竟获流名至今。而埃及造纸以后，亦常刮取灯烟，创制梃墨。缘后人改尖削鹅管蘸用水墨，作书甚便，故尔梃墨中废。

数目号字考

今泰西所用以代数，如1、2 、3 、4 、5、6、7、8、9、10诸号字，近有人考得，是皆由梵文[4]数目名之首一字母脱化而出者。若上古之希腊并希伯来人，皆各依其字

[1]此处所言即为埃及草纸，又称“莎草纸”，是古埃及人所使用的书写材料，由盛行于尼罗河三角洲的莎草的茎做成。公元前3000年左右，埃及人已经掌握这项技艺，并将莎草纸出口到整个地中海地区。至公元8世纪，莎草纸因造纸术的广泛传播而逐渐失传，又因缺乏文献记载导致技艺不存于世。

[2]亚利散太城，今译“亚历山大城”，位于埃及尼罗河河口三角洲地中海沿岸，为世界名城。

[3]蔡伦（63—121），东汉宦官，桂阳郡耒阳县（今湖南耒阳）人。他改进了造纸术，扩大了造纸的来源，降低了成本，为大规模生产纸张奠定了基础。

[4]梵文，是印欧语系的印度-伊朗语族的印度-雅利安语支的一种语言，是印欧语系最古老的语言之一。和拉丁语一样，梵语已经成为一种属于学术和宗教的专门用语。虽然现代梵语的母语使用者非常少，但是因为梵文本身的特殊性，在现代佛教、印度教、耆那教、锡克教经典中依然可以随处遇到梵语。该处指印度，因阿拉伯数字为印度人发明。

母等次，作为数目号字。惟罗马人则一以Ⅰ，二以Ⅱ，三以Ⅲ，四以Ⅳ，五以V等式作为数目号字。即今象画于时辰钟与时辰表面之上者是也。至泰西近用之数目号字，本于印度由亚拉伯人[1]传至欧洲，其书画简易，故能盛行至今。或言中国所用之数目号字，皆与形似，且并作右行，岂汉张骞奉使西域[2]时之所流传耶？

言分九类

凡泰西言语[3]，率有虚实之不同，约而计之，可分九类。一，区指字类[4]，如“彼此”等字是也；二，实字类[5]，如“犬马”等字，言时须有授受动静等义。中国则别加一字，于实字之前后。泰西则即其言而增减其字母也；三，助实字类[6]，如“高、下、美、恶”等字；四，代实字类[7]，如“你、我、他”等字；五，活字类[8]，如“方向”，则恒言有打人、人打、自打、自之殊情形，则恒言之如是，打至止复加“傥”字，或“既”字，以及“可”字与“情愿”等字，泰西皆多。即本言，而惟少增

[1]亚拉伯人，今作“阿拉伯人”，主要居住于西亚北非，信仰伊斯兰教。

[2]张骞奉使西域，张骞（约前164－前114），字子文，西汉成固（今陕西城固）人，中国汉代旅行家、外交家、探险家。他奉汉武帝之命，于公元前138年从长安出发出使西域，两次被匈奴军队俘虏囚禁，历时13年终于逃回长安复命，从而成功开拓了丝绸之路，后于公元前119年，再次出使西域。

[3]言语，指词语。

[4]区指字类，今作“指示代词”。

[5]实字类，今作“名词”。

[6]助实字类，今作“形容词”。

[7]代实字类，今作“人称代词”。

[8]活字类，今作“动词”。

减其字母时候，则恒言有过去、未来、现在之不同处；六，虚字类[1]，如“徒”“然”等字；七，实字前后之虚字类，如山上、山下之“上”、“下”等字；八，分合之虚字类[2]，如“兼”、“但”等字；九，叹辞字类[3]，如“吁”、“嗟”诸字是矣。

言学四范

一、凡言之音声，贵乎清亮。若学者未克臻是，则师宜训之使改。至于作书之时，即各依其国之通行字母而书。

一、言分九类，而实活二字类，尤为繁要。实字尾末之字母，恒多变易。而各国率不相袭。如拉丁实字，计有五式，列作五行，每行变体有六；德国实字则计有三式，列作三行，每行变体有四；至若中国之于、与、内、外等字，亦如泰西助实字变体之用，活字界分愈富，如详见上章之打字是也。

一、言文，则字句皆有断连、分合、前后之定式，义例繁多，而各国率有不同，如中国之言吃饭，而蒙古则云饭吃。凡言之互相颠倒者，皆宜归列于此范下。

一、言诗，则皆有酌押韵脚部分、长短音、别清浊之等第也。

[1]虚字类，今作“虚词”。
[2]分合之虚字类，今作“连词”。
[3]叹辞字类，今作“叹词”。

印度及欧洲方言考

考厥印欧生民之初，皆聚处于葱岭[1]以西高原之上。其地今名为巴米耳[2]。嗣有出迁于印度地者。即今四韦多书[3]，并佛经梵文，即彼等首所创变之语言。继有出迁往波斯地者，爰行创立敬火之教[4]。迨三之出迁，散居于英法各地间者，为革勒底族[5]。其往居于意大利地者，创变言语，是谓拉丁。今法兰西、意大利、西班牙、葡萄牙四国方言，皆本拉丁而出者也。继复有多人出居于意吕利亚[6]，而希腊地亦有多人迁往居焉。惟时又分有斯拉分

[1]葱岭，古山名，今称“帕米尔高原”，是古代中国和地中海各国的陆上通道丝绸之路的必经之地。据《西河旧事》，因“其山高大，上生葱”而得名，地理上属亚洲中部，位于中国、塔吉克斯坦和阿富汗的边境上。帕米尔高原也是亚洲主要山脉的汇集处，包括喜马拉雅山、兴都库什山等五大山脉，号称“亚洲屋脊”。

[2]巴米耳，今作“帕米尔（Pamir）”。

[3]韦多书，即吠陀经（Vedas），意为“知识”“启示”，是婆罗门教和现代印度教最重要和最根本的经典，主要包括《梨俱吠陀》《耶柔吠陀》《娑摩吠陀》和《阿闼婆吠陀》。广义的“吠陀”文献包括很多种性质不同的经典，即吠陀本集、梵书、森林书和奥义书。

[4]敬火之教，即琐罗亚斯德教，中国称“拜火教”或“祆教”，因其崇拜火而得名。该教创始人为琐罗亚斯德，主要信仰一般认为是神学意义上的善（善神阿胡拉·马兹达）恶（恶神安哥拉·曼纽）二元论。琐罗亚斯德教是伊斯兰教诞生之前西亚最有影响的宗教，古代波斯帝国的国教，对犹太教、基督教也有重要影响。琐罗亚斯德教的经典主要是《阿维斯塔》，意为知识、谕令或经典，通称《波斯古经》。

[5]革勒底族，即Celt，今译凯尔特人，是公元前2000年活动在西欧地区的、有着一些共同的文化和语言（拉丁文）特质的、有亲缘关系的民族的统称。今天凯尔特主要指不列颠群岛、法国布列塔尼地区语言和文化上与古代凯尔特人存在共同点的族群，但这些族群在古代并不被其他民族认为是凯尔特人。

[6]意吕利亚，即Lydia，又称“吕底亚”，今称“小亚细亚”，主体部分是土耳其领土。

尼族[1]，迁居于俄及德国以南之地。今俄人皆其后裔。德族[2]则迁居于英、于德，以及瑞典三国之地。考今英、德、瑞典三国方言，皆同出于德族。

如上所言，皆近由泰西方言学家殚竭精力，旁证冥搜[3]而得者。

西米底族考

西米底[4]者，乃由挪亚第二子之名变音而出者也。西米底族，原居今巴西国[5]之西，当欧伯拉底及底革利斯二河[6]之间。近由考方言家，将是一族分而为三大族。一亚拉伯族，后之回教即出于其中。又有一族，亦出于亚拉

[1]斯拉分尼族，即Slaves，今译斯拉夫人，发源于今波兰东南部维斯杜拉河上游一带，于1世纪时开始向外迁徙。6世纪前后，斯拉夫人出现在东欧平原上。近代随着俄罗斯疆域的扩张，斯拉夫人也向西伯利亚和中亚地区迁徙。今日斯拉夫人为东欧、中欧、北亚的主要族群。

[2]德族，即Germany，今称“日耳曼人”，是一些语言、文化和习俗相近的民族（部落社会）的总称。这些民族从公元前2000年到约4世纪生活在欧洲北部和中部。5世纪时发生的民族大迁徙使日耳曼人各自生活，分别成为现今的斯堪的纳维亚民族、盎格鲁萨克逊人、弗里斯兰人和德意志人、奥地利人、东普鲁士人。其他日耳曼人的后裔还包括荷兰人，瑞士的德意志人，加拿大、美国、新西兰、澳洲和南非的许多白人等，现今这些新的民族很多都是与其他民族混合而成的。

[3]冥搜，即尽力搜取。见晋孙绰《游天台山赋》：“非夫远寄冥搜，笃信通神者，何肯遥想而存之。”

[4]西底米，按下文为挪亚第二子推算，当为《圣经·创世记》人物含（Ham），含相传为非洲人与亚述人的祖先。今日人类学认为图西族与一些非洲民族，如埃及人、努比亚人、埃塞俄比亚人、奥罗莫人、索马里人、富拉尼人、马塞人等，被认为属于含米特人种（Hamites）。

[5]巴西国，指今伊朗，为伊朗原名Persia（今译“波斯”）的音译，而非南美洲国家巴西，见下文。

[6]欧伯拉底，即Euphrates，今译幼发拉底；底革利斯，即Tigris，今译底格里斯，两河为中东名河，为古巴比伦文明的摇篮。

伯族者，名曰阿比西尼[1]，今散处于红海西南地者是也。一犹太，并斐尼基族。其人所遗最古之书，即今之旧约书。又亚非利加洲[2]，北滨海数处之各洞中石上，并间由土内掘获之古碑碣，多有昔斐尼基人留刻之文字。一亚兰族[3]，今巴比伦及尼尼微[4]等处，其荒陇断埂间，多有掘得。昔用以建覆宫庙之旧瓦残砖而上之刻有文字者，尚可依稀辨识为亚兰人之所遗，即中国唐世之景教[5]碑中，列有今叙利亚之文字，亦其类也。

---

[1]阿比西尼，即Abyssinia，今作“埃塞俄比亚（Ethiopia）”，东非国家。

[2]亚非利加洲，即Africa，今作“阿非利加洲”，简称“非洲”。

[3]亚兰族，即Aram，亦作亚拉姆，是《圣经》里的一个区域名称，位于叙利亚中部，包括阿勒颇所在的地区。亚兰的范围从黎巴嫩山往东过伯拉河，并包括美索不达米亚平原北部。“亚兰”这名字源自挪亚的孙儿、闪的儿子亚兰，相传是亚兰人的祖先。

[4]尼尼微，即Nineveh，为古代亚述帝国的重镇之一，位于底格里斯河东岸，自公元前11世纪起即成为亚述帝国的首都，在今日伊拉克北部城市摩苏尔附近。

[5]景教，即基督教聂斯托利派，北魏时期传入中国，在唐朝称“景教”，盛行一时；845年，唐武宗会昌灭佛时期遭受池鱼之灾，但残存信徒依旧存在至明朝末年。文中所言景教碑即存放于今西安碑林的大秦景教流行中国碑。该碑记录了唐代景教的大体情况，为研究唐代基督教的第一手资料。

土满蒙考

昔周之猃狁[1]，汉之匈奴[2]，唐之突厥[3]，皆土族[4]也。其一言率皆以二言并合而成。上者明意指，下者为语助。如清语之笔帖式[5]，笔帖译书式，则有音无义，为语助辞是也。今亚细亚洲之满蒙、朝鲜、日本以及俄属地方之人民，言语率皆如是者，盖缘共先皆出于土族也。是族之人，性多喜动，不立学教、建城邑，捷足善走，日逐游牧以为生。其今之有学教、城邑，皆慕邻国而仿为之，非能自行兴创。近泰西方言家[6]，略为分定族类，一东

[1]猃狁，古代族名，又叫“犬戎”，历史上活跃于今陕、甘一带，猃、岐之间；与西周长期发生战争，曾攻入西周首都镐京，杀周幽王，迫平王东迁。

[2]匈奴，春秋战国秦汉时期居于中国北方的民族，与中原王朝战争不断。秦始皇派大将蒙恬驱逐匈奴出河套，增修战国时期北方各国长城进行防御。汉高祖刘邦亦曾被匈奴围困于白登山，汉初鉴于国力有限，主要政策以和亲为主。汉武帝时期派卫青、霍去病等领兵出征匈奴，势力逐渐瓦解，出现“漠南无王庭”的局面。东汉时期，也与匈奴战和不断。魏晋时期，五胡乱华，部分匈奴融入中国，部分匈奴远徙欧洲，成为欧洲民族大迁徙的直接诱因。

[3]突厥，南北朝后期至隋唐时期，中国北方主要少数民族。隋文帝曾用离间计使突厥分裂为东西突厥。唐代隋之际，突厥实力坐大，曾进兵至长安附近，然分别于630年与657年亡于唐。682年，突厥复国，称“后突厥”。后在745年，唐朝与回鹘联手灭突厥，突厥人西迁，作为主体民族的记载退出中国历史，但部分突厥人转化为今日中国的维吾尔族和中亚五国的主体民族。西突厥分支乌古斯人曾建立地跨欧、亚、非三洲的奥斯曼土耳其帝国，后成为今日土耳其的主体民族。

[4]土族，指居住于某地的土生民族。

[5]笔帖式，满语音译，拉丁化为Bithesi，意为书记，是清朝满人专属官职之一。此官职配置于朝廷或地方的辅助部门，品秩为正六品至正九品，主要工作为负责翻译汉、满章奏与文书抄写，清初还负责奏章满汉文间的校注。1910年代，清朝灭亡后，该官职废除。

[6]方言家，今称“语言学家”。

胡[1]，乃昔统满洲女真之总名；一蒙古，即前之元朝；一突厥，其间回鹘，并今之土耳其，皆与同族类；一朝鲜、日本；一南印度之得拉非典族[2]九种。

藏缅暹越考

是本一族，而散居于今西藏、缅甸、暹罗[3]、越南等地。嗣乃中分为二，一为暹越，其语皆单节如中国，而颠倒出之。若“胜地”则作“地胜”，“好人”则作“人好”，其他之类似此者，不可殚述。然暹罗重佛，故其言复多杂有梵语。越南则自秦汉以来，中国人流寓其地者甚众。故今其言半多华语，音分四声，近于中国。一为藏缅，凡中国云南、四川等处，山民之罗罗种类[4]，皆与同族，其语皆单节，虽四声尚未全备，如中国而皆略有其端，且不复有所颠倒，如“好人”而作“人好”者矣。兹考四声之所由起，盖缘其初所用字母之音，过于狭隘，久乃渐次推广，而别出有四声也。

---

[1]东胡，是一个古老的以游牧为主的民族，居住在内蒙古东部、东北西部。可能在商代初年便存在，到秦末汉初时灭亡，如此则东胡存在了大约1300年。东胡与汉族、濊貊、肃慎被称为“古东北四大民族”。学术界有人认为，东胡语言属阿尔泰语系蒙古语族。

[2]拉非典族，即Dravidians，今译“达罗毗荼人”，南亚使用达罗毗荼语言各民族的统称，属不同人种类型。泰卢固人、泰米尔人、马拉雅兰人以及坎纳拉人等属达罗毗荼人种类型，多信印度教的湿婆教派。其真实起源学界尚未达成共识。

[3]暹罗，泰国旧名。

[4]罗罗种类，指很多不同的民族或部落。

方言分有三类

经方言家详稽[1]各国方言，意可创分三类。惟当其搜证之时，其十言中五言尚存有原义，五言已失其原义也，故兹即准诸言之原义存否而类分之：一类为未失其原义之言；一类为合二言为一新言。一存原义，一失原义，而幻为助语之辞。如今中国方言，呼旗作旗子，旗仍原义，子失原义，而幻为助语辞矣；一类为合二言为一新言，而二言之原义均失。

非止二言可合为一新言也，即三言四言，亦无不可合为一新言，然皆不及二合为一之多。

一、言皆尚仍原义，皆作单节，如中国之言是也。一首之一言，仍其原义，复续多言，去其原义，而为上一言之助语辞，其间分有三节四节不等，如满蒙之言是也。

一、二言合一，原义或已均失，即古之梵文并今英、德等国方言皆是。

言语原起

稽古家[2]穷究言语之所原起，略有三说：

一、谓言语本人性中所固有，如饥而求食，渴则觅饮，啸侣呼朋。缘创立言语以达其意，此乃内得之自然，非有所戕贼[3]而强作于外者也；

---

[1]详稽，意详细调查。稽，调查。

[2]稽古家，今作“考古学家”。

[3]戕贼，原意为戕害、杀害，此处意为强迫。

一、谓言以名物，皆古人互商所酌定。如今用以量正时刻，或表与钟之面上数目号识，以及船只升用之信旗，皆预先酌定，方可通行无碍；

一、谓人言皆本师于物之音。如牛字音近于牛鸣，猫字音近于猫鸣，轮字之音，要亦不外于车声隆隆而生者也。至又有言车声者，或曰毂毂，或曰辘辘，是皆人听之别。再昔人制物，物多自有其音，而即以其音为物之名者甚繁，如弓、矢、鼓、钟皆是。

方言各国是否一原

方言家有言，人生之初，分有多族。族各自创言语以通情意，方言之殊端由于此，嗣乃分久而合，渐归于一。又有言，上古言语，互通本无同异。后人民之荡析离居[1]者多，风气隔阻，是以各方语言，亦皆丕变。今试即此二说而折衷论之。如印度欧洲之众，近已经方言家考有确据，谓是出于一族，更无疑义。至谓西米底族，亦与印度欧洲诸人同出一族，则方言家以为未能考有确据，实难臆断，此论似是恐非。盖今固未有确据可证，而后又焉知不别出有可证之确据也。

[1]荡析离居，指漂泊分散，居住于不同的地方。

卷三　教会

混沌开辟

上古有人言，天地万物要皆永存不毁、无始无终，是乃即物之原质微点而言，为理学家[1]之论也。又有言，天地万物，皆为一全能主之所造，如犹太教、耶稣教、回教同有此论。又有言，天地万物皆为天神中诸最尊天神之所造，如印度之婆罗门教[2]所言，梵天造物是也。又有言，天地万物乃二神之所共造，如波斯之火祆教[3]所言，一善神理阳，一恶神理阴是也。又有言，天地万物乃皆自然而生，如中国宋儒所谓万象皆本于太极[4]是也。

[1]理学家，文中此处当指西方的哲学家或神学家。

[2]婆罗门教，为印度古老的宗教，也是今日印度教的前身，主要神灵有因陀罗（佛教称“帝释天”）、伐楼拿等，主要教义为“吠陀天启”“祭祀万能”“婆罗门至上”，强调等级森严的种姓制度，坚信因果报应与生死轮回，对后来佛教和印度教影响巨大。

[3]火祆教，即琐罗亚斯德教，又称拜火教，见前文注释。

[4]此处出自周敦颐《太极图说》：“自无极而为太极。太极动而生阳，动极而静，静而生阴，静极复动。一动一静，互为其根；分阴分阳，两仪立焉。阳变阴合，而生水、火、木、金、土。五气顺布，四时行焉。五行，一阴阳也；阴阳，一太极也；太极，本无极也。五行之生也，各一其性。无极之真，二五之精，妙合而凝。乾道成男，坤道成女，二气交感，化生万物。万物生生，而变化无穷焉。”

主理世界真宰

昔理学家有谓天有真宰而不下主理世界者，有谓天有真宰正以下主理世界者，而世人则皆信天有真宰下主世界。然言多同异，如犹太教、耶稣教、回教。诸人皆言有一独一真宰主理世界，启佑万物，赏善罚恶。复有诸多天使，恭承其命惟谨。至若古希腊、罗马、印度、巴比伦伊及等教之人则言，凡天、地、水、风以及日、月、万物，皆有天神分司而主理之。兹考《书》之《伊训篇》[1]中有“上帝不常，作善降祥，作不善降殃”之警，而孔圣亦复有“得罪于天，无所祷也”[2]之答。凡此皆可与犹太诸教所言主理世界惟一独一真宰之说，互相印证。

鬼神

鬼神为世人之所崇信，则皆以为必有。而理学家竭精殚虑，终以目不得见其状，则独以为必无。然毕竟大地之众谓无鬼神者盖寡，谓有鬼神者实多也。其言有鬼神之人，派分有二:一则如古希腊、罗马、印度等教，则有定十二大天神者，有男有女，其居在天，统理万物。其他位职较卑之神，更不胜数。亦皆有男有女，分理万物。凡山河、动植诸物，以及人身百骸，莫不有神主理。其以为天上惟有一独一尊神，余皆为其服役之诸天使，恭承其命

---

[1]《伊训篇》是《尚书》收录《商书》中的第四篇文章，是大臣伊尹写给太甲帝王的教导与告诫。太甲是商周第五任帝王，伊尹是开国老臣、五朝元老。

[2]语出《论语·八佾》：“王孙贾问曰：‘与其媚于奥，宁媚于灶，何谓也？’子曰：‘不然，获罪于天，无所祷也。’”

者，则犹太、火祆、耶稣、回人等教，皆同此论。

神名为诗人所幻立

近泰西人有考古诸国教所言著名诸神，何以均有父母、兄弟、夫妇、儿女、眷属、姻亲，井井无紊，皆俨若史中之列传然者，何耶？爰究其始，殚虑竭精久之，方悉神名，初皆得诸诗人之感托，而诗人则本诸世俗之风谣[1]。缘世人率多见夫日丽、风飘、云升、雨降之类，皆爱为幻立名字，藉作歌谣也。而日之昼夜出没尤易兴感，故托言旭照[2]为一女神名约斯[3]者之所司，斜晖为一男神名底多努[4]者之所职，是男女二神，相为夫妇。即此以观，则凡考稽古希腊、罗马等书，遇有言分主万物之男女诸神，概多可作如是解也。

较诸教同异

近百年内，泰西创有较比一学。如方言家，则须旁通他国之言语；医学家，则须旁通禽兽之骨体也，立行数十年，大著功效。至于教会，何独不然？如教会则皆宜为别其异同，考其隆替[5]，崇何鬼神，遵何条诫，援本证末，

[1]风谣，泛指反映风土民情的歌谣。

[2]旭照，即早晨的太阳，下文“斜晖”即傍晚的太阳。

[3]约斯，即厄俄斯（Eos），是古希腊神话中的黎明女神。

[4]底多努，应指阿斯特赖俄斯（Astraios），古希腊的群星之神，提坦神之一，是一位和恒星、行星相关的神，和黎明女神厄俄斯生下了众风神和众星辰。

[5]隆替，即盛衰。见晋潘岳《西征赋》：“人之升降，与政隆替，杖信则莫不用情，无欲则赏之不窃。”

即委溯源。似此一学，乃由英国牛津书院，近年所聘较诸方言教习，德人名马斯米勒[1]者之所发明。马公素多识梵文，而于较诸方言尤其深嗜。近日此学倡兴，固不乏相与切错[2]之人矣。

开教诸圣

上古各国之教，传者盖寡，殆难溯其源委。迨中古圣人出，而史书具始能信，而有征如犹太教，则以摩西[3]创定律法、著有创世等记为圣人；以大卫[4]造制诗篇为圣

[1]马斯米勒，即马克斯·缪勒（Max Müller，1823—1900），是德国文学家和东方学家，专长于印度学，是西方学术领域中印度研究与宗教比较等学科的奠基者之一。缪勒对印度的兴趣除了以学术著作展现之外，也以小说的形式来呈现，使得英国的广大读者能够接触并认识印度学。他领导翻译多达50册的《东方圣典丛书》（*Sacred Books of the East*）更是维多利亚时代学术的永久性纪念碑。

[2]切错，疑为错讹，当作“切磋”。

[3]摩西，是在《旧约》的《出埃及记》等书中所记载的公元前13世纪时犹太民族领袖。犹太教徒认其为犹太教的创始者，并作《旧约》前五卷书，即《创世记》《出埃及记》《利未记》《申命记》和《民数记》，合称“摩西五经”或“律法书”，其在西奈山上领受上帝律法，颁布给以色列人。他在亚伯拉罕诸教，即犹太教、基督教、伊斯兰教里都被认为是极为重要的先知。学术界共识视摩西为传说人物，而不是历史人物，但承认类似摩西人物存在的可能性。

[4]大卫，是公元前10世纪以色列联合王国的第二任国王，在位四十年，其事迹记载均出自《圣经》中的《撒母耳记上》和《撒母耳记下》。大卫在以色利历代国王中，是十分有作为的君主，亦是优秀的战士、音乐家和诗人。《圣经·诗篇》大部分为大卫所作，故艾约瑟如是言之。

王。希腊教，则以梭革拉底[1]为圣人。罗马教，则以前王弩玛[2]之能创定律法、勘正祭仪为圣人。印度教，则以佛之能空诸色相为圣人。波斯教，则以梭都诗得[3]为圣人。耶稣教[4]，则以耶稣乃上帝之圣子降世为救世圣主。回教，则以穆罕默德[5]为圣人。以上诸教之圣，或创定律法，明扬天理；或勘正祭仪，俾民礼神。虽去取各有不同，要皆才德出众，聪明俊伟之人也。

诸教圣书

印度婆罗门教之《四韦多书》为最古，其书古皆口传。至中国之春秋时，印度创有文字，方笔于册，竟莫知

[1]梭革拉底，艾约瑟又作“梭格拉底”，即苏格拉底（Socrates，前470一前399），古希腊哲学家，和其追随者柏拉图及柏拉图的学生亚里士多德被并称为“希腊三贤”。他被认为是西方哲学的奠基者。他没有留下著作，其思想和生平记述于后来的学者（主要是他的学生柏拉图）和同时代的剧作家阿里斯托芬的剧作中。柏拉图的《对话》一书记载了苏格拉底在伦理学领域的贡献。此处艾约瑟有谬误，苏格拉底是哲学家而非宗教创立者。

[2]弩玛，即努马·庞皮里乌斯（Numa Pompilius，前753一前673），罗马王政时期第二任国王。努马在统治期间确立了罗马的法律和风俗礼仪，使罗马发展为文化气氛浓厚的城市。而努马的一个女儿和四个儿子都成为后来罗马名门望族的祖先。即使努马去世后千年，到访罗马的人仍然会拜访其故居遗址。

[3]梭都诗得，即琐罗亚斯德，琐罗亚斯德教（又称“祆教”“拜火教”）创始人。

[4]耶稣教，今通常称基督宗教，下分“天主教”“基督新教”和“东正教”三大派别，耶稣为该教的创始人。耶稣（约前4或7—公元30），据《圣经》描述，为圣灵感孕而生，三十岁左右开始传道，宣布爱人如己和尽心尽意爱神的律法，后因其声称自己为上帝独生子而触怒犹太教人神判然相分的忌讳，被钉死于十字架上，三天后复活，显现于门徒，要求他们向世界传福音，基督教由此诞生。

[5]穆罕默德（Muhammad，570—632），伊斯兰教的创始人，同时也是政治家、军事家和社会改革者。他成功地使阿拉伯半岛的各部落在伊斯兰一神教下得到统一。

其书所自始。而彼教中人，则直谓为梵天[1]诏世之语也。犹太教之《旧约书》，共分三十九卷，为摩西诸圣之所著。印度之佛书，为佛诸大弟子之所著。波斯火祆教之《孙大威达书》[2]，为其国人梭都诗得之所著；希腊、罗马二教之《西比利尼书》，多载预言，为其国许多善卜妇女之所著。耶稣教之《新约》[3]书二十七卷，为马太、保罗诸圣徒之所著；回教之《哥拉尼书》[4]，为穆罕默德假托天使加伯烈言之所著。

各教所论处世之宜

教既不同，故其所论处世之宜亦异。如犹太教，则以万事空而又空，又言寅畏[5]上帝，守其诫命，为世人当尽之大端；佛教则以人生于世，如沉苦海，欲求彼岸，须登

[1]梵天（Brahma），原为古印度的祈祷神，现为印度教的创造之神，与毗湿奴、湿婆并称三主神。他的坐骑为孔雀（或天鹅），配偶为智慧女神辩才天女，故梵天也常被认为是智慧之神。

[2]《孙大威达书》，即Avesta，今译《阿维斯塔》，是琐罗亚斯德教经典。《阿维斯塔》的古文内容庞杂，约三十五万字，写在约一万两千张羊皮上，编成于公元前4世纪，亚历山大大帝征伐波斯时遭焚，仅存一卷。安息王朝时期重新搜集、整理，萨珊王朝时期始告完成（公元3世纪），辑为二十一卷，分为五部分，即主要内容为宗教律法的《万迪达德》，主要内容为崇拜和颂赞的《维斯帕斯德》《亚斯纳》和《亚什特》，以及主要内容为祷告词的《胡尔达（Khordeh）》。

[3]《新约》，基督教经典《圣经》分为《旧约》和《新约》。《旧约》主要记载犹太人的历史、宗教律法、智慧书及先知预言等，共三十九卷；《新约》主要是耶稣传道的四福音书、其门徒传教事迹、门徒的书信集和记录末世预言的《启示录》。

[4]《哥拉尼书》，即Koran，今译《可兰经》或《古兰经》，为伊斯兰教经典。

[5]寅畏，敬畏、恭敬戒惧。

慈航[1]，方入寂灭；希腊、罗马二教，则以凡人之养已皆务宜，耳目聪明，心身交泰，爱国皆务宜，见危致死[2]，惟命是从。至于敬畏鬼神，乃其国俗；耶稣教，则以上帝创造世界，乃藉以尝试世人之善恶，以为末日审判之本。而复降生圣主耶稣，以善导人，而使其得离旧恶也；回教之以末日，人魂皆受审判，多与耶稣教同，惟将耶稣列归诸圣，而以穆罕默德为真主之钦使。

灵魂不死

耶稣教书中所言，人生之灵魂，既异于身。身有时死，而灵魂则无时或死。若婆罗门教之《四韦多书》中，则未言及。而轮回之说，载于佛教书中，是当中国西周[3]时，印度始有灵魂不与人身同尽之论也。至于伊及国[4]之古教旧言人之灵魂永生且受审判，迨后其教传至希腊，皆详见于和美耳[5]之诗中。近巴比伦地方有掘获古砖者，其上刊有文字，递经多人辨识，知其时亦有灵魂永生之说。且言人之生死分界而居，生前之身处于阳世，死后则灵魂归于阴世中矣。犹太教之《旧约书》中有生命树食之而得永生等语。耶稣教之《新约书》中，言末日人复生后，判定善恶，即有永乐永苦之别，尤为详尽。回教之《哥拉尼

[1]慈航，佛教语，谓佛、菩萨以慈悲之心度人，如航船之济众，使脱离生死苦海。

[2]见危致死，在危急关头勇于献出自己的生命。

[3]西周，中国朝代之一，存亡时间在公元前1046—公元前771年。

[4]伊及国，即今之埃及。

[5]和美耳，今译荷马。

书》中，言多本诸《旧约》《新约》，故其人亦皆深信灵魂不死之理。

六道轮回

昔希腊创著国史之希罗多都[1]曾言，轮回一说起于伊及[2]，其论以人死则灵魂去，皆必另托他物而生。凡地、水、风三界之毛类、鳞类、羽类、诸虫之身，无不遍历。迨三千年数满一周，始复得生为人云云。此论甚为古希腊创教之卜大哥拉[3]，与其时诸著名文人之所钦服。卜公尤信三千年数满一周，始复得生为人之时，其姓名、亲眷、夭寿、穷通，较三千年前无毫发异。是与罗马诗人威公[4]所言之果逐因生，周而复始，皆为不得已而然者同义。伊及、印度地隔非遥，当中国周昭王[5]时，犹太人多有由红海驶舟，往赴印度贸易，时彼地沿海习舟之诸邦，皆较大于犹太。其往印度贸易者，必尤繁夥。据是而言则印度轮回之说，或即其时得闻于诸商人者耶。

---

[1]希罗多都，即希罗多德（Herodotus，约前484－前425），古希腊作家、历史学家，他把旅行中的所闻所见，以及波斯阿契美尼德帝国的历史纪录下来，著成《历史》一书，成为西方文学史上第一部完整流传下来的散文作品。

[2]伊及，即Egypt，今译“埃及”。

[3]卜大哥拉，即Pythagoras，今译“毕达哥拉斯”（前570－前495），古希腊哲学家、数学家和音乐理论家，毕达哥拉斯主义的创立者。他认为数学可以解释世界上的一切事物，对数字痴迷到几近崇拜；同时认为一切真理都可以用比例、平方及直角三角形去反映和证实，譬如主张平方数“100”意味“公正”。艾约瑟又将之译为“布大哥拉”。

[4]威公，即维吉尔（Virgil，前70—前19），古罗马诗人，著有《牧歌集》《农事诗》《埃涅阿斯纪》三部杰作。

[5]周昭王，姬瑕（约前1027—前977，约前995—977在位），西周第四代君主。

末日复生

按佛教书中其六道轮回，有诸天宫、地狱、世人、牲畜之分，而不言有末日以及众人同日复生，听受审判之事。至于犹太教之《旧约书》，则无轮回之说，而有长眠于地下者，其数甚众，必苏而起得永生者有之，受永辱者有之等语，见于《但以理书》[1]中。其书出当中国之战国时。而耶稣教《新约》一书，则详言天地末日，人皆复生，由耶稣审判，善恶各有其报，或得永生，或得永死。若火祆教例，每届年终五日，皆为亡者之灵魂祈祷。回教书亦多言灵魂不死，待至末日同受审判也。

幽冥之神

古伊及国人所奉有一大神，号曰俄西利斯[2]。相传此神曾缘怜救下民，降世一次，后死复生，主治幽冥[3]。人死灵魂要皆归其审判，彼以为善，则此人灵魂立登天堂；彼以为恶，则此人灵魂即堕地狱。若祭司肯为一恶人祝谢

[1]《但以理书》，为《旧约》大先知书之一，多数学者认为是公元前6世纪左右的作品。

[2]俄西利斯，即Osiris，今译“奥西利斯”，是赫里奥波利斯（又称“太阳城”，古埃及宗教圣地）的九柱天神之一，古埃及神话中的冥王，也是植物、农业和丰饶之神。他生前是一个开明的法老，惨遭嫉妒他的兄弟、沙漠之神塞特用计害死，幸被阿努比斯做成木乃伊复活，之后成为地下世界的主宰和死亡判官。他是文明的赐予者、冥界之王，执行人死后是否可得到永生的审判。

[3]幽冥，即地狱、阴间。

祈祷，求出地狱，而得蒙此神俯允者，即从宽宥[1]。是以亡者子孙竞辇[2]金帛，输于祭司，使为其亲求出地狱。昔摩西久居伊及，似此恶俗当必为其习闻习见。而所创著之《创世记》诸书，何以更无一字言及意者，欲警后人而反恐惑后人耶？希腊、罗马、巴比伦三国人民皆传信伊及之说，而其敬畏主治幽冥之神，则别为创立名号。佛教书中，则以幽冥中操此审判灵魂之权者为阎罗王[3]。而印度之婆罗门教先于佛教，而亦皆敬畏阎罗王。至若耶稣教，人谓此言要为虚妄，盖无论阴阳幽明，皆统归于一独尊无二之上帝所主治也。

佛教分有南北

佛教分有南北[4]，而无论其书之为经、为律、为论[5]，率皆多异少同。如中国、日本、朝鲜、西藏[6]诸国地方之北教中，所号为观音、文殊诸大菩萨，而居于锡兰[7]、缅甸、暹罗等处之南教，则皆无此名称，且其诸寺

[1]宽宥，宽恕、饶恕。

[2]竞辇，犹竞向，争先恐后之意。

[3]阎罗王，即Yamaraja，又作“阎王”，全称“阎魔罗阇”，原为印度神话中的死神、地狱主宰，佛教借用之，其传入中国后被道教吸纳，成为道教地狱主神之一。

[4]佛教分有南北，指传入中国、朝鲜、日本的北传佛教和传入东南亚的南传佛教。下文南教即南传佛教，北教即北传佛教。

[5]经律论，合称“佛法三藏”，出自《大藏经》，“经”指的是佛教经典，“律”指的是宗教戒律，“论”指的是对经、律的阐释和解读。

[6]此处原文如此。作者因时代局限，对西藏表述有误。

[7]锡兰，今称“斯里兰卡”，南亚岛国。

院所奉之像止于如来，及其诸大弟子与廿诸天[1]而已。是佛教约在汉明帝[2]前已分为二。迨李唐[3]时，佛教人皆为婆罗门教人逐出印度。故尔佛教四传，所至之国，各即将其携出之经文，晨昏讽诵，以为功德。南教佛书尚属如来生时印度之土音，若北教佛书，则与婆罗门教《四韦多书》之梵文同。近岁，日本僧人有往赴欧洲各大书院，习各技艺究正梵文者。

火祆教原

波斯国（即巴西国）之西北省名米太[4]者，溯其古俗，礼拜日月、七星与地、水、火、风，以为神，而日与火尤所尊奉。其间司祭诸人概号曰马基，而七星别有七色，故其国都亦内外列城七层，而每一层城则仿涂以一星

---

[1]廿诸天，即“二十诸天”，为佛教二十护法神的总称，神灵大多数来自婆罗门教诸天神。二十诸法神即为大梵天、帝释天、多闻天王、持国天王、增长天王、广目天王、密迹金刚、摩醯首罗天、散脂大将、大辩才天、大功德天、韦驮天（室犍陀天）、坚牢地神、菩提树神、鬼子母神、摩利支天、日宫天子、月宫天子、娑竭罗龙王、阎摩罗王。廿，二十。

[2]汉明帝，刘庄（28—75），东汉第二位皇帝，曾派人到西域去求佛法，并于洛阳修建白马寺，用于天竺僧人居住和存放佛经。

[3]李唐，即唐朝（618—907），因唐朝皇帝姓李，故称“李唐”。

[4]米太，即Median，今译“米底王国”或“玛代王国”，是一个以古波斯地区为中心的王国，领土面积最大时西起小亚细亚的卡帕多西亚，东至阿拉霍西亚西部。亚述帝国入侵伊朗高原，试图征服，但却促使米底各部落走向联合，从而形成了米底国家。公元前585年，米底最后的国王阿斯提阿格斯继位，他把女儿下嫁给了当时隶属于米底的波斯部落的阿契美尼德家族的冈比西斯一世，后来生下王子居鲁士；在前560年，米底王国有520万人口。前553—前550年，居鲁士二世起兵反叛米底，最后打败自己的外公阿斯提阿格斯，建立了阿契美尼德帝国，米底王国结束。后来，米底王国成为波斯帝国阿契美尼德王朝的米底行省。

之色也。至寓大宛[1]之波斯人梭都诗得所立之教，则除拜和摩斯达[2]一神外，他神概皆不许其徒崇奉。当中国李唐之世，西京[3]等处有所谓火祆教者。“祆”字说文解作胡神，又曰关中[4]谓天为祆，是祆字与神字同义，如佛教之有廿诸天也。火祆乃波斯古教，当梭公改立教时，而火祆一教犹盛，故奉之者仍自不乏其人。是即佛经所谓外道[5]拜火，名火祆教者是也。迨隋唐之际，回人[6]并有波斯国土，逐灭火祆教。惟时火祆教人率皆奉其圣火，奔往印度地方居住，至今犹自拜日与火不衰。

犹太教

当北宋[7]之世，犹太教人已多流寓入于中国，即今河南地方，所号为挑筋教者是也。此盖缘《创世记》中载有

---

[1]大宛，古代中亚国名，是中国汉代时，在中亚费尔干纳盆地、大宛附近各个国家和居民的通称，大宛国大概在今费尔干纳盆地。

[2]和摩斯达，即Ahuramazda，今译“阿胡拉·马兹达”，意为“光明之主”，为琐罗亚斯德教的创世之神，常常被塑造成太阳的形象。它是波斯古经中最常被提到的神名，古伊朗的至高神和智慧之神，被尊为“包含万物的宇宙”。它是全知的神，但并非全能。在善恶二元论中是代表光明的善神，与代表黑暗的恶神安哥拉·曼纽进行长期的战斗，最后获得胜利。

[3]西京，即长安，今西安，唐朝都城。

[4]关中，指今陕西渭河流域的关中盆地。

[5]外道（梵文：tirthika），一个佛教的翻译名词，意即“异教”，与被称为内道的佛教里释迦佛陀所说的教法相对，取名源于其所传真理异于佛教的宗教组织。

[6]回人，指阿拉伯人，此处意为穆罕默德死后，四大哈里发（632—661）及随后的倭玛亚王朝（662—750）对西亚、北非地区的征服，其中，波斯帝国萨珊王朝于651年灭亡，随后阿拉伯军队扩张至中亚呼罗珊地区，琐罗亚斯德教被伊斯兰教取代而逐渐消亡。

[7]北宋时，犹太人流寓中国，今河南开封尚有犹太人后裔。

雅各筋伤腿瘸之事[1]。故其教人每食畜类必弃其大腿跟上之筋，在中国以此名教，所以自别于回教也。昔耶稣及其十二弟子皆犹太人，缘将更立新教，而犹太诸民率多不从，仍皆尊奉《旧约》一书，并摩西所遗祭献应行之礼。迨东汉明帝末时，罗马国人攻取耶路撒冷城，尽逐犹太教人[2]。其人率多流离失所，而奉教之心不衰。今东西各大洲皆寓有犹太教人，建立礼拜堂，不设偶像，每值氐、女、胃、柳[3]之日，即群往堂中礼拜上主。

耶稣教分东西

耶稣教人所奉之《新约》一书，原本希腊文字。后其徒奉以四出，各即所至之国，依其方言文字，译以示人。迨中国李唐之末，耶稣一教分有东西[4]。凡祈祷上帝，宣传福音，其一切之言语文字，东教则仍用希腊，西教则改用拉丁。缘时西教之主教人，自谓为天下耶稣教人之首，又创立新律。凡主教及传教诸人概禁娶妇，又言圣神感人，乃兼奉圣父、圣子之命而来，及有炼狱[5]之说。东教

[1]事见《圣经·创世记》第33章。

[2]公元70年，罗马将军提图斯攻陷耶路撒冷，驱逐犹太人，至此犹太人没有国家，流散到世界各地。直到1948年，在犹太复国主义的思潮影响之下，犹太人在美国的支持下复国。

[3]氐、女、胃、柳，是中国古代天文学二十八星宿名中的四个，与犹太人每周周六守安息日的日期大约相符。

[4]指1054年，基督教第一次分裂为希腊东正教（即艾约瑟所言“东教”）和罗马天主教（即艾约瑟所言“西教”），事在中国北宋仁宗（1023—1064）时期，艾约瑟所述时间有误。

[5]炼狱，天主教用来描述人死后灵魂需要洗涤或反思的地方，为天主教教义之一。宗教改革时，马丁·路德认为没有《圣经》根据而不再坚持，故新教没有该教义。

则言圣神感人，乃惟奉圣父之命，而亦无炼狱之说。今东教盛行于俄土、希腊、伊及诸国，而西教则盛行于法、意、奥、日之诸国也。

西教复分为二

当中国前明正德[1]年间，西教又自分为二。缘彼时西教之罗马主教人号曰教皇，而诸国君民率多不服。言国家威柄自有国君主理，似非主教人所宜过问者。再如不许人观新、旧约书，乃言恐人误解。又言人民皆宜依从教会中之道理规模而行，无须更读圣书。时有德国人名路德[2]者大不然之。据言圣书至正，人所宜从，若教会中之道理规模，难保尽善。此言一出，德人多甚钦服。时教皇又出有免人罪帖，而就买之者，嗣复可分售于众。于是路公力攻其非，倡背其命。即有多国君民和之而起，创立耶稣新教，以自异于罗马旧教。迨前明罗马旧教始入中国，而自创教名曰天主教。计今耶稣教则盛于德、英、丹、瑞等国，天主教则盛于法、意等国。

礼拜

古希腊、罗马、巴比伦、印度等教，其拜神皆立有祭

[1]前明，即明朝，因在清朝之前，故称。正德，明武宗朱厚照（1491—1521）年号。

[2]路德，即马丁·路德（Martin Luther，1483—1546），德国人，1517年，为反对罗马教廷滥发赎罪券（即文中“免人罪帖”）而发动宗教改革，创立新教教派路德宗。

司，主献祭、唱赞、祈祷诸事。至犹太教，则立有祭司，职司早暮献祭于圣殿，且每七日一次礼拜，名曰安息。至日皆群聚一堂，祈祷讽诵《旧约》及诸颂主之诗，末复申以劝诫堂中诸人之论，或即讽诵人自言，或转请他人代说。若耶稣教兴自中国后汉[1]之世，其安息、祈祷、讽诵、劝诫皆无改乎。犹太教之旧规，惟所奉之书，则多有《新约》一册，安息则移于耶稣复生之日也。自罗马人攻取耶路撒冷，圣殿残毁，犹太教人不复献祭，而唱赞、祈祷，皆其教中人自为之。耶稣教原无献祭之事，每逢礼拜日，惟虔诚祈祷劝诫。泰西诸国要皆如此，益俗非浅。回教人叩拜真主之时，亦皆自诵其经，后亦申以诫人之语。

[1]后汉，即东汉（25—220）。

卷四　文学

西诗考原

上古泰西各国，惟希腊国之文风为最盛。如格致、性理[1]、诗赋诸学，皆自其国之所兴起。其人民昔皆分大小部落，各有君长。至中国周初时，希腊有一瞽者，名曰和美耳[2]，最长于诗，其生平著作惟时已脍炙人口。后人为之校定成集，计其大者分有上下二部。每部各二十四卷，中皆详咏希腊国人时与邻境构兵，而希腊人多好勇，以独身挑战为能等事。虽其言多奇诡，而义皆终归于正，固未足称史，而实开作史之先。即后人之著作篇什[3]，下而至于农歌、戏剧等文皆祖之。迨和美耳殁后数百年时，小亚细亚[4]西滨海处，毗连海岛，计有七城，其间人民皆争言

[1]性理，原意人性与天理，指宋儒性理之学，此处指与该问题相关的人文学科，今分哲学、宗教等学科。宋陈善《扪虱新话·本朝文章亦三变》："唐文章三变，本朝文章亦三变矣，荆公以经术，东坡以议论，程氏以性理，三者要各自立门户，不相蹈袭。"

[2]和美耳，即Homer，今译"荷马"（约前9世纪—前8世纪），古希腊伟大的盲诗人。相传他记述了公元前12世纪至公元前11世纪的特洛伊战争，以及古希腊海上冒险故事，是长篇史诗代表作《伊利亚特》和《奥德赛》的作者。

[3]篇什，《诗经》的《雅》《颂》以十篇为一什，后用"篇什"指诗篇。

[4]小亚细亚，亚洲西部，主要部分在今土耳其。

所居之城，为和美耳之故里，则和美耳之名芳可知矣。

希腊学传至罗马

当中国周末[1]时，罗马人拟设永不更易之律例。先遣人赴希腊国采访各地律例，后方将本国者定准。及汉初[2]罗马国日益强大，希腊文学亦传遍彼地。罗马富厚之家每家可延一希腊师长，训其子弟。专门教言谈，教性理者，亦不乏人。读希腊国书籍，并习其诸般技艺。凡彩画、油漆、勒石[3]、刻木、造宫室、殿宇之法种种俱备，复有作诗赋、文词、弹唱、歌舞，俱以希腊国者是则是效。故于汉时，罗马国诗家、史家、诸文学辈，凡大有闻望者，无不奉希腊之法则为依据也。自兹以后，希腊、罗马二国之书籍，传遍泰西各国，比户捧读。希腊文学藉罗马人之书，大有裨益于世道也。

欧洲诗文创始《旧约》

希伯来人，当中国周初之际，有犹太国王名大辟[4]者，才识英卓，兼善讽咏。其诗要多礼拜，用以赞谢上帝

[1]周末，此处指战国后期，位于今河南洛阳的周王室于公元前251年为秦所灭。

[2]汉初，即西汉初年，西汉于公元前202年建立。

[3]勒石，碑刻术语，刻字于石，亦指立碑。

[4]大辟，即大卫（David），艾约瑟前文亦作“大卫”。

之辞。至若义取辨论，乃别一诗派。如《约百记》[1]，其诗共计四十二章，乃作四人辨难，以推论世人遭遇祸患之所由起。首尾呼应，俨若一气呵成者。其他义多比兴[2]，皆作夫妇相慕悦之辞，则如《雅歌》[3]，若诸先知书中载有歌谣，以预言后世之祸福吉凶，几同目睹。外此又有摩西所著之《创世记》与《出埃及》等书，并历代先知所著之列王等记。计摩西所著之《创世记》，并律例等书，始而包罗天下万有以立言，末乃特就希伯来人而作论。《旧约》为泰西最古之书，故后此欧洲之诸著名诗文家，率多依傍《旧约》为蓝本也，今泰西人有作如是论者。

词曲

泰西诸国，皆重词曲[4]。而创始于希腊，缘各国人既皆爱音之娱耳，亦复欲多识前言往行[5]，畅悦心目。是以

[1]《约百记》，今作《约伯记》（英文：*Job*），基督教《旧约·智慧书》中的一卷，大约成书于公元前2000年至公元前1800年间。该书主要讲述义人约伯在上帝和魔鬼赌咒时，以对约伯的考验为中心，以约伯的四位朋友前来劝说、指责或为约伯辩护为辅线，透射出该书的神义论主题，即“义人为何受苦？”对此，以色列人的回答是，人类的选择和行为具有道德意义，但经常不能解释蒙受无妄之灾以及苦难的缘由，对此需要神圣天意来解释。

[2]比兴，诗歌的写作方法。朱熹认为：“比者，以彼物比此物也”，“兴者，先言他物以引起所咏之词也”。通俗地讲，“比”就是比喻，是对人或物运用比喻的手法，使其特征更加鲜明突出；“兴”就是起兴，即借助其他事物作为诗歌写作的开端，为之作铺垫，以引起所要歌咏的内容。“比”与“兴”常常连用。

[3]《雅歌》，英文为*Song of Solomon*，是《旧约·智慧书》的第五卷。该卷之名取自该书中首句：“所罗门的歌，是歌中的雅歌。”

[4]此处所言似指古希腊戏剧。

[5]前言往行：指前代圣贤的言行。《周易·大畜》：“君子以多识前言往行，以畜其德。”

其各国各城之人民，皆相率集赀，建立戏场，时招致善此之人，俾登台献技。其词分有二类：一为诙谐，使人发笑不禁；一为悽惋，使人堕泪而不自知也。希腊民俗尚诚，故倍觉易欣易感。凡歌优[1]，每班皆约有十数人，而科白于台前者，不过三、二人，余皆分司歌与吹弹之事。其戏目如《驶海觅珍裘》《七英攻城》，皆取象古人遗迹而损益之。在希腊旧传之词曲，皆昔著名诗家所作，句之长短皆有定式，不得少有紊乱。惟时希腊人民，每值会集赛跑之年，迨赛跑已毕，复公推文人所作之词曲、乐谱均臻至善者，即以冠冕加于其人之首，以为宠锡[2]。至其戏场之中台旁座，皆以石雕成，今犹存遗数处，分见于其城之内外。

口辩学

上古欧洲各国王权轻，而会长[3]权重。故时各城皆立有民会，凡遇国家将更定法律，及有战争、课税、命使、通商诸大政，必先召集国人聚议。而以事理详明，辞旨条畅，极为众所钦服者之言，定其行止。似此为众钦服之人，固半由其才识之高卓，亦半由其能以唇舌胜人也。后人因记集此等言论编次成书，若争讼、理讼、国断、会断，皆为分条别类，以供学者之揣摩，是亦文学中之一

[1]歌优，今作“歌唱家”或“歌星”。优，优伶，从事歌唱演艺之人的旧称。

[2]宠锡，原意为帝王宠幸与赏赐，此处指受人追捧。

[3]会长，指古希腊公民大会的总负责人，相当于今日美国国会的参议院议长。下文的民会今作“雅典公民大会”，为古希腊雅典民主政治的核心部分，城邦的一切事务交由公民大会议论后方可决定。公民大会经克里斯提尼和伯里克利改革后，民主普及到雅典城邦大部分公民手中，但妇女和奴隶被排斥于雅典公民之外。

类。在昔希腊有一著名善于辩说之人，名曰底莫提尼[1]，今犹存有其最为高妙之一议论，缘其宣言于众，自谓应得有荣身之冠冕，凡谓其不应得而与之敌者，终皆为其所胜。嗣复有一拉丁人，名基该罗[2]者，最称善言，且此人不止长于辩说，即所著作之性理诸书，亦甚繁富。

古今诗分有韵无韵

昔犹太、希腊、罗马诸国之诗，率不押韵，非若近日泰西诗之多作韵语也。然至希腊、罗马之时，诗句长短已有定式，如和美耳及威耳吉利[3]诸人，其诗每句分六部，每部作二节、三节不等。若第一、二、三、四诸部，其间或二长，或一长二短，尽可随意参错，至于第五部则一长二短，第六部则二长。千篇一律，不容谬误。若夫词曲中之科白，则每句六部，每部皆一短一长。以一句言，其二节、六节、十节皆为歌音重顿之处。今之泰西诗人无师古者，故各国新出之诗，其格式皆多至十数，每句或八节、

[1]底莫提尼，即Demosthenes，今译“德摩斯提尼”（前384—前322），古希腊民主政治家、演说家，早年从以萨乌斯（Isaeus）学习修辞，后教授修辞学，并从事政治活动，极力反对马其顿入侵希腊，发表《斥腓力》等演说。公元前338年，马其顿吞并希腊后亡命海外，公元前323年亚历山大大帝死，他返回雅典进行反马其顿运动，失败后自杀。有大量作品传世，今存演说61篇，为古代雄辩术的典范，但部分疑为伪作。据传，他先天口吃，遂口含石子诵诗，又到海边练习演说，以矫正口吃，终成演说家。

[2]基该罗，即西塞罗（Marcus Tullius Cicero，前106—前43），罗马共和国晚期的政治家、哲学家、雄辩家、律师和作家。出生于富裕的骑士阶层家庭，青年时期投身法律和政治，后担任罗马共和国执政官。因其演说天赋和文学作品，被公认为古罗马时代最伟大的演说家和最具影响力的散文作家之一。

[3]威耳吉利，即维吉尔，见前文“威公”。

或十节、或十二节、或十四节不等，而末复多协以韵取悦人耳。

伊底罗诗

伊底罗[1]义近于诗之有赋[2]，故凡咏人、咏物、言景、言情，以及题墓、志哀诸诗，胥归此类。泰西盛行十四句之诗[3]，而意大利与西班牙以及英人尤喜为之。如今著名于英国之牧童歌、四季诗、女师诗，及礼拜六晚农夫归家之状、生民流落、荒寂无人之村诸篇什，并久见重于世外。又有著名诗人米罗敦[4]所作之忧喜二诗，尤为脍炙人口。近英国诗家名德尼逊[5]者，遵伊底罗体成诗一

[1]伊底罗，即英文idyl的音译，今译作“田园诗”，为西方诗歌题材的一种，相传由希腊诗人忒俄克里托斯（生卒年不详）首创。中国也有类似的田园诗歌派，东晋陶渊明当为第一人。中国田园诗至唐代发展至高潮，王维、孟浩然为其代表人物。

[2]赋，与“比兴”类似，为《诗经》写作手法的一种，一般以平铺直叙的方式进行表达。另，汉代以后赋成为文学体裁的一种，讲求对仗、押韵、用典等手法，并在魏晋南北朝时期达到鼎盛，唐代仍然流行，宋以后逐渐没落，但依旧作为文学体裁存在。艾约瑟此处所言即为文学体裁之意。

[3]十四句之诗，即sonnet，曾译为“商籁”，今译“十四行诗”，起源于意大利，后传至欧美各国，为诗歌体裁的一种，讲求押韵，因固定为十四行而得名。近代以后，传入中国，成为中国现代诗歌的一种，著名诗人闻一多、冯至等均写过十四行诗。

[4]米罗敦，即约翰·弥尔顿（John Milton，1608—1674），英国诗人、思想家，反对书报审查制度，主张出版自由。“忧喜二诗”，应是指其名作《失乐园》与《复乐园》。

[5]德尼逊，即丁尼生（Alfred Lord Tennyson，1809—1892），是英国维多利亚时代最受欢迎及最具特色的诗人，代表作品为组诗《悼念》《国王叙事诗》。其中，《国王叙事诗》即文中所说《古帝王伊底罗》，讲述了传说中的亚瑟王及其部下圆桌骑士的传说事迹。

部，名曰《古帝王伊底罗》，其书一出，时人即无不争以先睹为快。

哀诗原

哀诗多悼惜亡人之作，或伤情于殡敛之际，或感怀于墟墓之间。推原其始创自希腊，其诗有定式，每句皆分五部与六部相循环。如首句六部，次句则五部。首句五部，而次句则六部也。一句五部分，有上二下三，上二部之每部节数，或一长二短或二长；下三部之首部为二长，其二三部则皆二短一长。昔希腊拉丁之人，多有由为哀诗而著名者。今读其诗，率皆使人能悲、能恐、能愤、能慕，或长歌以当泣，或三复而兴嗟。凡勒诸墓石之诗，皆取此法为之，以其感人尤易而且深也。

希腊士人奉九女神

昔希腊人敬奉鬼神，中有九女，号曰慕赛[1]，事之尤谨。相传九女为姊妹行，同居于阿伦卜斯山上。每值群神

[1]慕赛，即Muses，今作“缪斯”，为古希腊神话中主管文艺与科学的九位女神的总称，住在奥林匹斯山上（即艾约瑟所言“阿伦卜斯山”）。这九位女神分别是英雄史诗女神卡利俄珀（Calliope）、历史女神克利俄（Clio）、天文与占星学女神乌拉尼亚（Urania）、喜剧与牧歌女神塔利亚（Thalia）、悲剧与哀歌女神墨尔波墨涅（Melpomene）、合唱与舞蹈女神忒耳西科瑞（Terpsichore）、抒情诗女神埃拉托（Erato）、颂歌与修辞学、几何学女神波吕许尼亚（Polyhymnia）和抒情诗与音乐女神欧忒尔珀（Euterpe）。这九位女神最早出现在赫西俄德的《神谱》中，但后世之记载不尽相同。

会食之时，则此九女和歌以侑[1]之，在人间则分司文明之事。九女座皆平列，首座左执简，右把笔，主增慧于咏事、诗人；二座则座前展书一卷，主增慧于作史、文人；三座执笛，主骚歌；四座执剑，以葡萄叶绕首，主哀曲；五座执琴，主舞曲；六座左执琴，右持琴拨，主演谱慕悦之词；七座，面作思慕色，主步虚、游仙诸诗词；八座执杖，向一球作指势，主天文；九座执牧杖，戴假面具，以五加皮[2]绕首，凡调笑、诗词及牧歌，皆其所主。是以泰西遇出有著名善于诗文之人，众即言其获诸慕赛之默佑[3]，其初民皆崇信，争趋若骛。后人自悟其非，更无过而问之者。而慕赛默佑之言，今仍不废。

闺秀诗原

当中国周室东迁[4]之初，希腊闺秀名撒弗[5]者，工于小诗，分有九卷，率多咏新婚并慕悦，以及称赞神鬼之辞。其诗皆思致缠绵，情意真挚，易于使人兴感，允足为小诗之冠。评者咸谓其音节和平，如味之有甘，理旨条畅，如清水中鱼头之历历可数也。旧传撒弗后因爱悦一人而不见答，恚[6]由高崖自投于水而死。然书传不载，疑好

---

[1]侑，此处指在宴会上用舞蹈歌曲助兴或劝人吃喝。
[2]五加皮，中药名。此处原书有误，应是常春藤花冠。
[3]默佑，暗中保佑。
[4]周室东迁，指公元前770年周王室从镐京东迁洛阳，中国历史春秋战国时代也以此为正式开始。
[5]撒弗，即Sappho，今作“萨福”，古希腊著名女诗人，一生创作诗歌多篇，主要集中在情诗、婚姻、颂神、铭辞等领域。
[6]恚，愤怒。

事者之所为。惟惜其诗多散失，不然则昔希腊妇女之性情装饰，皆必有可徵[1]者在。

论说[2]

泰西日出之新闻纸[3]，例皆载有论说。夫论说之出起于上古，而自新闻纸盛行后，其著作论说者日益增多。昔希腊、罗马之人论说甚富，惜今多散失，罕得流传。当中国前明之际，意大利国有二人，均以善著论说见称于世。而法人之门但[4]并拉伯路野[5]，亦皆善著论说。惟时复有英人名备根[6]者，素精格致，间作论语，甚为人所推许。至国朝之康熙[7]年间，英国著作论说之人倍盛，如亚地逊及斯底罗[8]二人，尤称巨擘，皆日作一论说出印，同新闻纸发售，人皆争购。中多论本文学，而讥当时之富贵诸公粗鄙无文，闻者耻之。因而英之文风丕振，其后数十年著作论说之家，别有月出一册或季出一册者。

---

[1]徵，同“征”，征引、迹象。

[2]论说，今作“演说”。

[3]新闻纸，今作“报纸”。

[4]门但，今译“蒙田”（Michel de Montaigne, 1533—1592），法国哲学家、作家，有《蒙田随笔全集》。

[5]拉伯路野，今译“拉伯雷”（François Reblais, 1494—1553），法国作家、神父，代表作是《巨人传》。

[6]备根，即弗兰西斯·培根（Francis Bacon，1561—1626），英国著名哲学家、科学家、政治家、法学家、散文作家和演说家，是古典经验主义哲学的始祖。

[7]国朝，即清朝（1644—1911）。康熙，清圣祖爱新觉罗·玄烨（1654—1722）年号。

[8]亚地逊（今译“约瑟夫·艾迪生”，即Joseph Addison, 1672—1719），英国散文家、诗人、辉格党政治家，他与斯底罗（今译“理查德·斯蒂尔”，即Sir Richard Steele，1672—1729）曾合办《闲话报》（*The Tatler*）和《旁观者》（*The Spectator*）等刊物，并在其上发表文章多篇，两人均为英国散文大师。

野史

泰西旧传野史有韵，其作者姓名无闻。而中多上古群雄攻取战争之事，后各国著野史者皆祖之。当中国李唐之际，回教方炽，西侵欧洲，横行肆杀。惟时所出之野史极多。凡敬信耶稣，佩十字架战殁疆场之人，野史中皆极其称扬，兼多采列历代传教先圣之舍生卫教，并爱人如己诸实事。迨近百五十年间，泰西新出之野史尤盛，当中国之嘉庆道光[1]年间，有英人名瓦德斯哥德者，所著野史，有本据旧史增减成书者，不作奇语，皆言人逐日共见、共闻之事，而其辞则要皆高妙，使人喜阅。如遇论绘画，虽善画者亦皆服其精奥，人争效之。故近世所出野史无昔人惟多捏造千神百怪之习，而皆即今人之性情好尚而演述之。

长诗盛行考

自中国元明以来，泰西各国皆竞兴长诗。无论用韵或不用韵，一遵和美耳与威耳吉利所作之旧式为准。其诗则多咏新旧二约书之故事。当元朝[2]之际，有一意大利人名曰丹低[3]，深明世故，兼善立言。所著长诗，一集中分三卷，上卷地狱，中卷炼狱，下卷天堂。其诗皆佳，而于描写绝望人之自怨自尤，如晨钟时，凡旅客舟人同得猛

[1]道光，清宣宗爱新觉罗·旻宁（1782—1850）年号。

[2]元朝（1271—1368），中国历史朝代之一，蒙古人建立。

[3]丹低，即但丁（Dante，1265—1321），文艺复兴初期意大利著名诗人、作家、现代意大利语的奠基者，与彼得拉克、薄伽丘合称“文坛三杰”，下文所言丹低所著长诗即为《神曲》。

觉，其或欣或感之情，更为淋漓尽致。迨前明则有英人米勒敦[1]著长诗十二卷，当其一二卷告成而丧明。余皆彼所口述，而请其二女代书之也。故其于第三卷中，极赞有光明之荣美。而合上下诸卷，则皆详咏亚当被逐出离乐园之事，大意言亚当犯罪出离乐园，皆由于撒但。撒但本为天使，缘罪被逐于帝，乃聚诸被逐天使于地狱，议复此怨。嗣相与泄言于亚当、夏娃，诱使犯罪，而被逐也[2]。近泰西各国，人咸重此丹低与米勒敦之诗，每一捧诵皆不啻子之闻韶，三月不复知肉味矣[3]。

近世词曲考

近泰西各国盛行之词曲，其原盖创始于教会。当中国唐宋朝，天主教兴于欧洲，惟时人多妆点[4]《福音书》[5]诸故事，谱为词曲以授伶人，登场排演。至其中间有诙谐、哀怨等词，率皆兴自中国前明时。若西班牙人一名

[1]米勒敦，艾约瑟又称之为“米罗顿”，即十七世纪英国大诗人约翰·弥尔顿，见前文，本处所言米勒敦所作之长诗即为《失乐园》。

[2]事见《旧约·创世记》，弥尔顿所著《失乐园》即以此故事为蓝本。

[3]三月不复知肉味矣，事见《论语·述而》：“子在齐闻《韶》，三月不知肉味，曰：‘不图为乐之至于斯也。’”形容全神贯注，别的事情都不放在心上。韶乐，又称“舜乐”，是中国一种传统的宫廷音乐，传说起源于5000多年前，为集诗、舞、乐为一体的艺术。

[4]妆点，原意指打扮，此处意为发挥想象进行叙述。

[5]《福音书》，指《新约》前四卷书，即《马太福音》《马可福音》《路加福音》和《约翰福音》，合称《四福音书》。该四卷书均以耶稣为中心，讲述其出生、传道、受死、埋葬和复活等事迹，为基督教信仰的核心成分。

罗伯非加，一名加罗地伦，法人一名哥内罗[1]，一名拉先兹[2]四人者，皆善作哀怨、凄凉之语。而法人摩列耳[3]，则善作诙谐嬉戏之辞。法人制曲尚本希腊古曲旧例，凡时日情形景地，皆不得更易。时又有英国一最著声称之词人，名曰篩斯比耳[4]，凡所作词曲，于其人之喜怒哀乐，无一不口吻逼肖，加以阅历功深，遇分谱诸善恶、尊卑，尤能各尽其态，辞不费而情形毕露。如谱一失国之王，虽多忧戚，而仍不失其居位时之气度也。

印售新闻纸考

当中国前明之嘉靖[5]年间，新闻纸始创自意大利国之威尼斯城。时其国尚禁印出售，惟许传抄，以一人中立朗诵，众皆环立静听。凡听者例每人出钱一枚，德国效之，乃任人印售而不禁。至天启[6]时，英国方创立新闻纸，例每七日印售一次。嗣法国有一医士爱说新闻，每至病家，辄向病者述之，亹亹不倦[7]，犹以难家喻而户晓也，乃将所

[1]哥内罗，即皮埃尔·高乃依（Pierrer Corneillie，1606—1684），法国剧作家，代表作有《贺拉斯》《西拿》等，与让·拉辛和莫里哀合称法国17世纪三大剧作家。

[2]拉先兹，即让·拉辛（Jean Racine，1639—1699），法国剧作家，主要作品有《德巴伊特》《亚历山大》等。

[3]摩列耳，即莫里哀（Moliere，1622—1673），法国喜剧作家、演员、戏剧活动家，代表作有《伪君子》《吝啬鬼》等。

[4]篩斯比耳，即William Shakespeare，今作威廉·莎士比亚（1564—1616），英国杰出的作家、戏剧家，也是欧洲文艺复兴时期伟大的作家，人文主义文学的集大成者，对世界文学、戏剧的发展产生了重要影响。

[5]嘉靖，明世宗朱厚熜（1507—1567）年号。

[6]天启，明熹宗朱由校（1605—1627）年号。

[7]亹亹不倦，连续而不倦怠。亹，勤勉。

闻见刻印出售，嗣此新闻纸之流传愈广。迨中朝康熙五十年[1]，英始征新闻纸税，每张税银一分，嗣渐增至每张税银七分半。至道光年复减至每张税银二分。近则二十余年，新闻纸概免征税矣。按新闻纸之获利，在代登告白与出售张数之多，而其所派远赴各处，探听新闻并绘图之诸人，费亦甚巨。

德国诗学

德国诗学，近百十年间方大著名于欧洲。初，德人勒星[2]始以诗名，兼擅词曲。迨中朝嘉庆之初，其国之世落耳[3]与哥底[4]皆善于诗。而世落耳尤喜描写古人忠孝义烈之事，所著词曲，如铺演创立瑞士国时最著英名之威廉·德勒遗迹诸书，均历历如绘，闻者莫不兴起，是以德人皆爱披读。至于哥底，素称博学，其诗虽较晚出，而名则高驾出于勒、世二人之上。当其幼时即爱习音乐、绘画、格致、方言诸文艺，长而愈精。所著之《缶斯德》[5]一书，

---

[1]康熙五十年，即1711年。

[2]勒星，即莱辛（Gotthold Ephraim Lessing，1729—1821），德国启蒙运动时期最重要的作家和文艺理论家之一，他的剧作和理论著作对后世德语文学的发展产生了极其重要的影响。

[3]世落耳，即席勒（Friedrich Schiller，1759—1805），德国著名诗人、哲学家、历史学家和剧作家，德国启蒙运动的代表人物，主要著作有《阴谋与爱情》《欢乐颂》等。

[4]哥底，即歌德（Johann Wolfgang von Goethe，1749—1828），德国戏剧家、诗人、自然科学家、文艺理论家和政治人物，为魏玛古典主义代表，亦是世界文学领域最出类拔萃的光辉人物之一，主要著作有《浮士德》《少年维特的烦恼》等。

[5]《缶斯德》，即《浮士德》，歌德的诗剧，讲述了浮士德为了寻求生命的意义，在魔鬼梅菲斯特的引诱下，以自己的灵魂换得它的帮助，经历了爱欲、欢乐、痛苦、神游等各个阶段和各种变化，于生命的最后时刻，领悟了人生的目的。

最为著名。其大意乃托言有一少年，始而癖爱博异，是究是求。嗣乃易辙改弦，终日惟恣情纵欲，而沉溺于逸乐中也。哥底寿逾八十，遇后进有所函问，辄手自裁答，无少厌倦。德国文学之盛，实多出于其诱掖[1]之功。

翻译

凡人著作，要皆即其本国之言语文字而用之，故能脉络周通，辞句警炼。然天下之义理无穷，而一国之载籍难备，势不得不借助于他国有益之书。又苦其方言既异，字画亦殊。故复须兼深通彼我文义之士，一一译出，以公众览，但彼我文义，其中龃龉难合之处实多。是以翻译所成之书，皆不免有左支右吾之句也。佛教流行东土，其经皆本梵文，而各即所至之地译以方言，以便使人传诵。近如耶稣教之新旧二约，已译有方言二百余种。凡翻译一道，首重明顺平易，而不失原文之义。有言翻译皆宜谨依原文字句，而不可使少有增减颠倒者。若然则非止文理不通，亦且读难成句，至若翻译诗歌，其难尤倍。

评论

泰西诸国，凡书坊接有托其印售之新书，例印毕，即取多本分寄送新闻纸，并月报、季报各局。而各局主人即以分赠所识诸文人，供其披阅，受者阅毕后，乃作文一

[1]诱掖，引导扶植。《诗·陈风·衡门序》：“诱僖公也。愿而无立志，故作是诗以诱掖其君也。”

篇，以评论是书逐段之善否，印向新闻纸中，以博众览。如评论皆谓是书纯美无疵，则书必速售。似作此评论之士，多有假他人书旨，以发挥其一己之心意者。近日所出之此等评论，其文笔率多高妙，言简义尽，爱读者实繁有人，是评论自居文学之一，有不可易视者矣。

卷五 理学

理学分类

考理学初创自希腊，分有三类：一曰格致理学[1]，乃明征天地万物形质之理；一曰性理学[2]，乃明征人一身备有伦常之理；一曰论辨理学[3]，乃明徵人以言别是非之理。惟时各理学家之大著名于世者，后其徒或即以师名名学。如希腊之阿斯多底[4]理学与伯拉多[5]理学及由伯拉多理学所出之新伯拉多理学[6]是也。或即以地名名学，如约年理

[1]格致理学，今分为物理学、地理学、天文学和化学。

[2]性理学，今作伦理学。

[3]论辩理学，今作哲学。

[4]阿斯多底，即亚里士多德（Aristotle，前384—前322），古希腊哲学家，柏拉图的学生、亚历山大大帝的老师。他的著作涵括许多学科，包括了物理学、形而上学、诗歌、戏剧、音乐、生物学、经济学、动物学、逻辑学、政治学以及伦理学。他与苏格拉底、柏拉图一起被誉为西方哲学的奠基者。

[5]伯拉多，即柏拉图（Plato，前429—前347），古希腊著名哲学家，雅典人，亚里士多德的老师。

[6]新伯拉多理学，今称“新柏拉图主义哲学”，是公元2至3世纪在亚历山大城由普罗提诺等人发展的哲学派别，以柏拉图哲学为基础，并融合斯多葛学派、亚里士多德哲学而形成。主要哲学概念认为太一（the One，或称“上帝”）是最高的善，万物都是太一流溢而成，而太一则永恒不变。新柏拉图主义哲学对基督教哲学产生了十分重要的影响。

学[1]是也。近法国之代加德[2]理学，德国之雷伯尼兹[3]理学并干德[4]理学，英国之备根理学并奈端[5]理学皆以人名，而苏格兰理学则以地名，至若法人弓德[6]所立者，则号曰真际理学。

希腊七贤

当中国周朝匡定二王[7]之时，希腊出有七人，世称七

[1]约年理学，今作“米利都学派”，为前苏格拉底时期的一个哲学学派，被认为是西方哲学的开创者，由古希腊学者泰勒斯创建，因其诞生在古希腊伊奥尼亚海港城市米利都（今属土耳其，已废弃）而得名。米利都学派与当时重要的思潮相比，不同之处是运用理性思维和观察到的事实，而不是用希腊神话故事来解释世界。其主要代表人物为泰勒斯及其学生阿那克西曼德和阿那克西美尼等。

[2]代加德，即笛卡尔（René Descartes，1596—1650），法国哲学家、数学家和物理学家，因将几何坐标体系公式化而被公认为“解析几何学之父”。他是二元论唯心主义和理性主义的代表人物，名言即“我思故我在”，提出普遍怀疑的主张，是现代西方哲学的奠基人，对欧陆理性主义哲学产生十分重要的影响。

[3]雷伯尼兹，即莱布尼茨（Gottfried Wilhelm Leibniz，1646—1716），德国哲学家、数学家，本身为律师，与牛顿几乎同时独立发现了微积分，所发明的数学符号为国际通用；为现代分析哲学和逻辑学的先驱，提出了著名的单子理论。此外，莱布尼茨在政治学、法学、伦理学、神学、历史学、语言学、生物学、医学、地质学等多个领域独有造诣，被誉为“十七世纪的亚里士多德”。艾约瑟又将之译为“雷伯尼”“雷本尼”。

[4]干德，即康德（Immanuel Kant，1724—1804），为启蒙时代德国古典主义哲学家。康德调和了笛卡尔的理性主义与弗兰西斯·培根的经验主义之间的分歧，并多有著作传世，其中核心三大著作被合称为“三大批判”，即《纯粹理性批判》《实践理性批判》和《判断力批判》，这三部著作分别系统地阐述了康德的认识论、伦理学和美学思想。

[5]奈端，即牛顿（Isaac Newton，1642—1727），英国物理学家、数学家、天文学家、自然学家和炼金术士。

[6]弓德，即奥古斯特·孔德（Auguste Comte，1798—1857），法国著名哲学家、社会学家，实证主义（positivism）的创始人。

[7]周朝匡定二王，即周匡王和周定王。周匡王，姬班（前？—前607），东周第八代君主。周定王，姬瑜（前？—前586），匡王之子。下文匡王四年即公元前609年。

贤[1]。皆善理学，其首一人名他里斯[2]，精于天文，在周匡王四年之日蚀度候，皆先为他里斯测定无讹。故即治国之才而论，则他里斯无以逾彼六人。至若格致并算学，在希腊实推此他里斯为创兴之祖。他里斯常言，格致一学，须究得真实确据，方能明示于人；又言万物皆生于水，如植物之实，生必中湿，惟湿能生热，可为万物皆生于水之据；是与他之言物生于火，物生于气者，皆大相径庭也；又言物各有神，故能自动，如水与磁石，无不皆然。考此他里斯，盖约年理学派中之创首人也。

约年理学派

希腊理学，先盛行于小亚细亚西滨海之约年地方，计有二百一十二年之久。惟时希腊人列居此土，而以理学著名者甚多。如他里斯，则以为万物皆生于水。而安那西米

[1]七贤，即“希腊七贤”，这七人分别是雅典的梭伦（Solon of Athens）、斯巴达的契罗（Chilon of Sparta）、米利都的泰勒斯（Thales of Miletus）、普林纳的毕阿斯（Bias of Priene）、林都斯的克莱俄布卢（Cleobulus of Lindos）、米蒂利尼的庇塔库斯（Pittacus of Mitylene）、柯林斯的佩林安德（Periander of Corinth）。七人中最为人所熟知的是立法者梭伦和哲学家泰勒斯两人。

[2]他里斯，即泰勒斯（Thales，前624—前546），古希腊哲学家，前苏格拉底哲学学派之一米利都学派的创始人，希腊七贤之一，为希腊历史上第一个有记载并留下名字的哲学家，被后世称为“哲学和科学之父”。其主要理论是万物起源于水，在数学上的突出贡献是引入了逻辑证明思想。艾约瑟在此书中又将之译为“他利斯”。

尼[1]，则言万物原质永存，更无限量，而要非人耳目所及觉，且物之有原质，正如人之有灵魂也。至于丢几尼[2]，则言万物得各遂其生于一大地之上，其初必有一灵性更无限量之造物者[3]为之位置也。而希拉革雷都[4]则言，世界为永生不死之物，为具有灵性之火，故其间万物有生有克，正反相生[5]。又有一人名曰安那西满[6]，则直谓凡物之有生有动，皆有所受之本，此本无终无始而永存。若假以物名之，是即一无限量之物，迨后混沌开，冷热行，而天地成。嗣此百余年，又有一名阿拿撒哥拉[7]者，言物质

[1]安那西米尼，即阿那克西美尼（Anaximenes，前585—前525），古希腊米利都派哲学家（即文中“约年理学派”），他认为万物是由气产生，不同的物质是通过气体的聚和散产生的，并认为火是最纯粹的气体。

[2]丢几尼，今译“第欧根尼”（Diogenes，约前412—前324），或称“锡诺帕的第欧根尼”，古希腊哲学家，犬儒学派代表人物。

[3]无限量之造物者，今称“不动者”，即亚里士多德后来所称的“不动的推动者”。

[4]希拉革雷都，即希拉克利特（Heraclitus，前540—前480），古希腊哲学家。认为万物的运动都是按照一定的逻各斯进行的，具有规律；并认为世界处在对立统一、不断转化的关系之中；认为万物起源于火，宇宙为永恒的活火；反对希腊传统宗教，主张崇拜能够囊括燃烧不熄的火和万物起源与变化的逻各斯，视其为最高的智慧，把宗教信仰哲学化。他的大多数作品都没有保留下来，所遗残篇大多艰涩难懂，故他被称为“晦涩哲学家”。

[5]有生有克，正反相生，为中国阴阳五行（金、木、水、火、土五种基本物质）哲学的基本概念。相生具体指金生水、水生木、木生火、火生土、土生金，相克是指火克金、金克木、木克土、土克水、水克火。该理论由战国时期阴阳家邹衍首次系统阐释，在后世逐步得到发展，并成为中国朝代轮替的解释理论，即“五德终始说”，五德即五行。此处意指事物之间的相互转化及对立统一。

[6]安那西满，即阿那克西曼德（Anaximander，前610—前546），希腊哲学家，上承泰勒斯，下启阿那克西美尼，认为宇宙起源于无限，一切事物均从对立的力量中分裂而产生。

[7]阿拿撒哥拉，即阿那克萨戈拉（Anaxagoras，前500—前428）。他继承了色诺芬的思想，用精神解释自然变化，认为精神超然独立，纯洁无瑕，引发万物的变化；时空可以被无限分割，万物也可以被无限分割。他将哲学带到雅典，对苏格拉底产生了重要影响。

常存而有神有形，神纯而全，形显而顽；有形无神，则必莫能动焉。

希腊理学一变

梭格拉底者，乃昔希腊最著名善于理学之人也，惟时希腊理学为之一变，计其殁于中国周安王[1]之三年。生时在亚典[2]城，聚徒教授，惟以去伪存诚为格致之急务。其言以诚与诚合，无间彼此，苟能识得诚之源头，其人自必好善。故一时浮夸之士，无不遭其诋呵[3]。又常自谓有一神，时时训诲而约束之，而其所谓神者，即指人之良知良能[4]而言也。迨其年已高迈，徒众愈繁，大犯众怒，乃相与群起而控之于官，讼言是人不奉国制应祀诸神，兼之造作新神名字，以诱惑诸后生。于时众共证成其罪，饮以杯鸩而杀之。乃梭公当饮鸩之际，犹自慰其徒友欣望来世，掷杯含笑而瞑。梭公生前不自著书，殁后其徒乃各依所闻，列述多篇，以行于世。

---

[1]周安王，姬骄（前？一前376），周安王三年即公元前399年。

[2]亚典，即Athens，今作“雅典”，古希腊重要城邦之一，今希腊首都。

[3]诋呵，意为诋毁、呵斥。三国魏曹植《与杨德祖书》：“刘季绪才不能逮于作者，而好诋诃文章，掎摭利病。”

[4]良知良能，指人被先天赋予的道德认知和履行道德的能力，原为儒家孟子思想的核心成分，在宋明理学之陆王心学中得到发挥性解释，对明清及近代中国思想产生了重要影响。《孟子·尽心上》：“人之所不学而能者，其良能也；所不虑而知者，其良知也。”

希腊理学三要

伯拉多者，乃梭格拉底之高足弟子也，文艺冠绝一时，其所著理学诸书中，多托为其师与人论辨之语。大抵言理学三要：曰至诚；曰至美；曰至善。如学者果能即理而求其至诚、至美、至善之所在，则自必受益无穷。又言有一永存之神，是曰上帝，其至诚、美、善更非人思议所能及。伯拉多尤辩于口，且多喜即有形之美，以明无形之善，善实与爱相连。缘其能达美善之蕴，故时之生徒学士，无不乐闻其论说也。伯拉多著书甚富，其言人之心意性情，皆贵中和，缘天赋人以性，本无少有过与不及之处，而其品第人行之书，尤为精奥。后之品第人行者，珍视其书，与采金人之珍视矿穴等。

希腊理学大成

阿斯多底，又为伯拉多之高弟[1]，其解释物理之实中求是,务绝虚伪，较其师为尤慎。如伯公之论物，凡理所必有而更无疑义者，例可列入于书；而阿公则必俟物经目而理已考证详明者，始载于书中，加其学博识超，于口辩、格致、经济、医、算、史，重诗文，并品第、人行诸学，皆能登堂入奥[2]。且复自创立理辩学、无限量物学与鸟兽

[1]高弟，即高足弟子。

[2]登堂入奥，一般作“登堂入室”，意即登上厅堂，又入内室，比喻学问由浅入深逐步达到很高深的水平。语出《论语·先进》：“由也登堂矣，未入室也。”奥，房屋中的西南角落，比喻隐蔽之处，即内室。

虫鱼学[1]，以惠后人。惟时正值马其顿国全盛，其王乃命王子名亚利散大者尊之为师[2]。迨中国唐宋间，阿公之名大著于欧洲全土，其书几家传而户诵矣。迨后德之路德，英之备根，皆极攻诋其书之短，而阿公之名少衰，今人则多爱阅其书，名亦复盛。

希腊理学三英

昔当中国战国[3]之际，希腊复有三特出之人，皆能研明理学，创教授徒。一名底摩革利都[4]，喜学好游，先至伊及从师习几何算法，继而周游于印度、巴西诸国，著述甚富，年八十始返其故里。其言以万物皆具有不复可分之同式原质、微点[5]，又言物之有乃皆永有，而固不能生有也。是以天地并无混沌，亦无开辟。至于人之有识有知，其运此灵机之神，乃一小圆火点。嗣之者则名意比古

[1]无限量物学，今作“物理学”；鸟兽虫鱼学，今作“生物学”。

[2]亚利散大，即亚历山大大帝（Alexander the Great，前356—前323，前336—前323在位），在其父腓力二世被杀后继承马其顿国王王位，随后挥师吞并希腊城邦，扫荡埃及，灭波斯，进军至印度河流域时因军队要求不得不撤军，建立亚力山大帝国，在战场上从未有过失败。他回到首都巴比伦后突然死亡，后其帝国分裂为三大国家，即埃及的托勒密王朝、希腊的安提阿王朝和中东的塞琉古王朝，西方文明由此进入希腊化时代。此处所言即指腓力二世请亚里士多德为亚历山大大帝老师之事。

[3]战国，指公元前403年至公元前221年的中国历史时期。

[4]底摩革利都，即德谟克里特（Democritus，前460—前370或前356），古希腊哲学家，百科全书式的学者，一生著作颇丰，涉及哲学、数学、医学、艺术、修辞学、天文学、心理学、伦理学、教育学等多个领域，惜多数著作散轶，仅存残篇，其主要哲学观念为原子论。

[5]原质、微点，今作“原子”。

路[1]，其言以人之增识、增德，皆为增福，故人生能自求增福足矣。又言万物虽各虚实相半，然所本而生之原质，要皆为不可复分之微点。又言天有多神，而更不造物，不理世界，惟优游自在而永存。继又有名赛挪[2]者，实创立斯多亚学[3]，追罗马而大行，为其徒者要皆致力以习其理辩、口辩及诸文学。至其论别万物，各有形有质。与此万物形质所自出之原物，而人视此万物各具有美观条理，是即上帝造物之确据。

波斯理学考

棱都诗得，即波斯国人也。初创教于葱岭之西，乃当中国春秋[4]之世。惟时波斯古教，渐就废堕，彼乃一起而考修之。其言以上帝有二：一善，一恶。善者理阳，名曰

[1]意比古路，即伊壁鸠鲁（Epicurus，前341—前270），古希腊哲学家，伊壁鸠鲁学派的创始人。伊壁鸠鲁成功地发展了阿瑞斯提普斯的享乐主义，并将之与德谟克里特的原子论结合起来，其学说的主要宗旨就是人要努力恢复到不受干扰的宁静状态，而且其享乐主义主要是指灵魂的宁静与心灵的闲适，而非后世所理解的单纯享乐。

[2]赛挪，即芝诺（Zeno，前490—前430），古希腊哲学家。其哲学理论主要是四个“芝诺悖论”，这些悖论支持他老师巴门尼德的理论。他认为世界上运动变化着的万物是不真实的，唯一真实的东西是巴门尼德所称的“唯一不动的存在”，所以“存在”是一不是多，是静不是动。

[3]斯多亚学，即Stoicism，由芝诺建立，为古希腊和古罗马的思想流派，据说因芝诺常在雅典的门廊（古希腊音“斯多亚”）传授生徒而得名。该学派秉持物质神一元论，认为神、人与自然为一体，而神是宇宙和灵魂，其理性渗透整个宇宙，个人的小我必须与自然相和谐，爱人如己，因为人是宇宙和自然的缩影。

[4]春秋，指公元前771年至公元前403年的中国历史。

和摩斯达；恶者理阴，名曰亚利瞒[1]，皆具有创造万物之能。故物莫不兼有阴阳善恶，而所赖以生者，则莫重于天之四时[2]，地之水火也。凡属和摩斯达之使者，皆欲调四时而和水火，属亚利瞒之使者，皆欲毁四时而灭水火。又言光为和摩斯达之象，暗乃亚利瞒之体。今拜日奉火一教，即此梭公所创立。嗣五百年波斯人摩尼[3]，乃敬奉耶稣教者，其著书训徒，虽取证于新旧二约，而仍不免有阴阳二主之说。迨后天主教祖名奥古斯典[4]者出，乃大肆攻诋其非。

教会中理学

奥古斯典，其先乃罗马国人。当中国东晋时，生于亚非利加洲。迨老方能笃信耶稣，即入教会。其言以人行善恶，及所得善恶之报，皆为上帝所预定。嗣此教会中人之讨论理学者，一遵其说，皆无异词。迨至中国赵宋[5]时，

---

[1]亚利瞒，即安哥拉·曼纽（Angra Mainyu），为琐罗亚斯德教恶神之名，它与至高的创造之神和莫斯达（即阿胡拉·马兹达）缠斗12 000年，最终善神胜出，它被投入地狱，而人在世间的言行皆为其上天堂或入地狱的判断明证。

[2]天之四时，指一年中春夏秋冬四季或指一天中朝昼夕夜四时。

[3]摩尼（216—约274），或译牟尼，是摩尼教的创始人，生于波斯帝国安息王朝巴比伦一带。其宗教思想大多来自琐罗亚斯德教、佛教和基督教，以琐罗亚斯德、释迦牟尼、耶稣和摩尼为四大先知，其中摩尼为封印先知。宗教核心思想为“二宗三际论”，即在空间上的光明与黑暗对立的二元论，在时间上的初际（过去）、中际（现在）和后际（未来）的时间概念。

[4]奥古斯典，即圣奥古斯丁，又名“希坡的奥古斯丁”（Augustine of Hippo，354—430），早期西方基督教神学家、哲学家，曾任希坡的主教。早年为摩尼教信徒，入罗马游学之际归信基督教，一生著作等身，对基督教神学思想发展影响巨大，死后被天主教会尊为“教会圣师”和“圣人”，被东正教会尊为“圣人”和“恩宠博士”。

[5]赵宋，即北宋和南宋合称，因皇帝姓赵，故称。

教会愈盛于欧洲，而教会中人之留心于理学者，亦愈多。计其中最著声称之人，名曰亚圭那[1]。其辨别伦常善恶诸理之书，多有可观。如言人爱上帝与人，是皆理之当然，若少存冀福之心，则非理矣。至英人敦斯哥都[2]甚不足于此，奥公而其立论亦多与亚公大有径庭处。如凡人意见大有谬差，闻者皆不可过于苛责，而遽指为违背明教也。盖其人之意见如是，故作如是言，在我辈为辨正之则可，若苛责之则不可。

物序原于道序

当中国前明鼎革之际[3]，有法国人名戴加德[4]者，深明算术，而尤精于代数一学。当其生及十九岁时，即立志束书，不复观览。独自澄心静虑，默识潜摩，欲以推明此万物始有之原，久久乃言诸行星绕日，皆如急流中之盘涡。嗣其徒马伯兰什，仰祖其说，而言万物之序皆本于道。夫道之有序，皆上帝之所条分，若人果能爱遵此道序，是谓之德，故德者即爱遵此道序之谓也。凡人行合于道序为是，而不合于道序为非。使此一人所行，较彼一人尤合道序，则此一人之德为优于彼一人矣。推而极之，惟上帝之德无穷，而人之爱上帝亦宜无穷也。考马公之论如

---

[1]亚圭那，即托马斯·阿奎那（St. Thomas Aquinas，约1225—1274），欧洲中世纪著名的经院哲学家和神学家。

[2]敦斯哥都，即邓斯·司各脱（Duns Scotus，约1265—1308），苏格兰中世纪时期经院哲学家、神学家、唯实论者。

[3]此处指明清换代。

[4]戴加德，即笛卡尔，艾约瑟又称其为“代加德”，见上文。

此，而其理恐有未备，何则？缘人行高下。如惟以道序为衡，诚恐未足勉人于至善。夫诲人莫先于征明善恶之悬隔永自分途，与即人之情欲而启其好善恶恶之心，方能使人有所惩劝。惜哉！马公始终皆未常为之征明也。

世美无加

昔德人雷伯尼兹，精于算术，兼善理学。其言以为有理者有力，凡事之宜行不宜行，皆视乎理之当然与否也。是以孜孜为善之人，其爱人爱物，惟恐不及，大有如渴如饥之意。且义即智者之仁，而爱者则以他人得福为悦者也。申而言之，若能以人之乐为己乐，则所爱者博，而无复少有利己之心。至于上帝之创立此世界，要皆已臻至美，更无可加。缘当开辟之初，上帝即于瞬息间造有无数杳焉无形、浑然自成之圆质点，而其间能力率各不同，是为化成万物之体。夫物莫不有此某某质点，相辅而不相挠。是皆上帝所预定，得不谓此世界已臻至美，更无可加者乎？

罗革心学考

罗革[1]，英国人也，著有一书，最为详辨。如论人心主思，而思究为何物？思之所及，堪凭与否？而思所及之界限，究在何处？是以乃即人心思之所及，分为三类：一

[1]罗革，即约翰·洛克（John Locke，1632—1704），英国哲学家、启蒙思想家，是英国最早的经验主义者之一，代表作有《政府论》《人类理解论》。

曰格致，乃测明有形无形之诸物，皆实如何；一曰伦常，以明夫人所当行之理；一曰言语，要皆即人之所知所学而命之之名也。或默以自识，或明以告人。嗣有名伯耳革利者，言有形之物皆本于无形。又言惟心为物，其他皆幻。至若休末，则复演此伯公之说，以为非止有形之物为幻，而宇宙间无一非幻，实不能使人得有所少据者也。考休末之为人，无理不见有可疑之处。

三能十二思范[1]说

德人干得，生当中朝[2]之乾隆年间。缘彼有慨于时人之不虚心考稽，而多自是或多旁疑也，故其立论要皆力诋自是之非，而明言有可疑之理，亦有决无可疑之理。爰创三能十二思范之说，三能：一觉能，一识能，一道心能[3]也。觉者，入自耳目为思之质；识者，出自心意为思之范。夫耳目所觉之质，皆必有其处、其时，至心意所识之范，要可分为十二，而复以四类统之：一、独数，二、众数，三、全数，是为几何之类[4]；四、实，五、不实，六、界限，是为若何之类[5]；七、本末，八、体用，九、

[1]三能，今作“先验认知能力”；十二思范，今作“十二先验范畴”，具体注解见下文。

[2]中朝，即清朝。

[3]觉能，今作“感性”；识能，今作“知性”；心能，今作“理性”。

[4]几何之类，今称为康德十二范畴中量的范畴。独数，今作“单称”或“单一性”；众数，今作“特称”或“复多性”；全数，今作“全称”或“全体性”。

[5]若何之类，今称为康德十二范畴中判断的质。实，今作“肯定”或“实在性”；不实，今作“否定”或“否定性”；界限，今作“无限”或“限定性”。

推抵二力，是为彼此之类[1]；十、能，十一、有，十二、不获，已是为情形之类[2]。至若道心则永自清明，浑然天理，是保是存，凝而为一。如以己体言，即为灵魂；以外象言，即为万物，以善之元长美，实无极言，即为上帝也。

辨行善有无求福

凡诸有善行之人，迹同衷异。或惟知善之当行，而安行之者有之；或冀夫行善有福，而勉行之者有之。夫勉行善以冀福，是其生前善行，皆将视为殁后天堂之阶也。如英国人备礼[3]尝言，行善之人为能顺上帝之旨，故理必获福于后；曰非之者云，善本人性之固有，是善乃人分所当为，如君子之怀刑，原非怵于刀锯而始然也。嗣有名本丹[4]者，亦英国人，其言以人行之向善违恶者，要贵知善可益人，而恶可损人。故能遏抑情欲，而杰然立于天地之

---

[1]彼此之类，今称为康德十二范畴中判断的关系。本末，今作“定言”或“依存性与自存性”；体用，今作“假言”或“因果性与隶属性”；推抵，今作“选言”或“共联性”。本末，为中国哲学的基本概念之一，原意指树根和树梢，引申为根本的和次要的东西，进而是“本”具有宇宙的本源或本体之意，末则为天地万物或其存在的外相，语出自《礼记·大学》：“物有本末，事有始终。”体用，为中国哲学的基本概念之一，体即为根本性的、第一位的、内在的、本质的，用即为事物外在表现或表象，体较用更为根本，类似西方哲学的本体与现象，体用作为一个相对应的哲学概念，出现于《荀子·富国》：“万物同宇而异体，无宜而有用。”

[2]情形之类，今称为康德十二范畴中判断的模态。能，今作“实然”或“可能性与不可能性”；有，今作“必然”或“存在性与不存在性”；不获，今作“或然”或“必然性与偶然性”。

[3]备礼，即威廉·佩利（William Paley，1743－1805），英国基督教学者、哲学家，著作有《自然神学》《道德与政治哲学原理》等。

[4]本丹，即杰里米·边沁（Jeremy Bentham，1748—1832），英国法理学家、功利主义哲学家、经济学家和社会改革者。

间矣。非之者曰杀敌者勇往无前，缘其胆气兼优也。若谓此乃彼先逆料不力战必死，故能致命，则恐未尽然。盖使今有一极无胆气之人，当其临敌，自知必死，加之将帅励以敌忾之义，亦必无勇往之心也。

苏格兰理学

苏格兰人理得[1]，其幼时溺于昔人谓物形皆幻等于浮泡等说[2]，迨长，乃稍闻物实非幻之理，既而知其信然，大翻前议，爰自创一从众之学，其论以人能悉此万物之形，半由目察，而半由心测。至今众皆甚是此言，庸可背而别起异说耶？如目以司见，而所见者无一非物真实之形；耳以司闻，而所闻者亦无一非物真实之声也。嗣有法国人哥拉得[3]，常教授于巴黎斯城[4]中，大扬理得之学。其徒古桑，虽于理得之学亦有会心，而尤钦服德国人干德之学。据古桑之见，以理学一道，不可拘于一隅。务宜博证旁求，方为公允。后又有苏格兰人斯都瓦得[5]，生平尊尚理得之学，亦间有为更正之处，如广集群思，学而易

---

[1]理得，即托马斯·里德（Thomas Reid，1710—1796），苏格兰启蒙运动哲学家，苏格兰常识学派的创始人，始任教于亚伯丁大学，后接替亚当·斯密到格拉斯哥大学任道德哲学教授。

[2]佛教《金刚经》有“一切有为法，如梦幻泡影，如露亦如电，应作如是观”句，此处所论“浮泡”当与此意相通，意指虚幻假象或不能永远存在的事物。

[3]哥拉得，即鲁瓦耶-科拉尔（Pierre-Paul Royer-Collard, 1763—1845），法国政治家、哲学家。

[4]巴黎斯城，即Paris，今法国首都巴黎。

[5]斯都瓦得，即杜加尔德·斯图尔特（Dugald Stewart，1753—1828），苏格兰常识学派哲学家代表人物。

名，为考人性固有之各能力学也。至伯伦[1]，乃于理得之学大肆非诋，复为更名曰人心自觉之学。

是非原起

人皆自知己分所应为之事，当其为之之时，是固欣欣而非多悒悒。此是非之心中，儒则谓为天所赋予，而泰西耶稣教，则谓为上帝所赐者也。近斯本赛[2]耳，则言是非之原，乃起于人，缘人皆视有福益己者为是，无福益己者为非。古今相承，是非之原起，不过如是而已。如一人事皆遂心，自觉畅悦，则由耳目诸官，循脑气筋，而达于脑，心神获安。即以征是，而反之则非矣。斯公此论，泰西人然之者盖鲜，皆以为是非本原于人之心，而辨别善恶之准也，是为福之本，非乃祸之原，何得本末倒置，而竟使后来者居上耶？

理学析分为二

近英国善言理学之人，自应以斯本赛耳为首，如其曾将人学而确可知者，与确不可知者析分为二。其所谓确可知者，皆万物外见之粗质。而万物之精微，则确有不可知

[1]伯伦，即托马斯·布朗（Thomas Brown，1778—1820），苏格兰哲学家、联想主义心理学家。

[2]斯本赛，即郝伯特·斯宾塞（Herbert Spencer，1820—1903），英国哲学家、社会达尔文主义之父，在形而上学、宗教、政治、生物、修辞及心理学领域都有独特的贡献。严复曾翻译他的《社会学研究》（*The Study of Sociology*）一书，名为《群学肄言》。

者在也。夫万物精微，本亦一物，而无形无体之可见，及其化成万物，皆已昭昭于人之耳目，故格致家得诸见闻，而测知之。至若圣教中之所言上帝，格致学之所论原质，虽非人思力所能知能测，而要皆实有，更无疑义。且万物化成，既皆原于此无形可测之一物，则此一物为本，而万物为末明矣。似此为本之无形一物，而具有成诸有形物之能力，故其变幻无端，生育万物。夫即为本无形一物，乃悉其有成诸有形物之能力，如此则已属于可测知者矣。

卷六　史学

史学考原

上古希腊无史，惟多著名演说故事之人，皆口述往古诸事，俾人听记。嗣乃有数人相继而起，创著国史，荣名至今。泰西后学，仰而师之，如今中国文人之俯首于班马[1]也。其史例于详记希腊一国外，至与希腊邻境之敌国、友邦亦略，将其风土、君民诸大端，备行收载。约计希腊创著国史之人，一为希罗多都，缘其曾周游多国，问政访俗，并皆征诸故老之所流传典籍之所采录。返至希腊，兼证以昔所见闻，而作史九卷。一为都基底底[2]，其史乃即当时希腊境内诸城称兵，互相攻击，竭虑殚精，以详考其间战争诸事而作也。至若伯路大孤[3]所著之史，则

[1]班马，指班固和司马迁。司马迁（前145—约前86）为西汉武帝时期著名历史学家，著有《史记》；班固（32—92）为东汉初期著名史学家，著有《汉书》。

[2]都基底底，即修昔底德（Thucydides，约前460—约前404），古希腊历史学家、思想家，所著《伯罗奔尼撒战争史》一书主要讲述公元前5世纪希腊城邦雅典和斯巴达之间的战争，艾约瑟所言即此书。

[3]伯路大孤，即普鲁塔克（Plutarch，约46—119），罗马时代的希腊作家、历史学家，著有《希腊罗马名人传》。此书在文艺复兴时期大受欢迎，蒙田十分推崇，莎士比亚的历史剧有些取材于此书。

择取希腊与罗马伟人之彼此才德伯仲、功业相侔[1]者，如或皆长于治国，或皆善于治军，皆两两相较，分为立传，考定优劣，以示后人。

释古文以识古史

泰西文字，创于埃及。其文初多象形，继乃益以谐声，由汉以来失传，能辨识者乏人。迩来德、法、英、意四国，人才辈出，广搜其石柱、石椿、石室并古墓洞所镌之古文，探讨的确，译而为西国语言者，已不乏也。嘉庆年间寻得一三种语言合璧碑[2]，详慎对校，奉希腊国古文为依据，细察得彼二种文字之意矣。先于其国王名讳中得来，呼其何等文，为何等音韵之端倪，由渐而于他碑室等石面，寻究得其古文意，故可渐明埃及国古昔历代帝王之事迹也。且其帝王之陵冢工程浩大，修为方形高台，叠累十重于其陵冢之底间，量度之每面阔七十五丈，高四十八丈，此最大之一冢也[3]，间亦有较小者。时至今日，犹存有六十余处也，四方往观者仍不乏。

---

[1]伯仲、相侔二词，意均为不相上下，差不多。

[2]合璧碑，指罗塞塔石碑，该石碑由公元前196年埃及托勒密王朝刻制，由希腊字母、古埃及象形文字、古埃及通俗文字三种文字书写。法国学者商博良于1822年至1824年（事在中国清道光二年至四年，艾约瑟所述有误）进行研究，破解成功，并由此编写古埃及象形文字和希腊字母对照表，对了解上古埃及历史有十分重要的作用。

[3]指埃及法老胡夫的金字塔。

泰西诸国推埃及最古

埃及地势跨居尼禄河[1]两岸，河水含带泥沙，岁岁漫溢，淤积致成沃腴肥壤，树艺、五谷极良，濒河之地引河水灌溉，从不得甘霖，亦不形旱荒。国中以农事为本，民因之而富国，亦因之而强矣。上古文字并化学，即始于其国，并精于各种操作，宫室、墓塚之雕镂石工，极雅致精密。

坚信死后灵魂永存，葬死之规，以香料夹杂布匹，重重裹死者遍体，冀其不致朽溃也。并谓人终之后，有一查考其言行善恶之神明，以定其应居苦境，应居乐地。彼国石文载者，曾有人译成之一书，专论人殁后依规矩应若何经理。往古埃及全地有时分为诸国，有时合为一国，有时自专征伐，启辟疆宇，有时附庸他国，听人节制。至唐时回教人据其全地[2]，遂至一衰不兴矣。泰西考察之家，以埃及国为文学之祖，格致之原，不禁生有今昔之感也。

国富无常

天下万国之势，盛极必衰，乱极必治，理固然矣。如巴比伦国为古昔最富强者也，溯其致富之由，即缘其地西与欧洲毗连，东南接壤印度，来往之商贾，凭其地为转

[1]尼禄河，即尼罗河（Nile River），有二源，一源于东非大裂谷维多利亚湖，为白尼罗河，一源于埃赛俄比亚高原，为青尼罗河，二河于苏丹汇合后，向北经埃及流入地中海，长约6650千米，为世界第一长河，是促成古埃及文明的关键因素。

[2]指公元7世纪阿拉伯帝国从拜占庭帝国手中夺取埃及，逐步伊斯兰化，埃及古文明以及希腊文明的影响逐步消失。

运，兼以其本地人民素业织绩，与炮制金银铜铁等。出售者有哈喇大呢、绒锦毡毯等货，并精于琢磨宝石玉器等事。五谷杂粮亦可转运至外国各地。由失自主权来，纵有几及千载之隆盛，终亦不能无衰也。生植嘉谷之沃土，变而为满铺茂草之荒野。林林总总之乡区，易而为冷冷落落之村墟。斯时考古之家适彼者不乏，即于既倒塌之土石堆中，搜取有文字之瓦砾石块，带往泰西各国博物院收存。以俟识其文者，译而知其精于文学，勤于贸易，以及古帝王之实事也。

巴比伦古迹

上古巴比伦城，规模宏大，城垣一周足百有八十里。兹时徒存若许坵墟故址矣，犹伯拉底河[1]串城过，四野尽平原。畴昔土脉极膏腴，农事最盛，浚若许沟洫，引水灌田。文学盛行于通国，喜于卜占，凭之以决未来休咎。周初时国富兵强，乐于战争。《旧约书》由《创世记》至《但以理》，载巴比伦侵犹太之事[2]，不乏精求天文、测

[1]犹伯拉底河，艾约瑟又称“欧伯拉底河”，即幼发拉底河。

[2]事在公元前597年，新巴比伦王国国王尼布甲尼撒灭犹太王国，俘虏犹太人至巴比伦，并毁灭犹太人圣殿，史称“巴比伦之囚”。在《圣经》中反映该事件的主要是《列王纪》和《耶利米书》。《创世记》没有记载此事，也没有记录任何巴比伦的历史。《但以理书》记录的是犹太人亡国后，但以理在巴比伦王宫的经历一事，与该事件有一定的关系。

日月星丽天度数、时刻之璇玑玉衡[1]、刻漏[2]等器，即彼国倡始制造，并定出各星宿之呼称，传于各国。东周时日辟土地，兼并接壤之若许国。至周景王[3]时，即耶稣前五百三十八年也，为巴西国古烈王[4]所袭取，由是见属于巴西。

非尼基人[5]多立埠头

非尼基人，旅居于地中海东滨推罗、西顿二城，喜经商于远方，以利巴嫩山木造船，将陆路运来之印度货载往他处。曾至各地寻矿洞，炮炼金银铜铁锡，运赴他处出售。伊等并于其海中恒渔得可染紫色之鱼。并于埃及国内学来造玻璃法，以传往他处，亦将文字、音乐并礼神之一应事故传至希腊。工于法制硫磺、白矾，且于海外采得琥珀，复将锡与铅合兑成白铜，以土料拂拭绒呢毛货等起光

[1]璇玑玉衡，有二义，一为古时一种天文仪器，一为天文星象，北斗七星分别被称为天枢、天璇、天玑、天权、玉衡、开阳和摇光。本处指天文仪器。语出《尚书·舜典》：“在旋即玉衡，以齐七政。”另，清王韬《变法上》：“铜笼沙漏，璇玑玉衡，中国已有之于唐虞之世。”

[2]刻漏，中国古代一种漏水计时仪器。

[3]周景王，姬贵（前?—前520，前544—前520在位）。

[4]古烈王，即居鲁士二世，又称居鲁士大帝（Cyrus II或Cyrus the Great，前600或576—前530），一些中文《圣经》将之翻译为“古列”，为波斯帝国的创立者，阿契美尼德王朝第一任国王。

[5]非尼基人，即腓尼基人，艾约瑟又称之为“斐尼基人”。腓尼基人为今东地中海地区的商业民族，活动范围主要集中在今黎巴嫩和叙利亚沿海地区，属闪米特人的一支，与犹太人为邻，据《圣经》记载，其多次与犹太人发生冲突。腓尼基人擅长经商，商业殖民点遍布地中海地区。腓尼基人发明了腓尼基字母，后经改造成为拉丁字母，对西方文明产生了重要影响。下文之“埠头”，原意为商埠，此处指商业殖民地。

泽，并配合成有造瓷器，与各他等物用之土黝。伊等夜间乘船行海面，以北辰星居之方位为驾驶之准。尝道出地中海西口，至距英国近之海岛测探锡矿，于各处设立行栈，遣人寄居，经理商务。凡织绩、造玻璃、书写字，以及各种技艺中极嘉善之制造法，凭伊等即传遍各地也。

巴西分郡设牧

当孔子之时[1]，巴西国与其所属之地，统分为一百二十七郡[2]。溯乎其先，属于亚述。至古烈王肇兴，乃创为自主之国。并扩充其土宇[3]，直达小亚洲西海滨。凡叙利亚、犹太、巴比伦、亚述均隶其版图，东南开疆至印度。其子千布西[4]并攻取埃及，至大利乌王[5]分国为百有二十七郡。赋税征租之法，行于通国。与希腊国构兵，屡败绩，曾有一役，兵数足五百万，内分步兵百有七十万，马兵八万，战舰一千二百艘，及大见辱于希腊，乃浸以衰矣。各郡所设之守牧，宛如中国各省督抚，权势

[1]孔子之时，指公元前551—公元前479年。

[2]郡，中国战国至魏晋南北朝时期的地方行政区划，但学术界把今日波斯帝国（即此处的巴西国）的行政区划称为“省”。

[3]土宇，今作“疆域”。

[4]千布西，即冈比西斯二世（Cambyses II，前530—前522在位），其间灭埃及，而昔兰尼和利比亚自愿臣服波斯。

[5]大利乌王，即大流士一世（Darius I，前550—前485，前521—前485在位），在高墨达暴动后继位，在位期间征服色雷斯，将波斯帝国领土推到欧洲和高加索地区，并与其子薛西斯一世相继发动对希腊城邦的希波战争（前499—前449），但遭到惨败。大流士一世在位期间，改革内政，建立行省制度和驿站制度，统一度量衡，统一财政税收，实行宗教信仰自由的政策等；为促进帝国的商业贸易，他派人开通东至印度河口，西经红海至埃及的海陆商贸路线，促进了南亚和西亚北非地区的联系。

亦相若。国中所行之拜日火教，嗣流传至印度、蒙古以及中华，而其国则终为希腊王亚利散大所灭。

希腊国据有亚洲西南境

于亚利散大即父位为马其顿王时，希腊通国之民公恳其整师旅，攻击巴西国，为报复也。亚利散大遂侵占西印度国地亚洲之西南境。若巴西国，十年中俱归其版图，希腊国人散居各处。于汉张骞未至大宛之先，其国王亦希腊人，吞并国之最强大者，一叙利亚，一埃及。希腊之国制文学，奇巧技艺，亦传于各处。其天文学、算法、理学并营造宫室之法，俱传至印度。当夫彼时，印度盛行佛教，故绘画、雕刻之事即留传彼地，更延及相近之诸国。希腊兴盛，历二百载，继乃为罗马国所灭，而希腊人之散处于四方服官于罗马者不乏，所习之文学、格致学诸般技艺，仍传遍于各地。

一城操天下权

罗马都城建于耶稣降生前七百五十三年，即周平王[1]时也。跨居低伯耳河[2]两岸，相继为王者七人[3]。至

[1]周平王，姬宜臼（前781—前720），东周首位君主。

[2]低伯耳河，即台伯河，位于意大利中部，罗马就在台伯河岸，为罗马文明的摇篮。

[3]罗马自罗慕路斯于公元前753年左右建城后到公元前509年，前后共历七王，合称“罗马王政时代”。

周敬王十一年[1]时，遂废王不复立矣。选举二统领理国政，呼之为根苏利[2]。惟富民、贫民屡有争论，及耶稣前四百五十一年，商定律例十二款，勒之碑[3]，树于行人孔多之宽阔处，后此罗马治国之法制、禁令，即奉此为依据，议立者历数百年之久。与接壤邻国逞干戈，意大利国之全境，由渐而均为其有矣。亚非利加洲北鄙[4]有加耳大俄国[5]极强盛，罗马国曾与构兵三次。及汉景帝[6]时，罗马人克灭其城，收为己之属国。是时希腊地，叙利亚地，已隶罗马版图。至汉宣帝、元帝时[7]，并法地、英地、西班亚地、埃及地均为罗马国所统辖，至是时，奥古斯都[8]登皇帝位，地中海周围、巴西国西之各国，无思不服。即

[1]周敬王，姬匄（前？—前477），周敬王十一年即公元前509年。该处所述指的是公元前509年，古罗马结束王政时代，设立执政官，建立罗马贵族掌权的罗马共和国之事。

[2]统领，今作执政官，由罗马平民选举而出的百人队会议从罗马贵族中选举产生，任期一年，主要负责管理罗马的元老院、高级长官和公民大会，但实权实际上由元老院掌握。根苏利，即Consules的音译，意为“那些走在一起的人”。

[3]指的是“十二铜表法”，公元前450年左右，罗马元老院被迫承认罗马人民大会有立法权力，旋即选出十人委员会，赴希腊对梭伦立法进行考察。公元前449年，诸法制定完成，铸于青铜之上，故称“十二铜表法”。该法律涉及传唤、审判、求偿、继承、监护、房屋、土地、私法、公法、宗教法等多个领域。为西方现今“成文法”的鼻祖，也是欧陆法系罗马法的源头之一。但公元前390年，高卢人入侵罗马，“十二铜表法”毁于战火，今仅从其他经籍记载中略知一二。

[4]鄙，边境。

[5]加耳大俄国，即迦太基，位于今突尼斯境内。原为腓尼基人殖民地，后脱离腓尼基人独立，建立城市国家古迦太基，罗马称之为布匿（Punici）。曾与罗马共和国争夺地中海霸权，历三次布匿战争后失败，于公元前146年灭亡，成为罗马共和国阿非利加省的一部分。

[6]汉景帝，刘启（前188—前141）。

[7]汉宣帝，刘洵（前91—前49）；汉元帝，刘奭（前75—前43）。

[8]奥古斯都，即盖乌斯·屋大维·图利努斯（Gaius Octavius Thurinus，前63—14），为罗马帝国开国皇帝。奥古斯都是他的头衔，意即神圣的、至尊的。

《后汉书》[1]所言四百余城、小国数十之大秦国也。

亚洲民即居欧洲地

当耶稣降生前四百年间，有加利族人侵犯罗马地，复有德多尼族来侵，是二族人皆原生于亚洲。其间不知阅几百千年，或因接战败奔，或因饥荒乏食，纷纷西迁者，有法兰革族[2]、绥威族[3]、撒革孙族[4]、马哥满族[5]、亚利马尼族、哥低族[6]、宛大利族[7]、阿兰族[8]。各族人犯欧洲境时，罗马国甚强盛，深可将伊等战败，第以数百年之久，来去无常。迨罗马强不及前，边防稍有未周，即有处失去

[1]《后汉书》，南朝刘宋时期范晔（398—445）著，主要记录25年光武帝称帝至220年汉献帝禅让之间的历史。艾约瑟所言记录罗马帝国诸事见《后汉书·西域列传》。

[2]法兰革族，即Franks，今作“法兰克人”，因居住在莱茵河流域的法兰西亚而得名，后移居高卢，成为法国原始人种之一。

[3]绥威族，即Suebi，今作“苏维汇人”，日耳曼蛮族一支，在西罗马帝国灭亡中发挥了一定作用。

[4]撒革孙族，即Saxon，今作“撒克逊人”，日耳曼蛮族一支，于5世纪进入不列颠，与昂个路人结合成盎格鲁—撒克逊人，成为今日英国人的祖先。

[5]马哥满族，即Marcomanni，今作“马克曼尼人”，日耳曼蛮族一支，在多瑙河北岸，形成一个强大的王国，与罗马帝国强盛同步。

[6]哥低族，即Goth，今作“哥特人”，一支西哥特人于410年洗劫罗马，之后于418年入侵罗马帝国西班牙行省建立西哥特王国；另一支东哥特人于493年进入意大利，建立东哥特王国。

[7]宛大利族，即Vandal，今作“汪达尔人”，日耳曼部落一支，他们从西班牙进入北非，于429年占领今突尼斯地区，建立汪达尔王国，随后浮海进军罗马，大肆洗劫罗马，“汪达尔主义”（Vandalism）因此成为破坏文明之意。

[8]阿兰族，即Alan，今称“阿兰人”，为古代占据黑海和西伯利亚西南部温带草原区的游牧民族，经常袭击罗马帝国高加索地区和波斯安息帝国北部边境。约370年，经匈奴人征服后，大多数前往西亚和北非。《史记·大宛列传》将之称为“奄蔡”，东汉三国时期将之称为“阿兰卿”，艾约瑟文中有叙述。

土地，为若辈所有矣。终至客民多于土民，散遍于欧洲各地。兹时之英人、德人、丹人、瑞典人，皆其各族之后裔也。即《史记》《前汉书》《后汉书》详加校对，知哥低或即月氐[1]；奄蔡后汉已改为阿兰聊，或即阿兰；绥威或即西夜撒革孙，或即塞[2]，或即莎车[3]。初时无何文字，无何屋宇，人皆幕处，继乃渐习希腊、罗马，并诸他国之律例文学，而造房舍。时至今日，而成极富强之国矣。既为由亚洲迁往者，其亦有中国上古及周秦汉时之体制礼仪否耶？

海舶周觅新地考原

当中国前明之成化[4]年间，有意大利国人名哥伦布[5]者，常走谒欧洲各国君，备言海舶东驶，将往印度，而中间阻有红海岸之陆地，颇费周折。地体本圆，今若转而西驶，未常不可有直达印度东岸之水程。若能以舟粮见资，浮海西行，必当有以报命。时人多不信重其言，久之，

[1]月氐，疑为月氏人，为战国后期至西汉初年原居于中国河西走廊上的部落之一，后与匈奴发生战争，失败后西迁中亚。公元前130年，月氏人南下征服大夏，将其领土分于五个翕侯管理，张骞通西域即在此时。后丘就却统一各部，建立领有西亚和中亚领土的贵霜帝国（30—375）。但艾约瑟将哥特人和月氏人相联系并无史实根据。

[2]塞，即赛种人，原为西汉以前居住于中国新疆伊犁河流域的游牧民族，受到大月氏的攻击而南迁，进入南亚次大陆，消灭了许多印度—希腊化王国。在中国、波斯和罗马帝国的史书中均有记载。

[3]莎车，即汉代西域三十六国之莎车国，位于今新疆莎车县。

[4]成化，明宪宗朱见深（1447—1487）年号。

[5]哥伦布（1451—1506），意大利探险家、殖民者、航海家，出生于热那亚共和国，受西班牙王室资助进行航海活动，美洲的发现者。

至孝宗宏治五年[1]，方得西班亚[2]国君助以小板船三只。哥伦布自遵其素所悬揣应有新地之方，即日开行，不逾年，而驶入群岛，彼以为是即印度之东岸。故至今，尤相承以西印度群岛[3]名之也。既而彼又觅获南亚美利加洲[4]之地，按哥伦布之才智明决，要皆出人头地，故能见事不惑[5]，创此浮海周觅新地之举。嗣复有一意大利国人，驾舟沿行于南亚美利加洲之东北滨海诸处，返至欧洲，向人传述，人皆嘉其精详，故即以其名，名此新地曰亚美利加。若今美人所居及英属之北亚洲地，乃由英国人名加波德者之所觅获。

天主教权势盛衰始末

当中国东晋之咸和五年[6]，罗马国皇名根斯丹典[7]者，始择筑一新城于亚欧二洲相毗连处，即以己名名之曰

[1]孝宗宏治，明孝宗朱祐樘（1470—1506）年号为“弘治”，艾约瑟所述有误。弘治五年即1492年。

[2]西班亚，即Spain，今作“西班牙”，欧洲伊比利亚半岛上的国家，与葡萄牙积极支持15世纪航海大发现。

[3]西印度群岛，位于中美洲加勒比海上，由哥伦布发现，但他误认为是印度，故名。

[4]南亚美利加洲，即South America，南美洲的全称。

[5]不惑，指遇事能有力决断，明辨不疑。语出《论语·为政》“四十不惑”，故不惑也指人四十岁。又，《论语·子罕》：“知者不惑，仁者不忧，勇者不惧。”

[6]咸和五年，即公元330年。咸和，晋成帝司马衍（321—342）年号，咸和为其第一个年号，使用年限为326年至334年，计九年。

[7]根斯丹典，即君士坦丁大帝（Constantine the Great，274—337），为罗马帝国皇帝，通过内战击败对手登上帝位，对蛮族的作战也取得了一定的胜利，于313年颁布“米兰敕令”，承认基督教的合法地位，并成为首位罗马帝国基督徒皇帝。324年，君士坦丁下令在拜占庭新建帝国首都，330年建成，更名君士坦丁堡。该城随后也成为东罗马帝国和奥斯曼土耳其帝国（更名为伊斯坦布尔，并延续至今）的首都。

根斯丹典城，而迁都之以资控制，且以耶稣所立之圣教为国教，继此嗣皇世相遵守。迨唐肃宗[1]之世，法王伯宾奄[2]有今意大利国之全土，而以昔罗马旧城，并相与附近之地畀[3]天主教之总教，人号巴伯[4]者，使为世守嗣[5]。而天主一教，日益尊盛，而巴伯竟有教皇之目，权势几驾出于欧洲各国皇国王以上者。近数百年，惟时非之者固多，而附之者亦众。迨今意国之君，抚有意大利国境地，而即罗马旧城为都。彼教皇权势大减，迥非昔比，仅得自理其教中之事而已。

古西帝大加罗

当诸族攻灭罗马之初，虽相与分居欧地，而纲纪未立。迨法兰西王大加罗[6]，乃东取今之德地，东南取今之意大利地，而西南复构兵于诸回人。嗣大加罗即西帝位，

---

[1]唐肃宗，李亨（711—762），唐玄宗之子，在位期间为安史之乱（755—763）时期。

[2]伯宾奄，即法国加洛林王朝的创建者矮子丕平（714—768）。751年，伦巴底人攻占拉文那，罗马教宗向丕平求救。丕平出兵驱逐伦巴底人后，将该处献给教皇，史称“丕平献土”，此为教皇国的雏形。教会也给于丕平许多支持，教宗更是亲赴巴黎为其加冕，为后世教权王权之争埋下伏笔。

[3]畀，即给予。

[4]巴伯，即天主教教宗，Papa的音译，原意为父亲，转为对主教或司牧人员的亲切称呼。

[5]守嗣，应作“嗣守”，意即继承并遵守和保持。《尚书·顾命》：“在后之侗，敬迓天威，嗣守文武大训，无敢昏逾。”

[6]大加罗，即查理大帝（Charlemagne，742—814），丕平之子，为欧洲中世纪早期法兰克王国国王，在位期间东征西讨。800年，教宗为其加冕，其被称为“罗马人的皇帝”，权势达到顶峰。在他死后，帝国分裂为三，奠定欧洲法、德、意三国及低地国家的雏形。他在位期间重视文化发展，史称“加洛林王朝文艺复兴”。

时乃天主教之教皇为之膏首祝福，权势皆与古罗马皇相侔。计加王生平杀人无算，而有治国整军之才，正定法律，与民更始。缘其时民多愚蒙，加王乃为创建天主教之秀士院，又即会堂之旁设立幼塾，以化育之。时居今德地之诸族人民，最称凶悍。嗣此日渐驯服，皆加王循循善诱之功也。

议政院废君

昔英国君名札利斯[1]者，尝构兵于西班亚国，爰命议政院，措备军需。而议院诸人答曰："兹有数事，若君能俯允，军需自可无烦圣虑。"而所言数事则首即拟贬损君权也，君怒罢议，如是者三，而议院诸人愈形强项。君乃自行简人，四出征税，不复过问议院诸人。且当开议之时，有一人言尤不逊，君亦使人拘而置之于狱。嗣此君不与议院相闻者八年后，又诏开议院，而议院诸人即控君素宠信之二臣于诸执法大员前，讯明后，二臣立被斩决。惟时君乃与议院诸人治兵相攻，如是数载，而君战败，乃奔投苏格兰军中。而苏军即派人将之送还于英，于是将之监禁数年后，为执法大员议定其罪而斩之。而议院之权亦衰，时国家政柄尽归入于英帅哥伦威勒[2]之手。

---

[1]札利斯，即英国斯图亚特王室国王查理一世（1600—1649），在位期间为征税而与英国国会发生冲突，引发清教徒革命，即英国内战，最终以叛国罪被斩首于英国伦敦。

[2]哥伦威勒，即克伦威尔（Oliver Cromwell，1599—1658），英国政治人物、议员、独裁者。他在英国内战中击败保王党，处死查理一世，成为独裁者，称"护国公"。他去世后，英国斯图亚特王室复辟。

法国更易新政

当中朝之乾隆五十年[1]间，法国君纲不振，政柄下移。其王族世禄之家，以及教会中操权诸人，皆侵渔下民，以致赋敛烦苛，盐税尤重。而议政之院，竟从封禁。民既怨诸朝贵与操教权人之困已也，而尤疾首于总揽盐税之人，乃相与群起作乱，攻杀其君。与后而朝贵并操教权诸人，亦多骈首就戮，政治一新。嗣此十有一年，皆暂为民主之国。后民众又自公立一帝，名曰拿波伦[2]，素号知兵，计其在位十年，更定法律有足多者而终一败涂地，逊位奔英时，诸友邦乃公立前王之子为法君。嗣此主法国者，或帝或民，时有更易。至中朝同治十二年[3]，法为德败，易为民主，相安至今。

德国帝号

当中国唐代、德二宗[4]之际，德地皆属法兰西王大加

[1]乾隆五十年，即1785年。

[2]拿波伦，即拿破仑（Napoleon Bonaparte，1769—1821），法国政治家、军事家、法学家。于1799年发动雾月政变夺取权力，1804年加冕称皇帝，其间多次发动对外战争，并控制欧洲大部分地区，但1812年入侵俄国遭到失败。1813年在莱比锡之战中败于第六次反法同盟，次年退位。1815年从流放地地中海厄尔巴岛返回法国建立“百日王朝”，后于滑铁卢之战中再度失败，被流放于大西洋圣赫勒拿岛并遭监禁，1821年死于慢性砒霜中毒，其尸骨于1840年运回巴黎，安葬于巴黎塞纳河畔的荣誉军人院。他在位期间，编纂《拿破仑法典》，确立资本主义社会的基本民法规则，影响巨大。

[3]同治十二年，即1873年。同治，清穆宗爱新觉罗·载淳（1856—1874）年号。

[4]唐代宗，李豫（726—779）；唐德宗，李适（742—805）。

罗管辖。迨加王之孙雷斯[1]受有法德诸地，实为第一创有德国之君。及雷君将死，自分其国为三，而遗命三子各君一国，乃未几三国复合为一。时德地人民不乐与法众同戴一帝，爰于法皇族中公选一人，立之为帝。嗣此，德帝皆由诸侯王中公推代立。至中朝嘉庆间，德为法所败，时德帝逊位归国改称奥皇。按当赵宋太祖[2]之时，德君得有今意大利地，遂即帝位于罗马旧都，因自号罗马皇而称，众预推定代其帝位之人曰罗马王也[3]。至中朝同治年间，德人大败法人，德之诸侯王毕集于法京城外之一离宫内，公推布君即皇帝位，不复袭罗马皇之虚名，更号德皇，且以旌武功也[4]。

意大利开国始末

昔意大利国境内，计有许多小国，分居其地。当罗马崛兴时，意地之诸小国皆并于罗马。迨罗马破灭，有哥低与郎巴底[5]二大族分据意地，后皆归于法兰西王大加罗管辖。加王死，意地亦复分裂，有割据平地数城而自立为国者，有屯聚大山谷中而自立为国者。就其中之强盛者言，

[1]雷斯，即日耳曼人路易（Louis the German，806—867，843—876为东法兰克王国国王），查理大帝之孙，虔诚者路易之子。843年，虔诚者路易三子签订《凡尔登条约》，瓜分法兰克王国，日耳曼人路易分得东法兰克王国，即今德国。

[2]宋太祖，赵匡胤（927—976）。

[3]此处所言指962年，教宗约翰十二为奥拓一世加冕，称其为“罗马人的皇帝”，后世以此为神圣罗马帝国肇始。

[4]此处指1871年，普法战争后德国获胜，德国统一，德皇威廉一世于法国凡尔赛宫即位。

[5]郎巴底，即Langobard，今作“伦巴底人”，为日耳曼人一支，起源于斯堪的纳维亚半岛，后迁徙至意大利中部。

则以教皇之国与挪满族[1]所居之西西利地方称最。外此如威尼斯国[2]、弗罗连国[3]、日挪瓦国[4]皆为民主之国。而贸易特盛时，凡航海贸易多威、日二国之人，常由伊及等国之海口转贩印度及中国之货，运回欧洲出售。至中朝咸丰[5]末年，意地诸民皆欲复合为一国以自强。时其西北国君有名威多以马内利[6]者，素有美誉，为众心之所向服，后威君渐次出兵吞噬诸国，而奄有意国之全土也。

欧人始开有南北美洲地

当前明之世，欧洲之西班亚人始觅获西印度群岛。乃未几，复得今墨西哥与秘鲁等国之地，时其地土人亦有军

---

[1]挪满族，即Norman，今作“诺曼人”，起源于北欧，为维京人的一支，10—11世纪征服法国北部，并使该地成为诺曼底。1066年，诺曼底公爵威廉对英国实行诺曼征服，并建立诺曼底王朝。诺曼人罗杰二世于12世纪初从拜占庭和萨克森人手中夺得西西里岛和亚平宁半岛南部，建立西西里王国。诺曼人实力达到顶峰。诺曼人尚武，一度为教会保护者。

[2]威尼斯国，即Republic of Venice，今作“威尼斯共和国”，是中世纪意大利北部威尼斯人的城邦，以威尼斯为中心，存在于8世纪至1797年，亡于拿破仑入侵，后多次反复，于1866年最终统一到撒丁王国主导的意大利王国。

[3]弗罗连国，即Republic of Florence，今作“佛罗伦萨共和国”，1152年成立，是中世纪意大利中部的城邦国家，但在16世纪曾被美第奇家族统治多年，是为公国。1866年，合并于撒丁王国主导下的意大利。在1871年以前，佛罗伦萨为意大利的首都。

[4]日挪瓦国，即Republic of Genoa，今作“热那亚共和国”，为中世纪意大利西北部城邦国家。在1100年左右开始建城，1805年被拿破仑征服，短暂复国后于1815年被撒丁王国合并。

[5]咸丰，清文宗爱新觉罗·奕詝（1831—1861）年号。

[6]威多以马内利，即维托利奥·伊曼纽二世（Vittorio Immanuel II），1849年，接受父禅，即位为撒丁王国国王，任命加富尔为首相，推行改革，并统一意大利。1861年，成为意大利第一任国王。

械，惟无火器。而西班亚人火器既精，军皆竞进，故能终胜土人，而攘有其地。嗣葡萄亚人随西班亚人至南洲东滨海处之伯拉西勒[1]地方，创立堡埠。继而英人规取北洲之北境，踞为属地；而法人则规取北洲之南境，踞为属地。迨中朝乾隆年间，北洲英地人民皆不愿服役于英，乃自立为民主之国，国号曰美，推华盛顿为第一伯理玺天德[2]，总统美政。至中朝嘉庆年间，西葡二国属地之人民，亦皆照仿美式，纷自立国，而各推一伯理玺天德总统国政也。

俄立国辟土原委

当中国唐宣、懿二宗[3]之世，俄地一人名曰路利革[4]，长于水战。曾应俄众之请，戡定祸乱，因而自王于俄。迨宋太宗、真宗[5]时，希腊教始传入俄境，举国崇奉。南宋末蒙古崛兴，俄国为所残破，故路嗣王[6]降列藩服，与其诸侯王皆服属于蒙古主也。至中国之前明中叶，俄众始将蒙古人尽逐出境，仍立故路王嗣子为主，定都于磨斯瓜城[7]，治律讲武，上下相安。后其嗣王不理政事，万机废弛，终为波兰国人所虏，惟时俄众乃公推一罗马

[1]伯拉西勒，即Brazil，今译“巴西”，南美洲国家。

[2]伯理玺天德，即president，今译“总统”。

[3]唐宣宗，李忱（810—859）；唐懿宗，李漼（833—873）。

[4]路利革，即留里克（Rurik，约830—879），为俄罗斯历史上第一个王朝留里克王朝（862—1598）的开创者。

[5]宋太宗，赵光义（939—998）；宋真宗，赵恒（968—1123）。

[6]路嗣王，即留里克王朝末代君主雅罗斯拉夫二世（1191—1246），蒙古人的傀儡。

[7]磨斯瓜城，即Moscow，今译“莫斯科”，俄罗斯首都。

挪族人名米加勒[1]者为君，方将波兰暨瑞典二国兵众尽逐出境。迨米君孙彼得第一[2]，内则习兵训艺，外则开埠通商，俄日以强。于是始蚕食邻国，西灭波兰，西北攻取瑞典境地，南侵土耳其，东尽收有亚细亚洲极北边土，遂称雄国。近年俄皇为叛人以最毒之药火轰崩，太子亚利第三[3]嗣立，日夜勤忧，惟以安民为务，在位二年方始备礼登极，民情欣戴，可冀为一令德之君也。

欧人航海通商立埠

凡立国之道，贸易愈盛，则技艺愈精，人民愈众，保大丰财，不外乎此。当中国唐宋之世，回人于亚细亚与亚非利加二洲滨海地方及他处，皆立埠通商，兼俾土人习学新艺。迨前明中叶，忽有欧洲人出于回人不意，起而与之争为雄长者，乃今之葡萄亚也。时葡人沿亚非利加洲西滨海诸处，直至印度及南洋群岛[4]，在在立埠通商、讲习新艺，遇有理事回官梗命，即逐出境。而西班亚，则逾越

[1]罗马挪族，即Romanov，今译“罗曼诺夫”，为俄罗斯历史上罗曼诺夫王朝（1605—1917）沙皇姓氏。米加勒，即米哈伊尔·罗马诺夫（1596—1645），罗曼诺夫王朝首位沙皇。

[2]彼得第一，即彼得一世（Peter I，1672—1725），注解见前文。

[3]亚利第三，即亚历山大三世（Alexander III，1845—1894），俄罗斯帝国沙皇，其父亚历山大二世于1881年在圣彼得堡被民意党人炸死后，即位为沙皇。他的统治时期没有战争，是罗曼诺夫王朝最后的辉煌与繁荣时期，他被誉为“和平的缔造者”。

[4]南洋群岛，今作马来群岛。南洋，中国明清时期对今南海周边东南亚海岛地区的称呼，其范围即今马来群岛及周边海域。下文南洋群岛分割是指东印度（今印度尼西亚，马来群岛主要国家）为荷兰殖民地。

美洲，以得有吕宋群岛[1]通商立埠，和兰[2]则分割南洋群岛与印度南之西兰[3]地方，以及非洲之南滨海角处立埠通商。嗣此英法二国之人，皆驾船驶至印度，建立堡埠，置兵守卫。今则印度全地附于英者已几十之九矣。

拿波伦成败始末

历考法人立国以来，其号称善战之人，则推拿波伦为巨擘。当法国改为民主之时，而拿公始得渐操兵柄。后法军屡败奥军于意大利境内，据有意大利北鄙地。时拿公二十八岁，实总其任。嗣复统军驻于伊及与叙里亚[4]二国地，将欲进取印度诸国，不意其战舰为英国战舰沉毁。拿公知难而退，收军返国。于是法众欣戴奉以为主，继又胜奥师于马伦哥城[5]。迨中朝之嘉庆八年[6]，拿公始即帝位。惟时天主教之教皇亲为祝冕。后一年复伐奥，大获全胜，时奥、俄连兵御法，故俄人亦败。又二年复战胜布国[7]后，列国同仇合兵敌法，大破法军。时拿公不复为法众所容，自投于英，英人放之于赤道南一小岛上，六年而死。

---

[1]吕宋群岛，即菲律宾群岛，因吕宋岛是菲律宾群岛最大岛，故称。

[2]和兰，即荷兰（Netherlands），欧洲国家，16至17世纪的海上霸主，有“海上马车夫”之称，后因“英荷战争”失败而霸权衰落。

[3]西兰，即锡兰（Ceylon），南亚岛国斯里兰卡的旧称。

[4]叙里亚，即Syria，今作“叙利亚”，西亚国家之一。

[5]马伦哥城，即Mantova，今作“曼托瓦”，为意大利伦巴底大区曼托瓦省省会。1796年，拿破仑率军在此战败奥地利和撒丁尼亚联军，此战使意大利成为法国附庸国，而奥地利被迫割让比利时给法国。

[6]嘉庆八年，即1804年。

[7]布国，即Prussia，指普鲁士王国。此处所言指1806年，拿破仑打败普、俄、奥、英等国第四次反法同盟。

英人获有奥洲全土

当中朝乾隆年间，英人古革[1]奉命驾船驶至奥大利亚洲[2]，沿洲查视，嗣知其地广且腴，物阜材多。爰即耳目之所闻见，详为图说，返棹回呈于英国君主。于是英众咸争挐舟而往，猎物取材，得利颇厚。嗣复知其地多金矿，去者愈夥。后英国议政院议将减死之犯发往奥洲，以实其地。乃缘民情弗悦，罢而不行。迨中朝道光年，四处赴奥掘金之人较初开矿时众逾十倍，贸易日畅。英人因即其地划分数省，每省皆立有议政院。时英方失北亚美利加之北境属地，而适获有此奥大利亚地，亦足以相补。

英文诸史

凡以英文著史之人，计其间之杰出者甚多。如英人休摩[3]所著《英史》，则叙载清真，兼之雅正。基本[4]所著

[1]古革，即詹姆斯·库克（James Cook，1728—1779），又称“库克船长”，英国皇家海军军官、航海家、测绘师、探险家。他曾三次航行太平洋、印度洋、大西洋进行测绘，航行范围几乎包括全部大洋，向南为澳洲和新西兰的发现者，并对南极洲附近海域进行考察，向北则至北美阿拉斯加和亚洲楚科奇半岛。

[2]奥大利亚洲，即Australia，今作“澳大利亚”，简称“澳洲”。

[3]休摩，即大卫·休谟（David Hume，1711—1776），英国经验主义哲学家、经济学家和历史学家，是苏格兰启蒙运动和西方哲学史上的重要人物之一。他著有《英格兰史》，是英国史学典籍之一。

[4]基本，即爱德华·吉本（Edward Gibbon，1737—1794），英国历史学家，著有《罗马帝国衰亡史》。

《后罗马史》，则器度雍容，亦复华丽。近又有马高来[1]者，其所著之《后英史》则字句警炼，几于突逾前人矣。至于美人则贝斯哥德[2]著有《西班亚初定今墨西哥与秘鲁二国地记》；班哥罗夫[3]著有《美史》；摩德利[4]著有《和兰开国记》，皆能详明通博，不愧作家。兹考摩、班二公所著之史，概于民主之国，三复其政治焉。

---

[1]马高来，即托马斯·麦考利（Thomas B. Macaulay，1800—1859），英国辉格党政治家、历史学家，曾任军务部大臣和财政部主计长等职，著有《英国史》一书。

[2]贝斯哥德，即威廉·H. 普雷斯科特（William Hickling Prescott，1796—1859），十九世纪美国著名历史学家，文中的《西班亚初定今墨西哥与秘鲁二国地记》即其代表作，今译《秘鲁征服史》《墨西哥征服史》。

[3]班哥罗夫，即乔治·班克罗夫特（George Bancroft，1800—1891），美国政治人物、外交官、历史学家，著有《美国史》。

[4]摩德利，即约翰·L. 莫特利（John Lothrop Motley，1814—1877），美国外交家、历史学家，文中的《和兰开国记》（今译《荷兰共和国的兴起》）是其名作。

卷七　格致

天文

近泰西诸天文家，以时人多误谓大地块然不动，而日月星皆绕地，自东而西，运行于天。至若日月之蚀，彗星之现，即妄意其为示人以灾祥也。故竭力发明地球，恒自向东旋运，每自转一周以成昼夜，绕日一周以成年。而地行轨道适当日月之间，则月蚀；如月行轨道适当日地之间，而日蚀也。彗星计有二类：一绕日，如行星，可测知其嗣逾几多年而复见；一离日，行去则莫知其能复回与否矣，是皆略无关乎人事之吉凶。泰西当中国前明之世，始创有千里镜[1]。惟时各国天文家之知识骤增，如绕诸行星之月有多寡，皆能了然见于目前。近日窥天之器愈精，又有一至精奇器，可窥取日与恒星之诸色象，及其中别有数十道黑线，高下不一，横列于其间。此每一黑线，即其中之一气质显示于人也。天文家之所考所证，日进如此，岂非好学文人所乐而闻之者哉？

[1]千里镜，即望远镜，一般认为是伽利略于1609年发明的。

质学

质学[1]乃论物之质与性，为格致中最要之一学。如论力有摄引力[2]、黏合力[3]，以及性异之物合而为一之力；又有助力诸器，如天平与举重杆皆是也。又论定质[4]，缘何因热而幻为流质、气质，以及物动历时久暂，并物颤而音，分有宫、商、角、徵、羽其所以然之理。又论物之所以有冷、有热、有光、有电之故。此学当教授生徒时所需奇器，如助力诸器，以及寒暑风雨之表，吸水运风之具，皆不一而足。

地学

近日泰西诸国之格致学，要皆精益求精，蒸蒸日上。如考地壳面之土石损益成毁，大胜往昔。缘今地学家考此地壳面土石，以今证古。如即近日火山出火之形状，而究其流液诸质，当上古所成为何类之石层。即近日雨雪水雹之剥蚀，而究其顺河淤下诸质，当上古所成为何类之石层。扩类以求，则上下千万年间，地面所有之诸石层，皆不难明其所自成也。复即沿海诸滩，察其上下，有渐高渐低之别与间，缘地震其土石开裂，或陷或凸，可悟此小大岛洲，其初高出海面，与前诸洲岛复沦于海，亦必如是。

---

[1]质学，此处指物理学。

[2]摄引力，今作“引力”，艾约瑟将“万有引力定律”称为“万物互相摄引”，见艾约瑟“西学启蒙十六种”之《格致质学启蒙》和《辨学启蒙》。

[3]黏合力，即向心力。

[4]定质，即固体。流质，即液体；气质，即气体。

又如诸石层中间现有鸟兽、虫鱼、草木等迹。昔人多相与惊怪，以为天所生成，今经格致家考，知是皆当石初孕时所杂于其中之物，石成而迹不泯，原非奇异，世人亦可自释其疑矣。

动物学

泰西昔人之论动物，共为列作飞、走、虫、鱼四类[1]，理有未惬。今人亦为分四类，则皆即动物质体而言，如狗、虾、蜗牛、海燕是已。凡验此四类，其脑气筋皆与其质体并重。缘动物之闻见、生育、饮食、呼吸均归本于脑气筋也。四类一为有脊骨者[2]，如狗，而人、兽、禽、鱼统括于中，是皆质体多双，左右分列，其脑气筋，率皆极细极繁，上下充盈于首及脊骨之内；一为可节分者[3]，如虾，而蜂、蝇、蝎、虱统括于中，是皆肢分多节，前后联属，其脑气筋率皆作诸小团，始作两行，后则合如一线，而不及第一类者之细繁也；一为柔体者[4]，有有壳、无壳之分，如蜗牛之与蚂蟥，其脑气筋率皆作数小团或数小线；一为有生命而无知识者，如海燕，是更无脑气筋而质体率若轮辐。普天之下，盖无出此四类外之动物。

[1]今作鸟类、两栖类、爬行类和哺乳类。

[2]脊骨者，今作脊椎动物。

[3]可分节者，今作节肢动物。

[4]柔体者，今作软体动物或无脊椎动物。

金石学[1]

金石泥沙等类，均宜依化学家法分试，其或为一原质之所成者，或为几原质相合而成者，外此兼宜悉为何性、何状。昔格致家为之分类，立有多名，如土类[2]、盐类[3]、燃类[4]、金类[5]等，辨今则共分七质：一气质，要惟轻硝，二气居多；一水质；一炭并含有炭之质[6]；一硫磺质[7]；一反酸与土或与某类强水合成之盐质[8]；一土石质[9]；一金质。大地万物，其体皆不出于此七质所合成。而金石家即物体以察其质，皆分有无定棱，与状同罗网或轮辐，以及点点如列星、层层如积纸，并别有如筋、如线、如球、如内肾，如乳头之别。至于诸种光色，亦各有异。如金之光色不同于玻璃珠之光色，不同于丝及金刚石也。

电学

凡物之质，体内莫不皆有电气[10]，而或隐或现，率各

[1]金石学，今作土壤学或矿石学，与考古学中的金石学不相关，下文的金石家犹今日地质学家。

[2]土类，即土壤。

[3]盐类，即盐碱类。

[4]燃类，今作能源类。

[5]金类，即金属类，下文金质与之雷同。

[6]炭并含有炭之质，今作有机物。

[7]硫磺质，今作硫化物。

[8]反酸与土或与某类强水合成之盐质，这类分类今日特别多，主要有硝酸盐、硫酸盐、磷酸盐、碳酸盐、硼酸盐和硅酸盐等几大类。

[9]土石质，即铬酸盐、钼酸盐和钒酸盐等含金属的盐类物质。

[10]电气，今作电流或电。

不同。近中朝乾隆年间，美国人名弗兰革林[1]者，始创立此一学。电气之生，率分多类，有二物相磨而生之电；有二性异金类合化而生之电；有加热于红铜与倭铅等金而生之电；有磁石自生分有南北之电。至于动物体中有内含电气盛者，触物即发，如雷鱼、雷鳝之类，尤为显著。近格致家有言，光、热、电三者，皆缘于一最精之气，摇颤而生，然尚未得其确据。惟考明诸电爆发，星星之火，均同无异，而有人收取雷鱼之电，试得其有能将一水分为轻、养二气[2]之功用。

化学

化学之要，首以详究诸物，内皆有几多原质，并其原质之各分数多寡，以及物与其诸原质之性何若，并诸原质相合相离之性，又皆何若也。是以地壳面上，无论为动、为植、为石、为土，皆为设法依式测验。如水须识其中之热减至何度而成冰，加至何度而成气。当中朝乾隆年间，英人加芬底矢[3]始知有轻气。迨伯理斯理[4]，嗣复查获

---

[1]弗兰革林，即本杰明·富兰克林（Benjamin Franklin，1706—1790），美国政治家、外交家、发明家、科学家，他因电学的发现和理论成为美国启蒙时代和物理学史上的重要人物，主要发明有避雷针、双目眼镜等，此外对海洋学、气象学也有深刻的研究。

[2]轻、养二气，今作氢气和氧气。

[3]加芬底矢，即亨利·卡文迪许（Henry Cavendish，1731—1810），英国化学家、物理学家，对氢气进行了细致的研究，研究并证实了水并非单质，发现了库伦定理和欧姆定理，将电势应用于电学，精确测量了地球的密度，被誉为牛顿之后英国最伟大的科学家之一。

[4]伯理斯理，即约瑟夫·普利斯特里（Joseph Priestly，1733—1804），英国自然哲学家、化学家、教育家、自由政治理论家和牧师，对气体特别是氧气有过细致的研究，发表著作达150多部。

养、硝[1]、炭强[2]三气，而养气实缘伯公多加热于丹砂[3]，见其气起有异，因而收于器内，详细查验，以告于人。后有法人名曰拉非洩[4]，复创查获养、硝、炭强三气相合成风，而金刚石与炭同质，亦此拉公所创查获者。

天气学[5]

凡风、雨、霜、露、雹、雪、虹、霓，皆为天气幻成之形。天气寒暑，而涨缩疏密及压力增减，均一与其中之硝养诸气无异。计周此地球之天气，其厚有百二十里或百五十里不等。天气动即成风，风亦有溜。若值寒暑有定之处，而是风是溜，亦自有定。至水气结而为云，云逐风飞，为热所致。日光经历空气，遵曲线道下至地面。缘天气上下诸层，有疏有密，日光透过，处处皆有微差。至若日初出与欲没时，其体大而光敛者，乃日体上下界边处之光差不同，所遵曲线愈甚不能平入于人目也。迨午，则其体反小而光明者，乃缘其直入人目，空气较薄，而作曲线少也。每届日暮，野花争艳，黄红紫绿诸色，异样鲜新，是皆日中白光所含有之诸色，缘值光差而现者也。

---

[1]硝，今作氮气。

[2]炭强，即二氧化碳。

[3]丹砂，又称朱砂、辰砂，是汞的硫化物，含汞量高达82.6%，为提炼汞的原材料，在中国古代为道士炼取仙丹的原料。

[4]拉非洩，即安托万·洛朗·德·拉瓦锡（Antoine-Laurent de Lavoisier，1743—1794），法国化学家、生物学家。他使化学从定型转向定量，并对氢和氧进行命名，预测了硅的存在，对元素进行了准确定义，并制定出了第一张有33个元素的化学元素周期表，建立化学公制，统一度量衡，被誉为“近代化学之父”。

[5]天气学，今作气象学。

光学

自奈端查获回光及光差诸理，爰立光学。嗣而藉其光学之功，复更制一至精之千里镜。考千里镜，则当中国前明万历[1]初年，英人与和兰人皆已有用之者，究未悉创始于何人。迨万历三十七年，意大利人加利略[2]闻他国造有千里镜，遂师心自用，创制一具。以铅为筒，筒之本末两端，各置一镜，本端为映大镜[3]，末端为取像镜[4]，使之遥遥相照。加公以此镜，即于是年测得木星环有四月，及土星上有一光带。昔人以光为无质之物，近有英人雍姓[5]言光质为气流，有层波如水，其行极速，无能与之比拟者。诸格致家皆以其言为信。然又有丹国人罗美耳[6]查得光每分时行三千万里，是日光下射八分时，即至此地球面上。

---

[1]万历，明神宗朱翊钧（1563—1620）年号，下文万历三十七年即1609年。

[2]加利略，即伽利略·伽利莱（Galileo Galilei，1564—1642），意大利物理学家、天文学家、哲学家、数学家，科学革命的中心人物，他改进了望远镜，加强了对天文的预测；他发现物体在受引力影响下所做的运动为加速运动而非匀速直线运动，当物体不受引力作用之时则为匀速直线运动，并阐述了惯性原理，被誉为“现代天文学之父”“现代物理学之父”和“科学之父”。

[3]映大镜，即放大镜。

[4]取像镜，即反射镜。

[5]雍姓，即托马斯·杨（Thomas Young，1773—1829），亦称“杨氏”，英国科学家、医生、埃及古文字研究专家，对光学、色觉和视差的研究有独特的贡献。

[6]罗美耳，即奥勒·罗默（Ole Romer，1644—1710），丹麦天文学家，首次测定光速者。

重学

当中国秦政之世，希腊人亚奇默德[1]创立重学[2]。缘亚公以一处处停匀之杆，置当其中倚点处。嗣复权取重无少差之二物，分悬于杆之两端，而其相离中倚点处，远近如一，则杆平且静，更不少见有欹动处。重学之理，实推亚公一杆为先著鞭者。时西西利国滨海建都，与邻国构怨相攻，邻国遣兵驾巨舟进逼城下，人皆汹惧。王命亚公制械抵御，亚公乃依重学之法，制大铁钩一具，钩取敌船，举而覆之，由是亚公重学之名大著。迨前明时，意人加利略考得物当由高坠下，历几分时至几多里数，是缘地之吸力[3]所得速率。至于考获两物相撞之理者，为英人瓦利斯[4]。考获时辰钟摆左右动摇之摆线理者，为和兰人海根斯[5]。考获抛物并水与液质流动以及物相摄引力之理者，为英人奈端。

流质重学[6]

创立重学之希腊人亚奇默德，复考流质重学，著有

[1]亚奇默德，即阿基米德（Archimedes，前287—前212），希腊化时代的物理学家、化学家、数学家、工程师和天文学家。阿基米德对物理学和数学影响深远，被视为古希腊杰出的科学家。
[2]重学，今作力学。
[3]地之吸力，今作地球引力。
[4]瓦利斯，即约翰·瓦利斯（John Wallis，1617—1730），英国数学家、物理学家。
[5]海根斯，即克里斯提安·惠更斯（Christiaan Huygens，1629—1695），荷兰物理学家、天文学家和数学家，土卫六、猎户座大星云和土星光环的发现者。
[6]流质重学，今作浮力。

一书。内言如盛水器中，其从各方向来压于各点之力相等时，水必静而不动。迨中国前明崇祯末年，意人多利遮里[1]乃潜究水何以能沿吸水管而上行，因得缘吸水管中风气先经人以法取去，其间水面，既无压力阻碍，而管之四外井水皆有风气下压，管中之水自必有上行不止之势。外此风雨表，亦是多公之所创制。嗣而英人奈端，考究诸他质物，游行于流质内，有何隔阻之理。法人巴斯加勒[2]创制压柜，以一斤之力能起举四百斤之物，其法亦由流质压力各点相等而悟出者。

气质重学

意大利国之弗罗连城，当中国前明崇祯[3]年间，立一格致会，其会中人查有气质缘热加涨之说，继遵是说而创制寒暑表。至中朝顺治[4]之世，英人拜勒与法人马略德，同测获寒暑无变之时，其风气[5]疏密与压力有恒比例。迨康熙末年，泰西人造有水气引水及诸用水气之他器。而物动于风气中皆有何阻碍，其确数则为奈端所查获。嗣又有人查获火药，经燃其内诸气质之体涨，较大于原体三百

[1]多利遮里，即托里拆利（Evangelista Torricelli，1608—1647），意大利物理学家、数学家，为伽利略的学生及助手，水银气压计的发明者，下文风雨表、寒暑表即水银气压计。

[2]巴斯加勒，即布莱士·帕斯卡（Blaise Pascal，1623—1622），法国著名物理学家、数学家、哲学家。此处的水柜，应是指他发明的水压机。

[3]崇祯，明思宗朱由检（1611—1644）年号。

[4]顺治，清世祖爱新觉罗·福临（1638—1661）年号。

[5]风气，即空气。

倍。当乾隆三十四年，英人瓦得[1]始创制以水气运机之器。嘉道之间，复有人查获水气涨力共几何数。今则铁路周通，轮船遍海，耕织之繁多，藉机器以倍其利，可知气质重学，为益非细。

身体学

泰西考究身体一学，分二大类:一曰阿那多米，译言剖截[2]，乃割裂死物肢体，详察其内外筋骨、皮肉、脏腑、经络并脑气筋等质之形状；一曰非西由罗机，译言生物之学[3]，乃论呼吸出入，气血周流，并饮食辅养之所宜。至若阿那多米，又自分三小类:一分究周身之各肢体，如手、足、胸、腹等处，皆为详细解明；一合究周身之或汁、或筋、或骨，如乳汁、胆汁、脆骨、津核与血等类，皆为详细解明。一身有疾病，以上所言之肢体、汁、筋与骨，或有变异于常，皆为详细解明。

较动物体学

动物体学，以人为本，乃医学家之要务。而较动物体一学，乃备查取人身诸体，遇有难解之处，尽可即诸物体而比较之，以征明其理。动物种类数万，皆宜互较其身

[1]瓦得，即詹姆斯·瓦特（James Watt，1736—1819），英国皇家学会院士、发明家兼工程师。他改良了蒸汽机，开启了英国工业革命，其姓氏成为功率国际单位。

[2]阿那多米，即anatomy，艾约瑟译作“剖截”，今作“解剖学”。

[3]非西由罗机，即physiology，艾约瑟译作“生物之学”，今作“生理学”。

体而考定之也。近代有法国人名举非也[1]者，研精此学最著名于泰西诸国，所谓即动物质体为分四类，实此举公所创始。举公详考古石中动物遗迹，与今动物质体之同异，又即是石中遗迹，而常谓造化主之造物，要皆有序。今考最古之石，无物遗迹可见，迨考次于此者，方见有植物遗迹，至动物遗迹之见于石中者较晚于植物。然动物之生，亦自有序，柔体之物，如蜗牛、蚂蟥等类，其生最先；次生爬虫鳞介，如龟、蛇、鱼、鳄等类；又次生飞禽走兽，末乃生人。

身理学

瑞士国人哈勒耳[2]，其生当中朝康熙年间，甚非前诸医士，惟以重、化二学，明人身中之理，爰自创立身理学，以发诸前人所未发。如言生物之生则有，死则无者，其至理有二：一有知觉；一能舒缩，而知觉为脑气筋之所司。舒缩乃肌肉之所职，脑气筋之无舒缩，尤肌肉之无知识也。且生物一体内外，其舒缩久暂，各有不同。如人心左下房，其间肉壁舒缩，历时最久，次则膈膜与肠，至助人行立坐卧之肌，皆上统于脑气筋而退听其命，是以舒缩皆暂而不能久。且血无论行于经络与心，其运力不上统于脑气筋，而常散居于舒缩肌内，故凡生物，虽已沉睡，其

---

[1]举非也，即乔治·居维叶（Georges Cuvier，1769—1832），生于法国蒙特利阿德，近代古生物学和解剖学的创始人，提出了著名的“灾变论”，开启了对古地层化石的研究。

[2]哈勒耳，即阿尔布雷希特·冯·哈勒（Albrecht Von Haller，1708—1777），瑞士著名生理学家，被誉为“近代生理学之父”。

若心、若膈膜舒缩仍自如常。哈公之论如此，是以今日身理一学，考取益精，而要皆以哈公之论为之发端。

植物学

当中国前明中叶，侨寓英京之和兰国人罗贝勒[1]，首创有《草木原委类分》一书。至前明鼎革时，英人格路[2]复创以显微镜，窥分植物枝干内之经络、质体，以及其花之为雄、为雌。迨中朝康熙年间，英人赖氏[3]乃即草木实中之仁双、仁单以及永不著花三类，共成《植物纲目》一书。若瑞典人邻奈[4]，专心动、植、金石等学，皆逐一详为分类。虽引证渊博，实人罕及，而亦多见偏之处，如其论辨植物，惟准草木花中须数多寡以之分类，是大不然。凡植物皆宜即其根、株、皮、干、枝、叶、花、实详考异同，方可为之分类。嗣有法人如秀[5]遵上赖公之说，著《本植物原性纲目》一书，此本植物原性之理，今世

[1]罗贝勒，即罗贝尔（Matthias Lobel，1538—1616），荷兰植物学家。

[2]格路，即罗伯特·胡克（Robert Hooke，1635—1703），英国物理学家、博物学家、发明家。胡克定律的发现者，显微镜、望远镜和真空泵的发明者。

[3]赖氏，即约翰·雷（John Ray，1627—1705），英国博物学家，发表了大量动物学、植物学和自然神学方面的书籍。其著作《植物纲目》（*Historia Plantarum*）一书中的植物分类为现代植物学分类作出了重要贡献。

[4]邻奈，即卡尔·林奈（Karl Linne，1707—1778），瑞典植物学家、动物学家、医生，瑞典科学院的创始人之一。他奠定了现代生物学分类法二分的基础，被誉为“现代生物学之父”，主要著作有《自然系统》。

[5]如秀，即安托万·罗兰·德·朱西厄（Antoine Laurent de Jussieu，1748—1836），法国植物学家，其主要贡献是将显花植物进行系统的分类，并沿用至今。

盛行，而中多与邻公之言相反。后又有德人哥底[1]素善于诗，常著书言花之有须、有瓣，皆为其叶之所化。始而人莫之信，久乃服其精确。

医学

泰西医学创自伊及，惟多取吐及攻下之剂，且以头、目、牙、腹并不外现之症，分为五科。希腊医学，亦先本师法于伊及。时其国人哀斯古拉伯[2]，以善医名，迨死民多谓其成神，相与出资建祠，而以其子若孙，主司祠事，世世为医。凡人有病至哀公祠内，而其后人即视病者症之重、轻，付以药饵。然平心而论，希腊医士实应推希波拉底[3]为巨擘，希公生当中国春秋末时，其所著遗之书，计七十有二册。今则放失者多。如其《医学箴言》[4]一书，古今为之注释者共一百三十七家。其法针炙兼施，不惜流血。至中国西汉时，亚利散太地方之医士，始创行剖截死人肢体，以便详察。而中国唐宋间，则回教人医学之精，闻于天下。今医家新学之所盛行，盖缘中国前明末时，

[1]哥底，即约翰·沃尔夫冈·歌德（Johann Wolfgang von Goethe，1749—1832），19世纪初德国及欧洲著名作家、诗人。

[2]哀斯古拉伯，即阿斯科勒庇俄斯（Asclepius），希腊神话中的医神，是太阳神阿波罗和塞萨利公主科洛尼斯的儿子。

[3]希波拉底，即希波克拉底（Hippocrates，前460—前370），古希腊医生，被普遍认为是医学史上最杰出的人物之一，他独立发展了医学，使之与巫术、哲学分离，成为独立的学科，被誉为“医学之父”。传为他撰写的“希波克拉底誓词”已成为传统西方医生的入职誓词。

[4]今作“希波克拉底誓言词”。

英人哈斐[1]测得人身血脉，顷刻间皆已周行全体之确据故也。

几何原本学

此学为希腊人所创立，如他利斯[2]与布大哥拉[3]，皆精此学，乃古今人所共推仰。传言布公初求得句股三角形[4]，其体三边分长三尺、四尺、五尺，假向三边以上各立一方，则二小方必与一大方相等。惟时自谓得有神助，遂杀百牛，而献祭焉。嗣是求此学者日众，法愈精微。至耶稣未生之前三百年，有希腊人名曰欧吉利德[5]，所著《几何原本》一书，计分有十五卷，后亡其末二卷。今是书之十四、十五二卷，乃后人所续补也。此书首卷为凡例、为共论、为界说、为三角形；二卷为方；三卷为圆；四卷为圆与各边形内外相切；五卷为比例；以下诸卷各有指归。欲悉其详，原书俱在，是为泰西诸国学徒必读之书。缘无论天文、动植、制造、武备诸学，要皆须此《几何原本》一书，以为之助。

---

[1]哈斐，即威廉·哈维（William Harvey，1578—1657），英国医生，实验心理学的发明人，血液循环系统的发现者。

[2]他利斯，即泰勒斯（约前624—前547），古希腊思想家、科学家。

[3]布大哥拉，即毕达哥拉斯（前580—前500），古希腊数学家、哲学家。

[4]句股三角形，即勾股三角形。

[5]欧吉利德，即欧几里得（Euclid，前325—前265），古希腊著名数学家，被誉为“几何学之父”，所著《几何原本》一书，共十三卷，提出了几何学的五大公设，成为几何学基础。

算学

近泰西笔算，率多以号字志数，其法自左而右，一一横书。十则于一字号末加一〇，百则于一字号末加二〇〇。盈千累万，以次递加，如号字六七，即六十七；二〇即二十；三〇七即三百零七也，此与中国之珠算同理。昔德人雷本尼[1]曾言有入居中朝，北京之传教人与之函论中国之八卦，即中国上古之算数号字。泰西自创有代数，算学大盛，嗣而微分与积分继出，尤极精妙。然入算塾习算之诸生徒，亦皆必兼习经商所需之算术。所可慨者，天下万国，度量衡之长短、多少、轻重，各有不同，算术因之亦各有异，若能万国衷于一是，可免如今算术之繁。

代数学

英人棣么甘[2]，著有《代数》一学，近英之伟烈亚力[3]译以华文，兼作一序，弁于各首。考当中国六朝时，希腊人丢番都[4]以此学名世。而印度人亦多精于此学者。然究未识或希腊，或印度之所创始，惟印度代数实善于希腊。今泰西各国所行之号数字，右行横书，十百千万，号皆同一，是亦创自印度人也。至泰西代数一学，乃天方

[1]雷本尼，同“雷伯尼”，即莱布尼茨（Leibniz）。

[2]棣么甘，即奥古斯都·德摩根（Augustus De Morgan，1806—1871），英国数学家、逻辑学家。

[3]伟烈亚力（Alexander Wylie，1815—1887），英国汉学家，伦敦会来华传教士，1846年抵达中国。他在华三十年间，努力传播西方科学，并向西方介绍中国文化，发表、翻译文章甚多，1877年因年老衰迈，回伦敦定居。

[4]丢番都，即丢番图（Diophantus），古希腊数学家，有“代数之父”的美称。

国[1]人穆罕遍谟撒得[2]，自印度传布欧洲，西人习便，流行至今。迨中国前明嘉靖末，法人肥乙大[3]始创定以字代数，嗣而代数一学，日益精微。凡欲习此学者，须先明加减乘除，方可指示。欲习微分或积分等学者，又须先明此学，以次进求。此学初入中国，名曰借根方，后伟烈氏译华文时，与华士李善兰[4]酌商，因更名之曰代数学。

历学

犹太名博学士概曰拉比[5]，昔犹太国历由拉比考定者，乃本《旧约》书，而上溯创造天地之年，纪为历首。若罗马都城，建于中国周平王十九年[6]，而罗马国人则即以是年，纪为历首。其希腊国俗，每四年群集，赛跑一次，因纪为历，是则始于中国周幽王之六年[7]。至若敬信耶稣之诸国，自中国汉晋以至于今，率皆以耶稣降生之年

[1]天方国，指阿拉伯国家。

[2]穆罕遍谟撒得，即阿布·阿卜杜拉·穆罕默德·伊本·穆萨·花拉子米，通称阿尔-花拉子米（Al-Khwarizmi，约780—约850），阿拉伯帝国阿拔斯王朝时期波斯数学家、天文学家、地理学家，也是“巴格达智慧之家”的学者。他所著的《代数学》是第一本解决一次方程和一元二次方程的系统著作。他与丢番图齐名，被誉为“代数学的创造者”。

[3]肥乙大，即弗朗索瓦·韦达（Franciscus Vieta，1540—1603），是16世纪法国最有影响力的数学家之一，其研究工作为近代代数学的发展奠定了基础。

[4]李善兰（1810—1882），浙江海宁人，清末数学家、中国代数学的先驱，曾独立发明对数微积分，并结合恒等式等方面提出李善兰恒等式，翻译数学著作多部。

[5]拉比，为Rabbi的音译，是犹太人中的知识阶层，意为“老师”，主要责任为帮助人们解答生活之疑惑，或在宗教活动中担任主持。

[6]周平王十九年，即公元前752年。

[7]周幽王，姬宫涅（前？—前771），西周最后一任国君。周幽王六年，即公元前776年。

纪为历首。夫历学之设，原备取便于农民，而有识之士则言，各国纪历无不农商两便，缘登列帐簿，非年、月、日无以别其先后。历学之难，惟在日月行有迟速之不齐，而泰西各国之历，一本节气而不本于月之朔望[1]，如夏至必居于六月之二十一日，冬至必居于十二月之二十一日。计四年仅闰一日。中国则五年有闰月二，似于官禄民租，皆有未甚便者在也。

稽古学[2]

泰西稽古一学，乃即昔人遗迹，以考其时之风俗体制。如中国以鉴别钟鼎、石鼓等类为博古是也。前时稽古之士，惟考希腊与诸罗马，近则人皆殚力竭思，以广稽各国洪荒[3]之世，如犹太地之西南，有古时以色列民出伊及所经之红海。近有法人掘获《旧约》书中所载，昔法老苦役以色列民所筑兰塞[4]一邑之旧基，其间之断石残砖，犹刻有法老名字，依稀可辨。自中朝道光年间，旧罗马地方立有一稽古公会，既而各国诸城多仿行之者。其会每岁定期群集某处，或数十人，或数百人不等。至时中推数人，将其处某某往古遗迹，皆为文句读，俾人听，继乃结伴分觅，乐而忘疲，是学之益，一以使己之识见，日有加增；

[1]朔望，是指月球与地球黄经相同的时刻，即地球、月亮、太阳处于同一条直线上。农历一个月有两天处于这一刻，即初一和十五，其中初一称为朔，十五称为望。

[2]稽古学，今作考古学。

[3]洪荒，混沌、蒙昧的状态，特指远古时代。

[4]兰塞，即阿杜兰城（Adullam），犹太古城，位于耶路撒冷西南36公里处。

一以使古迹流传，不至泯灭。

风俗学[1]

风俗一学，乃近泰西格致家所草创。原以备征诸荒岛穷边，其间土人，更无文字书契，莫识其始者，皆可即其风俗而较定其源流也。此学起于好游之人，或传教之士，深入荒岛，远至穷边，见有人民衣食皆异，兼之言语难通，无缘咨访。似此日记既富，要皆返国印售，格致家取而为之互参慎选，勒部成书，皆各即其婚、食、丧、祭、讳、算、起居，以测定其或为今盛于昔，或为昔盛于今。如算十为盈数，人所习知，乃竟有以七，或五与六为盈数者，然皆宜究其前人有以十为盈数否也。近英人鲁伯格[2]与戴乐耳[3]，皆喜查访，此学大著声称。

[1]风俗学，今作民俗学。

[2]鲁伯格，即约翰·卢博克（John Lubbock，1834—1913），英国考古学家。

[3]戴乐耳，即爱德华·泰勒（Edward B. Tylor，1832—1917），英国著名人类学家。

卷八　经济

富国

当中朝乾隆年间，英人斯米得[1]为苏格兰地方书院中之性理教习，著有一书，内专详论富国之本，甚为时人所称许。盖昔人论富国之原，或言多聚货财，或言广辟土地，而斯公概以为非，而惟以民勤工作为富国之本。其言曰："国俗尚勤，复多机巧，凡有碍于商贾之政，国家皆为铲削无遗。如是必器物坚好，贸易流通，将不求富而自富也。"又言富亦非多金银之谓，凡人生之不可缺者，若能民皆家给户足，是即富国。凡君相率，宜听民自谋生财之道，莫为遏止，而国家利在通商，切不可禁闭口埠以自囿。倘违以上诸言，则其国所受之损，恐非鲜浅。

租赋

国用之出，由于租赋，而其要端有六，皆为君相者所

[1]斯米得，即亚当·斯密（Adam Smith，1723—1790），英国著名经济学家、哲学家，自由经济的提倡者与支持者，强调自由市场、自由贸易和劳动分工。主要著作有《国富论》《道德情操论》。

宜留心也。一、国用分民，贫富取之于民，民宜欣供而不怨。民财要皆资保于国，国宜竭力而无疑；二、应征租赋之数，责完租赋之时，概有定章，俾民遵守，不可月更岁改，以致纷纭；三、责纳租赋，宜择农隙，随到随收，银钱两便；四、富国富民，最患中饱报官，输库经费宜少；五、租税之公，宜先除其本，后乃计其所得之利，百分中定取几分；六、国用惟倚租赋，恐有不足，别自立税征商，亦无不可。然以合于舆情，使民由之而不知之，方为贵也。再凡民日用不可缺之货，宜少征税，如麦，如盐；非民日用不可缺之货，宜多征税，如烟、如酒。

英征麦税始末

昔年英国诸麦皆严禁出口，恐民食之不足也，不禁进口，谓可以平麦价也。嗣后民间机杼日盛，百货兴隆，工匠诸人均获大利。而麦价如常，农多失望，相与群诉于议政院，请严禁他国麦艘进口，庶俾英农自擅其利。惟时议政院允如所请，出示禁麦进口。考三百年前，英议政院有人言，英地麦价昂贵。而利则多见夺于贩麦之商，爰拟章程，诸城人皆自食其地所产之麦，凡未给与准其贩麦执照者，皆不许运出所居城之四境。后又为麦酌定一极昂之价，倘尚未逾此价额，则概不许由他国来之麦艘入口。迨中朝道光十年[1]，议政院又以麦价必俟逾此额，所伤实多，爰定入口麦税十九等，每麦一石，价值银十两。以下例皆税银四两，麦价递增，税银递减。若迨每麦一石价值

[1]道光十年，即1830年；下文道光二十六年，即1846年。

银十八两时，则例仅税银五钱。今则粮商运货进英口岸，无论米麦，更无纳税之说。是盖始于中朝道光之二十六年也。

英征百货税则

当中国前明末时，英之国用不足。议政院建言征收本境所酿梨、麦、苹果诸酒税，民多不悦，意谓此皆土产，又属本境自酿，非运自他境者。比今乃一体征税，是国家显视己国之民与邻国民等。而议政院则有人谓，凡自他国运载进口之酒，例皆征税。而本境民所自酿者，即不征税，亦必不自少减其价，其酒既与进口者同价，则税宜与进口者同征，否则恐业免征于民之他税，乃缘国用不足，势必复征，民仍不得沾国实惠。又有人言，本国征税于酿酒等处，如使吏往征，则恐吏惧有损于国，将禁其业主更用新法，而大有害于业主也。迨中朝道光年间，始除免糖与玻璃、胰皂、砖瓦等税。所征者，惟造麦酒之料，并烧酒与纸而已。后又拟定，无论何人欲贩烟酒等类，计有二十种，皆须预行报明，请有执照，方许开设。每年按其生意赢绌，分别征税。

富民

生民致富其术有四：一曰分工作。各执一艺，心意精专，积久生巧，时省工倍；二曰裕资本。资本既裕，佣人自多，如是则不难分工执艺，兼创应用新巧机器。器灵工精，而货价反廉于旧，其售必速。佣人执器既利，货必易成。货成愈多，佣值必倍。货售既速，佣人愈多；三曰广贸易。远近货物，有无易通。如英国较寒，不宜酿造葡萄酒，故皆购运于法及西班亚等国，而棉布惟英之工精价廉，他国人皆乐于购取；四曰运货宜速，运费宜省。运速费省，货值必平，商易出售，民易收买，商民皆利，国亦易饶。如中国北京，民皆以煤代薪，而煤价昂贵，真可号为乌金。其弊即由如三枚钱之实煤，须七枚钱之运费。

国债

当中国南宋之宝佑五年[1]，意大利地方之据有威尼斯城之某统领，缘构兵希腊，国用不足，因创设银局，贷银于民，押付执照，照内注明每银百两，按年付息银四两，其执照兼听原主转售，此泰西国贷民债付息之始。惟时出贷国债之诸富民，公立一官银号，通行银票，有携轻之便，无平兑之烦，有益无碍，商民赖之。此官银号立逾六百余载，直至中国嘉庆二年[2]，威尼斯国为法人所灭，始行闭歇。若英国官设银局，创始于中朝康熙之三十三年[3]，亦缘国用不足，税弊百端。惟时国贷民银四百八十万两，每百两按年付息八两，局费每年一万二千两，亦由国家措付。官银号备办银票，公出公入，盛行至今。

[1]宝佑，宋理宗赵昀（1205—1264）年号。宝佑五年，即1257年。

[2]嘉庆二年，即1797年。

[3]康熙三十三年，即1694年。

钱制

上古聚货为市，以有易无，金银铜皆为货，一体交易，更无等差。中古始次其贵贱，别为三品，又嫌有轻重真伪之烦，爰分铸制为钱，专备交易，各国钱体多圆面印图样，并或载明铸成之年，皆颁自官例，禁私铸。凡持钱买物，价值大者以金论，次者以银论，末者以铜论。若价值极巨，则论以金银等票。计自中国前明时，泰西人民多赴南、北亚美利加二洲，开采金银，逐年运回欧洲。至中朝道咸[1]年间，复觅获美国金山及奥洲新地[2]，其间金矿尤旺，欧洲亦因之而金愈多。然此上下三百年，而欧洲金银价值，终未见有甚廉之时者，何耶？盖缘金银既富，贸易愈充，业大费多，理无足怪。

河防

防河之道，宜先即河之上游，旁凿湖池，以资蓄泄，而杀其势。如瑞士国南，皆重冈复岭，河水下流异常迅速，而从无淹没之患者，乃缘有五六大湖，分列于冈岭东西与北。若中国长江上下之有洞庭、鄱阳等湖，为之蓄泄，此治河者所宜师也。计法有七人，皆专即旁开湖池，以备水之蓄泄，立论最为擅名于世。至于建筑河堤，固宜坚厚，以备河流冲突，而堤上尤宜使人通行无碍，兼备木桩薪苇，及防堵塞水孔料物。凡相筑岁常漫溢之河堤，其

[1]道咸，即道光、咸丰二年号的合称，时间段为1821年至1861年。

[2]此处所言，即美国加州和澳大利亚于19世纪中期发现金矿而引发的淘金热。

术大抵有二：一逼近河身兴筑，计至水涨及极高度，亦不能逾而止，是乃河岸面狭脚坚处，宜筑之堤也；一远离河身兴筑，以少泄河陡涨猛触之势，是乃河岸面阔脚松处，宜筑之堤也。有治水责者尚慎即此二者，而变通以行之可也。计泰西诸国，其筑堤防河之术，首以德、法、和兰三国为至善。近则美国人之治其米西西比河[1]也，其河道之折曲者数处皆深,通掘其底，使归于直，两岸夹筑坚堤，俾束河身，使窄河流自疾，以较前此治河诸法尤善。是以其国人咸谓以此法治河，实为得要，然考二十年前，英人治大奴比河口，亦以此法。

海防

滨海崖石，其属于华刚[2]等类者，质性皆坚。然海潮时至，巨浪排冲，其崖石亦不免日有损剥。是宜外以坚石筑壁，壁下别砌一状若一靴之曲堤，而计其长逾其高四十倍，似此堤顶，尤宜铺以坚石，兼开有通水之沟，以资捍御。至若一秒时行，迨七丈与踊逾高矶，计上至十五丈之巨涛，则其来水之多，力之猛，皆非人之所能测度。犹幸凡有此巨涛之处，其沿岸上下崖石，质皆坚实。至于岸根石脚，恒苦于退浪剥削。护此之道，宜测其间水力大小，重筑一与下滩漫接之卧堤，可免此患。假使滨海崖石松脆，则别有卫之之法。在若滨海为土，亦可护以土堤，斜

[1]米西西比河，今作“密西西比河”（Mississippi），美国第一大河，世界第四大河。

[2]华岗，今作“花岗岩”（granite），是岩浆在地下深处经冷凝而形成的酸性岩石，质地坚硬细密、抗风化、耐水蚀、耐磨损，但不耐热，为建筑的好材料。

正狭阔，一皆相势兴筑。

法国经济始末

当中朝康熙初年，法之户部大臣哥罗伯耳[1]，有富国以贸易为本之论，故其为政首重保安本国诸商。嗣有医员该斯奈[2]睹其国之民生穷困，赋税无常也。爰论著一书，讽诸当道，欲使永除内地省界之征，且听谷麦贩行本国各地而勿禁。迨其殁后数年，法大臣都耳哥[3]竟除内地省界税额，并罢禁谷麦贩行本国各地之条。考该公所著书内要皆不外乎垦土为生财之本，而以商人经营自肥无益于国，又分国之人民列为三类：一庄头，并治田佣人，所以耕收谷麦；二地主；三工匠及诸仆夫之属，所食谷麦皆出于庄头，及诸治田佣人。如果地辟农勤，即地征租，国用自足。时法众皆是其论，故有履勘地亩之事。今详该公，意在重农轻商，欲富其民，而先忽除货物出入口岸之利柄，其失显然易见。迨中朝嘉庆时，法人赛者弼[4]本英人斯米得所著之书，言贸易随时盈缩之故，其论一畅，而该氏之学中衰。

---

[1]哥罗伯耳，即让-巴普蒂斯特·柯尔贝尔（法语：Jean-Baptiste Colbert，1619—1683），法国政治家，路易十四时期法国财政大臣和海军军务大臣。

[2]该斯奈，即弗朗斯瓦·魁奈（François Quesnay，1694—1683），法国重农学派创始人与代表人物。

[3]都耳哥，即安·罗伯特·雅克·杜尔哥（Anne Robert Jacques Turgot，1727—1781），法国经济学家、重农学派重要代表人物之一。

[4]赛者弼，即让·巴蒂斯特·萨伊（Jean-Baptiste Say，1767—1832），法国经济学家、古典自由主义者。

意国经济始末

考意大利人，当中朝康雍[1]之际，其以经济素裕自命者，所论皆同于法。即中一人名曰非利[2]，常论米兰一城，计曾属西班亚辖理者二百年。惟时市井率多凋弊，盖缘西班亚人立法未善，而条例多偏也。嗣非公自著一书，内极言谷麦贩行各地不税之便。嗣有名法斯哥[3]者著有一书，以究论如何可免国有乞丐。后又有加拉角利[4]著书，言西西利一岛，昔素号称腴壤。当罗马立国时，此岛固有罗马老仓之目，今所出竟不敷本地之民食也，何故？欲救其敝，宜以除谷麦贩行本境各地之禁为首。至于并准载运出口与否，是在执政诸人随时酌办。若近日意人觉亚[5]，则言国家宜修治路途，以便行旅；分立法司，以省讼费；创建大公书院，多集书史，纵人入览勿禁，以及博物、植、医诸学皆须加意整顿，嘉惠学者。

筑路

昔罗马人所筑之路，及今越二千年，尚有数处如常

[1]康雍，即清朝康熙帝和雍正帝年号的合称，时间自1662年至1735年。

[2]非利，即佩德罗•韦里（Pietro Verri，1728—1797），意大利政治经济学家、报人兼政府官员，著有文史、经济作品多种。

[3]法斯哥，即乔•巴•瓦斯科（Giovanni Battista Vasco，1733—1796），意大利经济学家。

[4]加拉角利，即乔•里•卡尔列（Gian Rinaldo Carli，1720—1795），意大利经济学家、历史学家。

[5]觉亚，即梅尔基奥雷•乔亚（Melchiorre Gioja，1767—1829），意大利哲学家、政治经济学家。

完好，通行无碍，则当时工作之坚美可知。兹考其路，率铺以石，相接处无论圆方，多皆恰合无缝。间有微缝，则填以灰石，而下又先以碎石及缺砖破瓦诸物，筑入地内为基。路皆中高，人行于上，而车马则皆旁行于下。至今泰西诸国所筑之路，率多平直，皆约高出于两旁平地，其路每计至十丈，面斜足尺，即可备诸雨水下流。若十丈之路，而斜面已至三十五尺者，尚无碍于车马通行，过此则多有不宜者矣。此路下皆平铺碎石为基，乃复以人力敲击，俾无重及六两之石块，排覆于上，一任车压马踏。中微高而旁皆渐下，以便雨水流赴于沟，大凡其路之两旁皆有通沟故也。

船制

昔希腊罗马之人创制舟舰，率皆两旁置桨荡运。当中国前明，法与西班牙之船，尚有以桨荡运者。如隆庆[1]时，威尼斯与土耳其构兵，其战舰皆以桨荡运。万历之际，英国共计有篷行战舰四十二只。嗣而英、法、和兰三国皆搜觅新法，改制战舰，更相夸耀。每值有争战，凡遇掠获敌人巧式船只，即行运回本国，转俾工匠使之依式仿制。迨中朝乾隆末年，英京伦敦立有制船新论公会，其会例如有能独连巧思，著一制船新论，而微妙高出于众者，则酬以奖赏若干。嗣此船制之精，日胜一日。及至咸丰末年，伦敦又创设一会，凡善论重学及制船法者，均多喜入此会。而每岁择其论之尤善者发印出售。惟时又有瑞典人

[1]隆庆，明穆宗朱载垕（1537—1572）年号。

扎波瞒[1]，著一《制船新论》，大获声誉。

火车铁路

凡营造火车铁路，较马车路所费实多。缘地面高下不一，有须绕行之处，而火车迅速，势难旁转，故必铲高填下穴山、桥沟，以及建驻火车公所之处。即其中之穴山一役，尤非易易，如势不获已[2]，必先遣素善地学之人，往察其间之石层何若，泉脉何若，然后量山计工，刻日兴作。而穴道中常苦黑暗与湿，故又必向上多穿露天直穴，取明通风，然终于传达电线多有阻碍，是以遇高不至八丈之山，则穴之不若分之之为便也。当其开凿之际，凡所应运填山外凹处之砂石，如其程远仅十丈，运以步车；远逾十丈，运以马车；远逾一里，则将备修火车路之铁轨条，暂假旁置以引运之。凡砂石经人开凿，运填他处，其体加涨约较大于其原体四分之一，而新路之上下两旁，务宜多开泄水之沟，最为紧要。考泰西铁轨一法，创始于中朝康熙年间。以木为胎，上直铺钉平厚铁片，而方向无定。人多患其不便，后乃改为近日所用车轮旁倚铁轨法。

户口

昔罗马稽民户口之法例，使其人详书己之年岁外，并

[1]扎波瞒，即弗雷德里克·亨利·查普曼（Fredrik Henrik af Chapman，1721—1808），瑞典造船家、科学家与海军军官。

[2]势不获已，意指为形式所迫，不得不如此。

其妻子奴仆之名及各若干岁，财产计有多寡，皆登列纤细无遗，末作誓言，以为无欺之据。倘后查获其中有藏匿隐瞒之实，则尽没其所有，仍笞其人，而官卖之为奴，其立法若是之酷，乃缘国家皆凭其人自书者征税故也。至于近日英国稽民户口之法，每一户付与户口单一纸，亦例使其人详书如上。户口以百分计，合英境之六十一大城中。当中朝嘉庆时，其间居民计约有百分中之二十四分。至咸丰年间，则其间居民已计约有百分中之三十五分也。兹将英民册内之数，匀分有二：一劳力而得食者；一不劳力而得食者。其劳力而得食者，又中分为二：一则如儒、如医、如商、如兵；一则别分五类，每类人数皆在百万上下：一仆婢，二织工，三衣匠，四农夫，五治田、杂作、佣人。无分男女，如工之一道，宜男为者，一千零五十七种；宜女为者，七百四十六种。泰西之法，各国皆至十年即合计民数多寡登册，而如上考较一次也。

卷九　工艺

绘事

泰西绘事始于伊及，当中国商朝之时，伊及人皆盛尚绘事，凡房壁、石棺以及刀剖、蒲片，莫不绘诸动植之物，灿然可观。如欲绘一壁，必先涂以石灰、石膏，嗣方胶和诸色绘画，以免脱落。迨中国春秋末时，希腊人之以绘事擅名者尤多，惟时始获悉，画之有明暗阴阳。故凡所画，无论鬼神、男女，其彩色皆视若高凸于纸之上。至宋元之际，意大利人乃改以油代胶。即其中有一人名曰拉发夜[1]，绘事精妙，冠绝古今。所画则率多新、旧二约书中故事。如绘诸获善报之人，使人望而生羡心也。又为人传真其神貌，无一不逼肖者，加以布景超妙，位置适宜。诸名画家无出其右，今其遗法已遍行欧洲之各国矣。

[1]拉发夜，即拉斐尔·圣齐奥（Raphael Sanzio，1483—1520），意大利画家、建筑师，与达芬奇和米开朗基罗合称为意大利“文艺复兴艺术三杰”。其生卒年在明朝，艾约瑟所述有误。

雕刻石像

考以石雕刻人物诸像，其初盖始于抟蜡，及或以石膏，或以土泥，抟作人像，入火炼之，俾坚如石。昔罗马国俗概喜以蜡肖其若祖若父之像，列奉于中庭。然时伊及国人率以牛、鱼等物为神，已先有以石雕成之诸像，多极精妙。至若希腊国俗，敬信鬼神，而以为鬼神形状，要皆与人无二，故竞觅美石，即中国之号为汉白玉者，雕诸神像奉以祠宇，一若印度人民之以土塑佛与诸菩萨而严奉之也。近泰西诸国刻像之石，皆以意大利之加拉拉[1]地方所产为最美，而像则以希腊人所雕者为极佳。按今泰西各国，其博物院中诸石像，无不推古希腊人所雕为第一，若希腊人非底亚斯[2]，其灵心妙手，今古无匹，尤喜以石雕诸鬼神之像，见者立生敬畏，莫不肃然。惜其著名遗刻，今皆荡无存者，惟英国博物院中，仅有古亚典城之巴底嫩大女神庙[3]壁所嵌石平面上诸像，实为非公手雕。今详察所雕其人之五官、四肢、凸凹、长短、巨细等处，皆与生人无毫发异，则非公之揣摩精到，概可想见。

---

[1]加拉拉，即卡拉拉（Carrara），意大利托斯卡萨大区马萨-卡拉拉省的一个城市，位于佛罗伦萨市西北100公里左右，以产蓝色或白色大理石著名。

[2]非底亚斯，即菲狄亚斯（Phidias，约前480—前430），古希腊画家、雕塑家和建筑师，被公认为伟大的雕塑师，曾雕塑世界七大奇迹之宙斯神像和巴特农神庙的雅典娜女神像。

[3]巴底嫩大女神庙，即巴特农神庙，兴建于公元前5世纪的雅典卫城，是古希腊奉祀雅典娜女神的神庙。它是现存最重要的古希腊建筑物，被公认是多立克柱式发展的顶峰。雕塑更是古希腊艺术的顶点，被视为雅典与古希腊民主政治的象征，是世界著名的文化遗产之一。

营建宫室

欧洲诸国上下数千年以来，营建宫室，其制历代皆多更易。古人穴居于山，仅避风雨，嗣乃渐刻穴之两旁石壁，作诸人物形状以美观瞻，继之又久，人民才识愈益开充，始则土阶茅茨，既而画栋雕梁。考昔希腊人以石制宫室，其闻要皆多列石柱，多镂花纹。故时营建宫室之匠，即此镂穿石柱之人，营建宫室法通于算，而《几何原本》点、线、三角、方圆、诸形之学，创自希腊，是以营建宫室之善，亦首推希腊也。近泰西诸国，营建宫室，其制半遵希腊罗马遗法，门户层层，其上或平或圆，以象洞顶半遵。当中国赵宋时，所建耶稣会堂遗法，则其上撮以象林头。昔当耶稣未降生以前，有罗马人威得路斐[1]，善论营建宫室制度。今其遗书十卷，人犹遵守，奉若指南。

作画要诀

当中国前明正统[2]年间，有意大利国数人，创著作画之书，内言作画，其要须先悉光算二学，庶免差误。凡画作向平面，于若纸若壁之上，欲使其远近高下，秩然不紊，人物位置，各得其宜者，务先求明光学家所言诸物面点，皆有光射作直线入人目中。与算学家言诸物直射光线，皆末合尖角来入人目同理。如人目见一树，乃此树自

[1]威得路斐，即马尔库斯·韦德路威·波利奥（Marcus Virtuvius Pollio，约前80—约前25），古罗马建筑家、作家和工程师。他曾著《建筑十书》献给奥古斯都，书中提到建筑的三要求：持久、有用、美观。

[2]正统，明英宗朱祁镇（1427—1464）年号。

本至末，间杈纵横，其面点皆如其形，射作光锥来入人目。若有二人并立而视，所见物同，而物之光锥来入人目者，更无一同也。如人居暗室，试于壁上向外透穿一孔，窥诸壁外之物，复于己目与壁孔之间隔一玻璃片，而以所见壁外诸物，一一皆描画于此玻璃片上。如能映取无差，可明诸物面点，皆如其形作光锥来入人目之理，是亦皆本于算，详列如左：

一凡人视物，其上下、两端、中间之角大小，率由该物离人近远之度。近则视大，远则视小。

一凡视物愈斜，则其间之角愈小；愈正，则其间之角愈大。

一凡作画，人如欲其间诸物之近远斜正皆得其当，宜合上二则方位，推研精详，方无错误。此论与中国之工笔、界画一法最近，而写意一法，即括于中，神而明之，是在学者。

镌金

《旧约·出伊及记》第二十八章，内有铸兼金为匾，以镌印法镌字于上等语。观此则当中国商朝太庚[1]之时，欧亚二洲界相毗连处，已有镌金之说。观此则知彼等能镌字于兼金，其法为得自伊及，更无疑义。且昔伊及送亡[2]，多有以镌字之兼金器物并殓入石棺者。若希腊人，则以镂画地图于黄铜板上，为其镌金之始，而印度人买卖地土所

[1]太庚，生卒年不详，为商朝第六代王。
[2]送亡，指埋葬死人。

镌之契，亦以黄铜。今英京尚藏有当中国西汉时，印度人买卖地土一黄铜契也。迨中国宋元之际，凡欧洲诸国大会堂内，遇葬一生前名望素著之人，例即将其遗容与其事迹略述并深镌于一黄铜板上，以防践灭，既而当棺平嵌地面。至前明成化间，泰西始创印书籍，而镌金之法一变，爰皆反镌，以便刷印。

创雕木板印诸花样

当中国前明初，雕木板印之法始西流传欧洲诸国。惟时之法国君主首创一玩具，若中国叶子戏，雕木板印以备娱乐。其间色状有二：一为象诸物形，一为数目号志。其数目号志者，名号志叶，计共四付。此戏未久即大行于欧洲全土。盖缘传印既速，为价甚廉之故也。嗣而多有依《新约》书中之诸故事，雕板传印，悬作画图。今欧洲板印之画，其最古者为中国前明永乐[1]时板印《耶稣幼倩人负渡河》[2]一图，原为黏饰书帙内面用者。考泰西诸国，当创雕木板印诸书籍时，其间多杂印有图画。未几，活字板兴，其始以笔画著名者，见雕木板印所出无穷，遂亦投笔捉刀，尤易精妙。因而欧洲板印之艺益隆，如近诸新闻纸，内多间有画图在。

[1]永乐，明成祖朱棣（1360—1424）年号。

[2]此图上绘圣克里斯托弗背着幼小的耶稣渡河。

雕蚀钢石

钢板或雕以刀，或蚀以药，其法一皆如铜，钢质坚，较胜于铜，故板印率多出千百纸而后弊。凡拟刀刻，则宜取用柔质之钢，俟成，可别以法，使其加坚。蚀玻璃法，先向玻璃一面遍涂以蜡，后于蜡上以针挖刺，作诸花样。惟时将硫磺强水倾于其上，复取紫石英精所成之强水，散斟花样间，越二时许倾去，并蜡刮尽，别拭以松香油，则其上之花焕然呈露。若镌刻宝石花样，有凸有凹，在昔希腊、罗马、希伯来诸国盛时，其镌刻宝石花样多凹，缘时富人爱以之饰衣，或指上兼作印记用也。其石如红砂、青碧、紫宝石、黑玛瑙皆是，或以钢制刀锥等器刻之，或以钢末夹有金钢石诸器刻之。而金钢石末，尤宜以油蘸涂刀口为助，刻宝石之用。近则创机，状若旋床，横施刻刀以石附近，为工甚速。其刻刀形式不一，任人临时酌用之也。至若诸石凸刻花样，泰西古今人皆重之。如今奥京非也那[1]与法京巴黎斯二城之博物院中，所存二千年前之凸花石玩甚多。考古人爱以凸花石玩饰酒杯，今意大利人则以红质白章之凸花石玩为最贵。

创雕金质板印诸花样

欧洲雕铜板印之法，约创兴于中国前明正统景泰[2]时，或云始于德邦，或云始于意大利国，均无确据。惟时

---

[1]非也那，即维也纳（Vienna），今奥地利首都，时为奥匈帝国首都。

[2]景泰，明代宗朱祁钰（1428—1457）年号。

金工坊内，有刀镂银板，即其凹处，均填以白银与铅制成之黑色料物，使其色可有明暗之别。似此刀镂银板，工匠多先屡以柔土和水抟泥，择填入银板凹处内，俟燥取下，以便详察美恶，继复熔化硫磺，倾于此泥模面，既而上复加灯煤与油，以辨其明与暗要皆何若。后有意大利人始创上加水湿之纸，木杖滚压以取图样法也。当正统年间，德人始有以黑色料物填入铜板凹处印画之事，时或有德人越入意大利国境内，授以此法。今英京伦敦博物院中，收贮德、意及他诸国之铜板所印图画，极其繁富。

铜板增妙

当中国前明中叶之际，德人都雷[1]精于绘画，以至刻石雕铜，皆能创发前人所未发。至于取用化学家药，以助剥蚀铜面一法，实肇自都公，故其雕铜尤擅今古妙手。和兰人亦多精此艺，其闻著名人林伯兰得[2]，素长于油画，每出一纸，人争购之。嗣而改秉铁笔，雕铜板印，亦复异常生动。至若英国，雕铜板印始于中之清初，然犹须向邻国聘请工匠。至乾隆时，英人始能自行捉刀，而多喜雕作山水等状。不数年，习此之人，艺益精进，堪与邻国并驾

[1]都雷，即阿尔布雷希特·丢勒（Albrecht Dürer，1471—1528），德国文艺复兴时期油画家、版画家、雕塑家即艺术评论家，其著名作品有《骑士、死亡和魔鬼》《圣杰诺米在房间里》等。

[2]林伯兰得，即伦勃朗·哈尔曼松·凡·塞因（Rembrandt Harmenszoon Van Rijn，1606—1669），荷兰画家，其作品题材有人物肖像、风景、宗教、风俗等。他是欧洲17世纪大画家。

齐驱。如和加耳得[1]，伤国人之相尚以奢也，因自作画多张，尽情描写，有伦有次，手镌于铜板上印售，讽世其间人物，神彩无不生动，人竞珍之。

制石印法

石印法，惟先以油质物勾画石面，嗣取化学诸药，重行点染，非如木铜钢诸板之须雕镌也。故取印木板，墨涂于凸，取印铜钢诸板，墨填于凹。至若石印墨则平涂，而石印之石，计诸国所产，以德产之内有灰质者为佳。似此内有灰质石板，皆约厚二三寸许，其石面有磨使正平者，有筛沙于上治使稍粗者。如界划之画，宜藉正平石面印。写意之画，则藉稍粗石面印也。凡石印之画笔料物，有白粉石、有蜡、有胰子、有牛油，有二种树汁，一名舍拉哥[2]，一名马斯底[3]。又有油灰和成其色，以上诸物并入一器中，覆盖严密，向火熬匀，倾于笔形模内，待凉收用。若拟向稍粗石面上作画，即先以此笔布就，亦有以此诸料物制墨挺形。用时研末，蘸以毛笔画者，皆嗣取次等硝强水，复加水和，倾于石面，是与反酸物合而不消化于水中。继又以水和亚拉伯树所出之胶汁，倾向石面，追倾

[1]和加耳得，即威廉•荷加斯（William Hogarth，1697—1764），英国著名画家、版画家、讽刺画家，也是欧洲连环漫画的先驱。

[2]舍拉哥，苏合香脂（storax balsam）的译音。这种香脂产于叙利亚、希腊等地，切开树皮而得。

[3]马斯底，乳香树脂（mastic）的译音。此为产于地中海沿岸漆科植物之树脂。

去时，石面之画，虽涤以水，不少漫灭，盖缘白粉石能不消化于水中故也。印时先以水润石面，而画处间有油质者，则仍燥如旧，当以墨杖向石面滚压之际，惟画处有墨，而四下水润处更无少墨，乃以水湿一纸，平铺于上，移入压画之夹，即成一画。如是滚墨铺纸，压印百千无穷。

乐论

乐本于器，器之音生于颤。泰西常有人将沙匀布于诸玻璃片上，而以机摇诸玻璃片，使之颤动有声，则见其上之沙皆走，聚成各类等势形式，此可征明人之耳闻目睹，皆有相关之处。是以言语韵分高下而成诗，音节声有短长而成乐。乐之品二：一属器奏，一属人歌，二者相逐而发，方致洋洋盈耳之美盛。且天下之感人性情，易人思虑，皆莫乐若者，如挽歌闻而乐者悲，金鼓震而懦者壮也。然与风俗亦有相关相囿之习，此国人闻彼国乐，则不若闻此国乐之易感也远甚。在泰西诸国，其乐之最易感人者，要以追随国主颂祝之乐为首。

乐考

乐之始，不可得考而知。乃昔罗马著名善诗之人卢革来底[1]，言人闻鸟之和鸣而效之，是即歌吟之始。而农夫闻风过芦丛，自成天籁，爰截作管吹以象之，是即笛箫

[1]卢革来底，即卢克莱修（Lucretius，约前99—约前55），古罗马共和国末期诗人和哲学家，著有哲理长诗《物性论》。

之始。若罗马之俄非德[1]则言：上古山林有一女神化身为芦，藉风而吟，闻者莫不流连，乃相与截取此芦，制为乐器。按《旧约》书载有，亚当七世孙犹八[2]，实为鼓琴品箫者祖。若希腊人则言，乐始于伊及，按摩西《出伊及记》，内有先知妇亚伦姐米哩暗，手执鼗等语。凡乐约有二类：一以敬神，一以娱宾。然古人乐歌，人众音一。至中国赵宋时，而高下四等相合之音谱始定。是古人知一音合之佳，至后人知四音合之佳也。鼓风琴者亦遵此理，按诸牙牌择合四音以成乐。泰西乐器首重风琴与非约林[3]，缘风琴乃合高下诸音，乐器之主，非约林为孤音乐器之君也。

圣乐

凡圣乐，有词义明畅，宜作于会堂中，而俾众人合唱者。有曲调弥高，如意大利国所创之俄拉多略[4]，是须谨择数善音家合唱者。当中国前明中叶，有意国弗罗连城人非力乃利[5]，见罗马人民皆崇尚圣乐也，因筹得一策，广聘善诗、善乐诸名家，分拈新旧二约书中故事，制诸乐调，其间有只一人独唱者，有以二人作一唱一和者，有三人轮唱或四人高下其音一时合唱者，如《三友慰约

---

[1]俄非德，即普布利乌斯·奥维修斯·纳索（Publius Ovidius Naso，前43年—公元18或17年），英文世界一般称奥维德（Ovid），古罗马诗人，与维吉尔齐名。他最著名的诗歌是现存15卷的《变形记》，用六步格写成，深刻影响了西方美学和文学。

[2]犹八（Jubal），《旧约》人物，相传为音乐之祖，见《创世记》4章21节。

[3]风琴，今称“管风琴”（organ）。非约林，即小提琴（violin）。

[4]俄拉多略，oratorio（清唱剧）的译音。

[5]非力乃利，即圣菲利普·内里（St. Philip Neri，1515—1595），天主教神学家。

百》[1]、《耶稣降生》[2]，皆其乐目。继复以重币招徕善音与善乐器诸人，集于会堂，按日喧奏。惟时人皆争把金钱卖座入听，未几，此风遍于欧洲。嗣而多另创建乐园，备聚多人列听圣乐，计其中著名之德人韩德勒[3]，后又有海敦[4]与摩杂得[5]以及门得孙[6]三人，皆铮铮有声者。

演剧

演剧排场分有二类：一为一人登台独吟诗，一为数人登台连吟诗也。而数人登台连吟之排场，在泰西诸国，规矩又各不同。如意大利人名此曰俄贝拉[7]。当演时，人皆衣饰种种，登场吟诗，乐音间作，节其高下，三者相辅而

[1]《三友慰约百》，事见《旧约·约伯记》，讲述了上帝和魔鬼打赌以考验义人约伯的信心，约伯的三个朋友前来慰问的故事，其核心主要是阐释义人为何受苦的神义论问题。

[2]《耶稣降生》，故事在《新约》的《马太福音》和《路加福音》均有记载，讲述了耶稣母亲马利亚和父亲约瑟定亲，未及迎娶却受圣灵感孕，天使报讯和牧羊人宣告耶稣降生，三博士朝拜等事迹。

[3]韩德勒，即格尔奥格·弗里德里希·亨德尔（Georg Friedrish Handel，1685—1759），出生于德国，后入籍英国，巴洛克音乐作曲家，创作类型有歌剧、神剧、颂歌、管风琴协奏曲等，代表作为《弥赛亚》《水上音乐》和《皇家烟火》。

[4]海敦，即约瑟夫·海顿（Jesoph Haydn，1732—1809），奥地利作曲家，古典主义音乐的杰出代表，其创作风格幽默、明快，有一种宗教超脱情怀。他被誉为“交响乐之父”“弦乐四重奏之父”，代表作品有《创世记》《四季》。

[5]摩杂得，即沃尔夫冈·阿马德乌斯·莫扎特（Wolfgang Amadeus Mozart，1756—1791），出生于奥地利的萨尔茨堡，古典时期的作曲家及钢琴家，一生创作了600余部交响曲、协奏曲、歌剧和声乐作品，其作品被誉为古典主义音乐的典范，对后世产生了重要影响。

[6]门得孙，即菲利克斯·门德尔松·巴托尔迪（Felix Mendelssohn Barthody，1809—1847），德国犹太裔作曲家，是德国浪漫乐派的代表人物之一，主要作品有歌剧《仲夏夜之梦》等。

[7]俄贝拉，即opera，今译“歌剧”。

行，各有意旨。缘饰能动目，乐可悦耳，诗足警心，合而出之，感人为易。此乃当中国前明万历年间，创自该国之弗罗连城，推原其始，亦由古希腊国之词曲中得来者也，继而渐次遍于欧洲。迨中朝康熙间，此戏始传至英京伦敦，时德京亦盛兴此戏，计其善制此戏诗人约十余辈。近欧洲演俄贝拉诸人分有二派，一各国土人自习出演，一特聘意大利人出演。如果有才技出众者，则无论籍属何国，皆不数年即可致富。

气机

二百年前，有英人曾藉风气压力创制气机。其法乃将一中空筒置于有水釜上，举火于下，使釜中水渐化为气，而中空筒内有一活塞。此活塞上为风气压紧，四周更无微孔容风气入，乃活塞上加有数寸水故也。活塞上复连于一横杆之左端，而该杆中托于倚点上右端，下则别连一立杆。其立杆下连有重物，其重数多寡，一以堪拽上左端之活塞为准。当活塞拽上之时，即启机，俾下釜中水气升入空筒，复即转机，将冷水由水孔转入筒内，水气立复下化为水，其上遗空处风气极少，活塞亦即为上风气压下。时横杆右端处之立杆下，钩有一盛水器，即随立杆而起，其高起尺寸，一准活塞之压下度数。惟时即将水气所化之水，复由出水孔转出。嗣有一司机小儿，嫌此三孔之机启闭犹须多费人心力也，因见上横杆时时起落无爽，爰思得一藉上横杆力，外加小杆二，一立一横，使能自行启闭之法。后瓦得乃因旧法创新式，使水气别化水于一柜内，乃转冷水入柜，而不入筒也。此柜受纳水气，与中空筒之受纳水气时同，筒柜互相连属，故筒中水气化水，亦与柜中之水气化水同时也。如此庶筒中无冷热或偏之弊，则水气化水必速，气机亦必得多数倍力之益也。筒上复加有一盖，其立杆孔穿处，以膏调乱麻，盛一盒内，置近此立杆处，备阻水气，使不得出。而活塞上别有通入水气孔，可代风气，将活塞压下，活塞上连之横杆。遇需工多时，可使加长，酌添立杆二十、三十不等，每一立杆司一工艺，各不相混。斯皆犹百年前之旧式，而今增之新式，益复多多矣。

棉布

上古希腊人名希罗多都者曾言，印度有树能自生毯，土人采取纺织成布、制衣等事。嗣其法渐流布，传至伊及。迨中国赵宋时，意大利人多与印度人贸易相通，故其国亦悉采棉纺织诸工作。然此艺原创自印度，而所成之布仍推印度为精致焉。其时又有回人种棉于西班亚地方，机杼亦盛，惟所成之布极粗，仅堪备船之篷帆用也。后和、比二国，得此工艺于意，而英又得此工艺于和、比二国之人，至是纺织渐盛，几遍欧洲。迨中朝乾隆年间，有英人亚革雷[1]创一新式纺器，以数横杖往来平滚。嗣又有人改为自行机法，以纺线拧杆八枚，继加至八十枚。今则或多至六百枚与一千枚，均无不可，行列架上，机动自旋，只一小儿女旁司续诸断线之事。后人增添器机，愈加灵

[1]亚革雷，即理查德·阿克赖特（Richard Arkwright，1732—1792），英国18世纪棉纺工业发明家与企业家。

妙。至嘉庆初年，英人加得雷德[1]始创制有以机代工织布之器。自此器出，每价值一钱银之棉，可成价值二钱银之布。若非以机代工，布价何能如是廉也？

麻布

上古时伊及国人死，例以细麻布裹尸埋葬。近人往往有掘获于古墓中者，见其布裹层层，依然完好。迨行开视，尸初亦似未朽，肢体备具，而转瞬间即化为灰。考当中国宋仁宗时，今属于英之爱尔兰岛，其人民俗亦尚织细麻布。迨中朝雍正年间，英始创有以机代工织细麻布之器。惟时漂白布法亦较胜前人。细麻布，英语名曰利年[2]，而同时英吉利与苏格兰二地人民，亦大兴织用利年布。泰西治麻之法，不以水沤，一可免抛弃物料，一可免臭气迫人也。今英之利兹城织细麻布机器局设有多处，大者一房计周广十二亩，以五十柱分擎，房顶上洞开六十六天窗。似此机房，多以妇女司其机事。至于以麻织线法，不同于棉绒与丝，须先湿以水，若湿以热水，则得线愈细。今凡蓬帆、帐幔、棹单、夏衣，多藉赖此利年布而制就之也。

[1]加得雷德，即埃德蒙·卡特莱特（Edmund Cartwright，1743—1823），英国发明家、企业家、牧师，1785年发明动力织布机，标志着纺织技术进入了工业化织造时代。
[2]利年，linen（麻布）的英文音译。

绸缎

当中国春秋末，希腊人常市丝于亚述国[1]，归以织绸。盖惟时巴西国王与其贵宦富商，身皆衣绸。希腊人见而欣羡，故师其法，而欲效服之也。按巴西开国之初，为姬周景王之世，而巴西东界葱岭较近中国，货物易通。是织绸一法，久已由东传入西国。当李唐世有自希腊来中国传景教人，归述中国有养蚕治丝之事于其君茹斯底年[2]，后即承其君命，复来中国购觅蚕种，盛以竹筒携回希京，埋向粪堆中。迨蚕出时，饲以桑叶，选拔希之织工聪俊者，教以缫丝织绸诸法。嗣越六百年，始有意大利人得缫丝织绸诸法于希腊，未几复传至西班亚及法国。今泰西绸缎，首以法人所织为最善。若以丝织为绒，则较诸绸缎价昂数倍，亦有以丝与羊绒合织者，惟起花作绉诸锦纱。今泰西所出，尚有数种未及中国精妙。

织呢

织绒为衣，其风最古，至以板压绒成毡，在昔人亦应

[1]亚述国，由亚述人建立，兴起于两河流域，从公元前3000年末开始，亚述已形成以亚述城为中心的国家，经历早期亚述和中期亚述，到公元前8世纪的新亚述时期开始逐步强大，并建立亚述帝国，先后征服小亚细亚中部、叙利亚、黎巴嫩、两河流域和埃及，国都定于尼尼微，公元前612年亡于新巴比伦王国，但亚述民族一直在西亚生存至今。

[2]茹斯底年，即查士丁尼一世（Justinian I，约483—565），东罗马帝国皇帝，统治期间收回大部分被蛮族侵占的罗马帝国故土，编纂《查士丁尼法典》，重建圣索菲亚大教堂，被后世尊称为“查士丁尼大帝”。艾约瑟所述时间有误，查士丁尼在位期间为中国南北朝后期，而非唐朝。

知此法。盖昔人未制有纺具时，乃以手挼成线，其疏绒则以大蓟花[1]头代梳。凡无棉与蚕桑之国，莫不剥皮织绒为衣蔽体。古希腊罗马时，男女率皆衣绒，均取给于其家中妇女之手。后和、比二国人民学织为呢，创运出售。而西班亚亦同时竞尚此技，既而若意、若法皆有以织呢为业者。迨中国赵宋时，和、比二国河决为患，有业织呢之人播迁至英，英嘉其艺，爰复遣人赴和、比地方访聘呢工数人，来英开织。阅元与明，呢出愈倍，考呢须经三十二道手而始成。今英呢成于人工者少，大半皆出于机器也，乱绒初运至织房时，人即其粗细为之详分品第，率十余等。要以西班亚所产为极细，而以英属之一地方所产者为极粗。今计英一国，每年约出银三千万两，购绒一万五千万斤，织呢出售可得价银九千万两，呢工人数约在三十三万人上下。

镕铁

当中国魏晋禅代[2]之际，英地尚属罗马，时有开掘铁矿之事，嗣而再举无闻。直至赵宋朝，英地人民始复有开矿取铁，以钢制诸刀剑及人马被服之甲胄等具。每值征伐，一武职即有一铁匠随从，专司整治攻战器械。惟时所建镕铁之垆[3]，有高至六丈者。其法以铁矿与灰石及水火炭，并纳入于一垆灰石，有制铁矿速镕之能力，其铁矿内之硫磺、砒石诸杂质于未入垆之前，皆先以之入窑火迫使去。而垆外鼓风助火，宜机器不宜水轮。缘有时掘地求

[1]大蓟花，为菊科蓟属多年生草本植物。

[2]魏晋禅代，事在公元263年前后。

[3]原文如此。此处“垆”，或应作“炉”，下同。

水，得否竟难预定，而机器需水无多，可免机驻风停之患。然机中活塞起落，亦时恐有停阻，致鼓入之风不恒，于是垆口处，别以土石砌一空中圆柱形之理风室。当风来入时，缩力甚紧，既归此理风室内，立可散涨如常，庶使入此垆鼓火之风，有恒无变。又有一省煤法，先使风气热至三百度，则垆中火力，冬夏如一。前法，鼓冷风入垆，计以八顿[1]煤方镕成一顿铁。此法，鼓热风入垆，计镕成一顿铁，并先使风热，所用仅只须煤五顿余也。再风如热至极度，自能藉生煤镕铁，更无须借助于水、火、炭。凡气机之鼓风筒，其至大者宽一丈二尺，每一点钟时，烧煤一顿。再当铁初镕时，其由水火炭所得炭质，多少不等，倾模铸器，是谓生铁。若复以法，将其中炭质并养气提净，是谓熟铁，制成铁条。凡拟将之作杆、作丝、作钉、作片等件，均就压机依法压成，无不如意。

黄铜

红铜合于倭铅即成黄铜。当古罗马时，人尚未知炼取倭铅法，惟以炭与红铜并倭铅矿（西语名加拉珉）合入一垆时，倭铅矿所出之倭铅，自与红铜合而成黄铜也。其法先以大块红铜镕汁倾于水中，散凝如绿黄豆粒等形。嗣取倭铅矿即倭炭强盐[2]击碎，合药入火烧炼，待其质失殆将及半，则凡此矿内之水气，与炭强气略已炼净，乃以前镕汁倾水之碎红铜四十五斤、炭末并倭炭强盐末各六十

[1]顿，即今之“吨”，下同。

[2]炭强盐，即碳酸钠。

斤，搀入分倾盛于八瓦器中，别加碎黄铜片四十斤，复镕倾入一石器内，俾成扁式，长五尺半，计可得黄铜一百零八斤。而其他青白诸色之铜，亦如是法，镕倾入于一铁模内，惟准所合入之红铜多寡，成此诸色。近则不复用倭铅矿，而取用倭铅。其制合黄铜斤两，镕汁倾水之碎红铜五十五斤，碎黄铜片五十一斤，倭铅二十四斤，分入四瓦罐内炼之以火，计四斤可得净黄铜二斤八两。

金线

凡制金线，均先以一扁银条锤击使长。嗣裹以金，置炭火中加热抽牵，迨细如毫发时，将之排缠于丝线上，即成金线。其制银裹金加热抽牵诸法，初惟购一银饼，以白色炭火镕化，倾入铁模或红铜模内，俾成一扁条，长二尺、宽二寸。继复向火炙至红热度，击之以锤，待百分加长二十分时，则逐穿向一钢板诸孔内，均以气机抽之，使过此钢板上有十孔或十二孔不等，要皆大小递降。迨银条逐次穿抽已遍，渐自阔减长加，后乃拭净，裹以金页。其金页之大小、厚薄相若，而裹数多寡，即后所成金线贵贱之品第。泰西诸国武员及豪富人衣上盘饰之金线，其初银条皆率滚裹金页，有三十层之多。至运赴印度及中国各口出售者，其初银条滚裹金页不过仅及十层而已。当银条滚裹金页毕时，包以纸，缚以绳，置向炭堆火心处。迨纸绳皆焚，条金均将红热，即以血石[1]排磨，以去微孔风气，

[1]血石，又称“血玉髓”，与玛瑙、玉髓一样，属于隐晶质石英晶体，含有血红色或棕红色斑点，呈半透明或不透明状。

且俾金页银条愈紧贴合，至冷涂以蜂蜡。再向板孔穿牵其板。昔惟以钢制，计银每两可牵长至三百丈。今间有易以穿孔之红宝石者，则每两银竟可牵至三四里长，而细逾毛发矣。虽其细已甚，而以重十二两之物，平加于此悬空，一如毛金丝上，仍无损断之虞也.

葡萄酒

欧洲凡居近地中海之诸国人民，率多以酿制葡萄酒为业。如法人酿制红酒，最为美善。其法当葡萄收熟候，聚集多人去其枝蒂，择美满者别置诸大桶内，每计堆高至十五寸，即浇入烧酒二加伦[1]。如是，迭堆迭浇，迨盈桶时，复以烧酒精四加伦，加浇于上。凡浇加烧酒与烧酒精之多寡，概视其岁收之葡萄美恶为准。如所收恶劣，则烧酒[2]与烧酒精[3]皆宜加多，庶可使之高发起沫；若其岁葡萄不甘，即加以糖，继乃严密封盖，勿俾少透风气。计每桶可得葡萄酒三十顿，或三十六顿不等。然须待至逾月，先以铜机一付，置近桶旁，由上下计至三分之二处，穴视沫已起足与否。如沫足，酒凉且清，则即将之分倾入小桶内。惟时复收取葡萄，则无论美恶，并其枝蒂和入酒渣如常，命工踏之以脚，亦别分置诸桶内，至尚距桶口一尺处

[1]加伦，今作“加仑”（gallon），为英美度量衡中的容量单位。英制1加仑约相当于4.5升；美制干量加仑约为268.8立方英寸，约相当于4.04升，液体加仑为231立方英寸，约相当于3.7854升。

[2]烧酒，东亚传统蒸馏酒的一类，以麴类、酒母为糖化发酵剂，以谷物等糖质或淀粉质为原料，经蒸煮、糖化、发酵、蒸馏和勾兑而成的酒，色透明。主产地有中国、日本和朝鲜，但后两者所产烧酒的度数不及中国高。

[3]烧酒精，即酒精，主要成分为乙醇。

即止，以备流溢。上覆以盖，听其自发起沫。凡葡萄之蒂皮与子，时皆浮上，名曰酒帽。每日二次察视，待至八日或十二日，酒只一凉，立即分倾于小桶内，若少缓，则酒帽与酒底处之恶味必将杂入，少早则沫未全发，必转坏于小桶内也。当此酒倾入小桶，例仅使及小桶三分之二或四分之三即止，再取上所言加有烧酒并烧酒精者，和入斟满，重行封固。复待逾十八月，方可向小桶旁凿孔抽尝，饮毕即严塞之。

玻璃

当中国夏朝[1]时，伊及人例以麻布裹尸埋葬。近时有人掘获，展布阅视间，见近尸处有蓝色玻璃片，兼有裹诸杂色玻璃珠者。迨后汉之际，玻璃皆制出于亚利散太城，而其法渐传于意大利、于法、于西班亚诸国。至前明中叶，英国人民渐次尚制玻璃，届中朝康熙年而大盛。按：以火石砂[2]与反酸物[3]合即成玻璃。凡玻璃之美恶，概准其中反酸物之精粗，火石砂以散铺海滩，不少杂有他质物者为上。近日英产不敷于用，更向奥大利亚[4]地方采取，连船载运回英。反酸物则以木灰精与炭合之强盐为最，制玻璃法以极细胶泥制烧成罐，计高三尺。中盛料物一顿，

[1]夏朝，约前2070年—约前1600年。

[2]火石砂，即燧石，主要成分是二氧化硅。

[3]反酸物，制作玻璃时，除主要成分二氧化硅以外，需加入碳酸钾和碳酸钠，二者均可与酸反应，故艾约瑟所言之反酸物当为二者混合物。下文所言木灰精主要成分即碳酸钾；炭合之强盐即炭强盐。

[4]奥大利亚，即澳大利亚。

下炙以火，待逾两昼夜足二十四时，热力已极，罐中物料，尽融成汁，将其上浮秽物去净。若以制器，要不外于吹、治、铸三法。如制一盛香水瓶，则以长铁管，由彼一端探入泥罐，旁孔内少蘸物料汁，出于一铁板上，辗转卷起，别以铁物少压象颈，插入铁模。人向管之此一端力吹，使之涨满。其内空由于吹力，而外状原本于铁模也。嗣而机动模开，铁管振脱，而瓶形已具。旁复有一人，即将此瓶仍以一热铁杖挑起，向其口颈少复磨治，而一瓶告成，计其始终亦不过仅费半分时耳。

刊印书籍

当中国元世祖[1]时，有威尼斯城商人波罗[2]来华，后返国时带有板印朱字钞票数纸，而传说其印之之法。后越百年，乃有人依式仿制，是欧洲肇有印板之始。初印有叶子戏[3]，并下跋[4]有数语之诸图画，如取新、旧约书中故事作画而下注数语，刊板印传也。未几而以金质物铸成之活字盛行，是盖德国之古典伯[5]与富斯德[6]二人所创制。

[1]元世祖，即孛儿只斤·忽必烈（1215—1294），元朝入主中原后第一任皇帝，1271年定都大都（今北京），1279年灭南宋，统一中国。

[2]波罗，即马可·波罗（Marco Polo，1254—1324），为威尼斯共和国商人、探险家、旅行家，曾随父、叔来到中国，归国后写成《马可·波罗行纪》一书，记录来华见闻。

[3]叶子戏，中国一种古老的博戏，类似于升官图，兼用色子，最早出现于汉代。

[4]跋，一种文体，写于书后，用于对作品的写作进行介绍或评价，又称“后序”，与前言相比，篇幅较小，也较为简单。

[5]古典伯，即约翰内斯·古登堡（Johannes Gutenberg，1398—1468），欧洲发明活字印刷术的第一人。

[6]富斯德，即约翰·福斯特(Johann Fust，1400—1466)，德国印刷商，曾资助古登堡的发明。

计至前明弘治年间，泰西各国大小城内，其以活字印书者共二百余处。初，活字皆诸印书人自铸，嗣乃别有专铸活字之工。近复出有制印书板之新法，乃造诸多钢梃，每梃端反刻一阳文字[1]于上，以法使钢加坚，立排于一红铜板上击印，使下俾铜板面阴字显然，是谓字模。嗣即将此字模入一夹内，其夹外木内钢，顶有一孔，乃镕金质物汁，由此孔倾入，计每一点钟可得活字五百。至其排印，别纳入印书架压夹内。今昔概不同法。考前明时，压夹皆以螺蛳钉旋压，今多改以机旋中空铁杖，来往夹上以压之者。计今旋杖压法，每一点钟可印获万余纸。外此又有一牌印法，乃敛诸活字，一一列排于一牌上，别以石膏镕汁，倾向牌面，待冷取下，再镕金质物汁，倾此石膏字板之上，即可得一金质字板。按上所言之金质物，即铅三合安底摩尼一[2]。

钟表

古人量测昼夜短长，昼看日晷，夜观星月。后刻漏出，则十二时皆准之而定。自中国赵宋末时，意大利地方始有人创制自鸣钟，以代刻漏。至元朝混一之初，英、德、和兰诸国皆出有制自鸣钟之人，而全机运动，均属于其中一式，近天平上横杆之动机，并锯齿等轮。迨前明末，有英人遵前意大利人加利略所言之法，始创加一摆于

[1]阳文字，指表面凸起的文字或图案，多以刀刻、笔堆、模印等方法制成，与之相对则称为“阴文（字）”。

[2]铅三合安底摩尼一，为锌、铅和锑的混合物，为古登堡制作活字所用的材料。安底摩尼，即锑（antimoine）的音译。

自鸣钟内，专司俾其中全机运动之用。嗣乃有人以钢盘条代摆，改制而为时辰表。昔船行者，测日月星之高下，以定南北度数，而常苦东西之度数无法测知。迨制有表出，而行船始有所恃。而英之四境皆滨于海，尤以善诸船事为急务。故中朝道光时，英君主逐年设立赏格，俾制有新式时辰表者皆可呈上，船政局俾正其制之善否。惟时局员将诸表一一排列，日行测对，阅时及久，末推一差分秒最微少者，俾之领此赏项。凡行船每携有二表或四表，共置一匣，时久度差，则以两两较得之均匀数为正。按今瑞士国地方诸制表处，率多以妇女司工，货平价廉。至英京伦敦所制之表，极其精美，欧洲无出其右，计制一时辰表，须经百人手方告成就。

煤气灯

凡燃灯于通衢僻巷之间，所以防倾跌，便行人也。考自希腊罗马以来，燃灯概不出于以柴把及油蜡等物。迨中朝乾隆时，法人始创以空中圆灯炷，插入一铜管内，其妙在于火焰上下皆可通风。未几，有一英人，更创一火燃煤气为灯之法，施用于其家中及写字公所内。至嘉庆年间，复究获引使煤气历石灰水池可除其中杂有之轻气与硫磺诸气。未几，英京伦敦城人民首先仿用，嗣而遍行泰西诸国，按制煤气灯法，或以铁，或以不畏火烧之胶泥，制空中箱七八枚，计各长七尺五寸，阔一尺六寸，内高一尺。每箱受煤一百二十斤，分排置于一大煤火垆上，烧取煤气。当煤气出箱，顺煤气总管历石灰水池，迨其中杂诸秽气净后，始入蓄煤气室内，分通旁各小管，达诸衢巷与官民房室，火燃为灯。至盛于箱内之煤，烧取煤气后所余者，即为水火炭。是则半已助下垆火烧去，尚余之半则可出售于制铁之诸工匠也。

卷十 游览

航海遗闻

昔伊及王尼哥[1]，曾遣人驶船由红海南绕行亚非利加一洲全土。中途行粮垂尽，爰登岸种艺。幸地暖易生易熟，迨收后始复启行。故越三年，该船始逾大西洋入地中海，回至本国，告其王曰：“我辈绕行此洲时，有见日经行，正值船右之处。”即是可为此船人曾至赤道以南之证。

希腊王亚利散大既并有巴西国，进兵抵印度时，先分人乘船顺河出，沿海滨驶回巴比伦。继而亚王自以二千艘载军，顺河抵入海口处，复率以登岸，由陆驰回巴比伦。其先所分乘船而回之人，著有日记，流传至今。内有沿海驶船之际，见日经行，正当船顶，大可骇异，并沿海人畜皆以水族为粮等语。

[1]尼哥，即尼科二世（Necho II），为埃及第二十六王朝法老，前609年至前593年在位。在其支持下，腓尼基水手第一次完成了环绕非洲的航行，并开凿了尼罗河—红海运河。

始亚王攻取巴西，追其国王竟抵葱岭西之巴革底[1]与大宛等国。遂至印度时，其军中有专司日记军行里数，并军过处之地势、民风，颇为详尽，此希腊人至葱岭以西诸国与印度地之始。考其时，乃在中国汉武帝命张骞出使西域之百九十余年前。

多禄某书

当中国西汉桓帝[2]时，有伊及国之亚利散太城人多禄某[3]所著地理书，内有论及中国地势、民风之处，其言则多得自来亚细亚东境，贩诸绸缎，返逾葱岭贸易者之口。再其时，罗马富人皆争出资，招购远方珍奇之物，相与矜夸。是以欧洲商船多由红海或波斯海湾，驶往印度东西海口，并南洋之越南等处，贩运中华、印度货物归售，规取厚利。似此船商，遇至亚利散太城时，多公必过访勤问，俾罄言其所闻所见，爰作《海滨图志》均颇详。确如言某一人驾船，由恒河沿海抵亚细亚南之加底加拉海口，考加底似即中国汉之交趾郡[4]，加拉或时印度呼“城”字之土音也。至于多公所言印度洋南有一海滨，自亚非利加而

[1]巴革底，即巴克特里亚（Bactria），中亚古地名，在阿姆河以南，兴都库什山以北。亚历山大曾征服该地区，后该地建立希腊人王朝，希腊称之为“希腊—巴克特里亚王朝”（前265—前130），中国称之为“大夏”。

[2]汉桓帝，刘志（132—168）。汉桓帝为东汉皇帝，艾约瑟所述有误。

[3]多禄某，即托勒密（Ptolemy，约100—170），是罗马帝国时期的数学家、天文学家、地理学家、占星家，他的学说中最为知名的当是“地心说”。托勒密有三部著作对古代世界影响巨大，分别是《天文学大成》《地理指南》和《占星四书》，艾约瑟下文所言的《海滨图志》即《地理指南》。

[4]交趾郡，为秦代至唐朝中国在今越南北部设立的行政区名。1802年，嘉庆帝赐名越南，沿用至今。

东，至亚细亚南，略转偏北，即抵交趾，实大错误。盖缘其时，商船仅沿海投埠，不能旷驶海面故也。

回人肇纪来华

当李唐宣宗暨僖宗之世，有二亚拉伯人，一名瓦合白[1]，一名亚不赛得[2]。前后由波斯海湾航海来华，皆著有日记。如《亚公日记》内言，来华抵干富城，见其水陆辐辏，贸易流通，四外流寓之人甚多。当该城为敌人攻陷时，其间亚拉伯、犹太、巴西、耶稣教四项人众已死及十二万之多。昔泰西人著记中华风物之书，计自东汉下迨元代，除《多禄某书》外，惟此《亚公日记》，颇称详尽。干富城，有言即今之广州者，有言即今杭州之澉浦镇[3]者。

波罗来华纪游

当元世祖朝，有意大利之威尼斯城商人波罗[4]，同其一弟携诸宝石，先驾船至希腊京都，由黑海行抵俄罗斯境界口岸，舍舟登陆，至弗罗加河[5]边城内，售于元成吉

[1]瓦合白，今作伊本·瓦哈卜（Ibn Wahab），可能在815年来过中国。

[2]亚不赛得，即Abu Zaid Hassan，今译阿布·塞文德·哈桑，下文所述之《亚公日记》即为《印度中国纪程》。

[3]澉蒲镇，位于今浙江省海宁县南，东南临杭州湾。

[4]波罗，即尼可拉·波罗（Niccolò Polo，1230—1294），威尼斯商人和探险家，马可·波罗的父亲。

[5]弗罗加河，即伏尔加河（Volga River），长约3692千米，为欧洲最长河流，发源于莫斯科附近丘陵地带，注入里海。

思罕[1]所分封嗣王处，获利甚厚，嗣偕其弟又沿行里海北滨，至薄哈拉[2]地方，习土耳其人语。时遇成吉思罕孙波斯王胡拉古有[3]遣赴上都，奉书于世祖之使，波罗兄弟乃与使偕行，至元二年抵上都[4]，入觐世祖，颇蒙优待。后世祖命其兄弟回国，往见罗马教皇，请巧匠百人偕来上都，以便使国人习其技艺。波罗与弟于至元六年[5]始返至故乡，计其离家出游十九年矣，有波罗去后遗生一子，名曰马哥[6]，始识若父与若叔父焉。惟时教皇告殂，请匠一举只可暂为罢论。波罗乃复与弟并子马哥遵路东回。至元十二年，三人偕抵上都，入见世祖复命。时世祖极赏识马哥聪俊，后即常俾衔命出使江南北及印度等处地方。迨拟嫔主于波斯王时，择奉主同行之臣。马哥与其父若叔，实皆厕选中。爰由闽[7]之泉州登舟驶越印度，抵波斯海湾。闻波斯王已薨，复得世祖凶问，马哥乃与其父叔定议，辞主西归故土。元贞元年[8]始抵威尼斯城，马哥生平游历著有成书，初出时，人争购，率以先睹为快。故其书译有

[1]成吉思罕，即成吉思汗（1162—1227），全名为孛儿只斤·铁木真，政治家、军事家，属蒙古乞颜部。1206年，他统一蒙古各部后，建立蒙古国，被群臣上尊号为“成吉思汗”，成为大蒙古国皇帝。

[2]薄哈拉，即布哈拉（Bukhara），中亚古城，今属乌兹别克斯坦。

[3]波斯王胡拉古有，即伊儿汗国第二任君主阿八哈（1234—1284，1265—1284在位）。

[4]上都，或称“上都升平府”，位于今内蒙古自治区锡林郭勒盟正蓝旗境内。元世祖即位以前，于1256年，命刘秉忠建王府于此。1260年，忽必烈于上都继位，定都北京后，以上都为陪都，做避暑行宫。

[5]至元，元世祖忽必烈年号。至元六年，即1269年。

[6]马哥，指马可·波罗（Marco Polo），亦即卷九“刊印书籍”一节中提到的“波罗”。

[7]闽，福建省的简称。

[8]元贞，元成宗孛儿只斤·铁穆耳（1265—1307）年号。元贞元年，即1295年。

法、德、意三国之言语文字，以便欧洲人披阅，今犹有多人称道之者。

欧人西觅新地

欧洲诸国往来贸易于印度，常苦阻有红海岸之陆地，多费周折也。缘思必有他向水程，可直达印度而无碍。迨中国前明宏治五年，有意大利人哥伦布，获西班亚君赠以小板船三只之助，向西驶游，先得至西印度群岛。后六年复驶船游抵南亚美利加地方。时有英船已前其一年至北亚美利加矣。又三载，葡萄亚人觅有伯拉西勒之地。嗣而今墨西哥并秘鲁二国地，亦为西班亚人觅获。时此二国地方之土人，亦具有文字条教，兼能械斗，惟无火器，遂为西班亚人所制伏。嗣又有法君所遣派船只，沿北亚美利加洲边境查视，计滨海周共二千余里，绘图复命。爰择加那达[1]地方之老伦斯河[2]口，立埠经商。惟时凡附近墨西哥与秘鲁南北滨海处，多为西班亚人攘归己有也。

游觅直北来华水程

考葡萄亚人抵印度后，未几即得通至中国口岸。惟时欧洲诸人知哥伦布直西逾大西洋，而得至亚美利加地也。葡萄亚人复直东绕亚非利加南，而得至印度也。爰意若有

[1]加那达，即加拿大（Canada）。

[2]老伦斯河，即圣劳伦斯河（Saint Lawrence River），北美河流，上游部分为美加两国界河，下游全在加拿大境内，发源于北美五大湖，注入圣劳伦斯湾，流经区域为美加两国的工业中心。

人驾舟西北行绕亚美利加之北，或东北行绕亚细亚之北，必可觅获竟抵印度及中国之水程。缘此当三百年前，英京富商时时遣使驶船游觅，计前后六十年，凡所沿行滨海之处，集绘成图，航海一学，虽日精进，如北地所产之兽皮鱼油等货，皆缘此通盛。而北抵印度及中国之水程，终未觅获。迨中朝嘉庆末，英君主复遣使西北，游觅数载，空劳往返。后至道光二十五[1]年，英又遣弗兰革林[2]向西北游觅，乃往而不返，音问杳然。继英美二国皆数遣人航海跟寻，先皆莫得所在，后乃觅获其已死之遗迹，此遣寻弗兰革林之人竟可为觅获西北行抵中国之水程者也。其东北行抵中国之水程，直至光绪七年[3]，始为瑞典人所觅获。

古革东游

英人古革[4]生于中朝之雍正六年[5]，初为煤船船副，常载煤来往伦敦地方出售，嗣而改助驾驶战船。迨乾隆二十四年[6]，得升战船船主之职，乃将其四年奉察北亚美利加之海滨海面，绘著图说。一时战商诸船，皆奉如绳墨。后英之执政，知其善测算、察辨之学也。命携善天文

[1]道光二十五年，即1845年。

[2]弗兰革林，即约翰·富兰克林爵士(Sir John Franklin，1786—1847)，英国海军军官、北极探险家，他和队员在搜寻西北航道之旅中失踪。

[3]光绪七年，即1881年。

[4]古革，即詹姆斯·库克 (James Cook，1728—1779)，英国皇家海军军官、航海家、探险家。他曾经三度奉命出海前往太平洋，带领船员成为首批登陆澳大利亚东岸和夏威夷群岛的欧洲人，创下首次率领欧洲船只环绕新西兰航行的纪录。

[5]雍正六年，即1728年。

[6]乾隆二十四年，即1759年。

学人赴太平洋测金星过日[1]之事，兼谕以事后，即可放船南行游觅近南极之新地。故古革驾船驶逾东洋群岛[2]，转而南行，得觅获纽西兰岛[3]。越时六月，始得沿行岛滨一周，按此岛当一百三十年前，有和兰人得至其地，归以告人，皆以是必一大洲之肢角。时古革复转船北驶，抵奥大利亚海滨，沿行六千里后，至葛留巴岛[4]旁岸修船，始复驶行，归英复命。计其出游，已四阅寒暑矣。逾年，古革复率二艘东驶，抵太平洋，将多类堪为人用之牲畜，散放于诸岛间。嗣乃北行，待至亚美利加西之北经纬六十五度处，转而东驶，以游觅直达大西洋之水程。当其北行，经见散多威知群岛[5]，嗣沿海滨至贝令海峡[6]处，测知亚细亚与亚美利加二洲相离，水程仅一百二十里。复少转东北行，前遇冰阻，乃返至散多威知群岛少住，不意该岛土人肆暴，而古革竟为所戕，惜哉！后经其副率船回英，备言古革惨死状，君主震悼，爰命每岁拨银若干圆，以恤其妻子焉。

[1]金星过日，又称“金星凌日”，一种天文现象，指太阳和地球之间的行星金星像暗斑一样掠过太阳表面，并遮蔽一部分太阳对地面辐射的天文现象。

[2]东洋群岛，今作波利尼西亚群岛，位于太平洋上，大致在经线180度以东和南北纬30度之间，由1000余个小岛组成，群岛面积都十分小，人烟稀少。

[3]纽西兰岛，即新西兰群岛（New Zealand），由南岛和北岛两个大岛及附属岛屿构成，位于南太平洋，澳大利亚东部。

[4]葛留巴岛，即大堡礁（Great Barrier Beef），位于澳大利亚东海岸。1770年，库克船长的“奋进号”船只曾在大堡礁附近的库克顿（Cookdown）进行维修。

[5]散多威知群岛，即夏威夷群岛（Hawaii Islands），库克将其命名为三明治群岛（Sandwich Islands），三明治即“散多威知”。

[6]贝令海峡，今作白令海峡（Bering Strait），是太平洋上的一个海峡，位于俄罗斯楚科奇半岛迭日涅夫角和美国阿拉斯加州威尔士王子角之间，其名来源于丹麦探险家维塔斯·白令。

欧人游览亚非利加全境

当中国前明初，葡萄亚君主之诸子有名显理[1]者，其所受封居之府第，南滨于海，与亚非利加洲相密迩。时显理更无他好，惟以分遣人众驾船游览亚非利加洲之境地为务，逐年渐次南驶，久而弥勤。计显理创行此举四十余年，迨其殁时，所遣人众已南抵仅离赤道八度之处。至成化年间，葡萄亚人始得抵亚非利加尽南土角[2]处。宏治十一年[3]复由亚非利加南驶至印度，时亚非利加之东偏滨海，凡旧为回人立埠通商之处，自赤道南二十三度有奇[4]地方，北转抵红海，俱为葡萄亚人所行遍。至该洲内地，自中朝乾隆年间，始有欧人渐次深入游览。爰有即此著名数人，相继而起，如由该洲西滨海中间，当赤道北四度处入海之奈遮河[5]，为英人巴革[6]所览获。迨咸丰末年，有名利逢斯敦[7]者往南亚非利加东西游览，得知有大湖二，

[1]显理，即恩里克王子（Infant De Henrique，1394—1460），他在葡萄牙南部的萨格里什建立航海学校、天文台、港口及船厂，为葡萄牙进行地理大发现的航海活动、成为海上霸主奠定了基础。

[2]土角，即好望角（Cape of Good Hope），位于南非西海岸。1488年，迪亚士发现好望角。

[3]宏治十一年，当为“弘治十一年”，即1498年。是年，达伽马经非洲好望角航行至印度，发现除陆路外到达印度的海上航线。

[4]有奇，即有余、零头。

[5]奈遮河，即尼日尔河，为西非最大河流，发源于几内亚南部高原，东北流至马里东部后南折，穿越尼日尔、尼日利亚后，注入几内亚湾。

[6]巴革，即蒙戈·帕克（Mungo Park，1771—1806），英国探险家、医生，以详细考察过尼日尔河流域而知名。

[7]利逢斯敦，即戴维·利文斯顿（David Livingstone，1813—1873），英国探险家、传教士、非洲探险家，维多利亚湖和马拉维湖的发现者。

后又有斯毕革[1]，并哥兰[2]以及贝格[3]三人分觅获非洲内地之三大湖也。

[1]斯毕革，即约翰·斯皮格（John Speke，1827—1864），英国探险家，以发现尼罗河河源为维多利亚湖而闻名。

[2]哥兰，即詹姆斯·格兰特（James Augustus Grant，1827—1892），苏格兰殖民主义者、探险家。1860年应斯皮克之邀，赴东非探险。

[3]贝格，即塞缪尔·怀特·贝克爵士（Sir Samuel White Baker，1821—1893），英国探险家、军官、博物学家。他是到达乌干达与刚果民主共和国之间的艾伯特湖的首位欧洲人，亦曾在尼罗河与中非探险。

《西学考略》导读

吕飞跃

一、《西学考略》作者介绍

《西学考略》一书的作者是丁韪良，英文名为威廉·亚历山大·巴尔森·马丁（William Alexander Parsons Martin），1827年2月10日出生于美国印第安纳州牧师家庭，1848年毕业于印第安纳大学，1850年受美国北长老会派遣来华传教，后取汉文名丁韪良，字冠西。丁韪良从1850年开始直到1916年12月17日在北京去世，前后共在中国生活了62年。其间，除短期离开中国数次外，曾有两次长时间离开中国，一次为1862年至1864年回美国两年；另一次为1880年至1882年，环游日本及欧美诸国，返回中国后，即将此次旅行过程及西方教育体制与发展状况写成《西学考略》，是为此书之由来。

丁韪良自1850年来华后在浙江宁波地区传教10年，其间，努力学习汉语，并专心研究中国典籍，特别是儒家四书五经，成为名副其实的“中国通”。丁韪良是19世纪用拉丁字母拼写中国方言的开拓者之一，到达宁波后，先花费半年时间学习宁波话，然后用拉丁字母拼写宁波方言，并创立音标。此方案旋即被其他传教士所使用，如艾约瑟的语言学研究即用此法。后来，丁韪良又和传教士蓝亨利（Herry Van）合著了《宁波土话初学》，这是最早的宁波话转写罗马拼音的教学文献[1]。丁韪良用拉丁字母拼写汉语，为汉语拼音的发展提供了新路径，对中国近代汉字

[1]沈家国、徐春伟：《清末外国人与宁波话——宁波话罗马字与宁波话教学工具书》，见《浙江档案》，2019年9月。

改革有较大推动作用。1858年，第二次鸦片战争期间，丁韪良担任美国公使列威廉的翻译并参与起草中美《天津条约》。

第二次鸦片战争结束后两年，即1863年，丁韪良移居北京，在传教之余翻译美国人惠顿所著的《万国公法》[1]，该书的翻译是鉴于清政府在进行外交活动时茫然无知，而为适应国际外交的需要，对学习近现代外交惯例或礼节又充满渴望。该书翻译完毕后，为恭亲王奕䜣所赏识，并由总理衙门付梓印刷。在书中，丁韪良创造了许多法律词汇，诸如主权、权利、责任、法院、人民、国体、赔偿、自治、限制、章程、邦国、政治、选举、司法、争端、国会、制宪、领事、利益、管辖等，许多词汇今日已为中国人所熟知。该书出版后的第二年，日本开成书局就把它翻译成日文，且先后在日本印刷出版五次。适值日本明治维新，该书更成为日本学生的教科书。《万国公法》的出版，为清政府融入近代国际社会、抛弃传统的藩邦体系提供了便利，也在后来的外交谈判中为维护国家主权与利益提供了有力保障，并且帮助中国成功地处理了国际纠纷[2]。1869年，丁韪良辞去北长老会的职务，接受英国驻华公使威妥玛和美国驻华公使蒲安臣的推荐，出任京师同文馆总教习。丁韪良对中国的英语教学本土化作出了积极的、开拓性的贡献。在丁韪良的努力下，京师同文馆无论

[1]惠顿，即亨利·惠顿（Herry Wheaton，1785—1848），美国律师、法学家、外交官。他于1836年出版*Elements of the International Law*，即为丁韪良所译的《万国公法》。

[2]洪燕：《同治年间〈万国公法〉在中国的传播和应用》，华东师范大学硕士论文，2006年，第36页。

是在组织管理、教学内容还是在教学方法上，都具有近现代欧美学校的特点，它为近代中国培养了第一批具有双语能力的外交官、翻译和教师。1898年，京师大学堂开学，在李鸿章的推荐下，丁韪良出任西学总教习。1900年，经历义和团运动，他反对义和团的暴力行为。1916年12月17日，丁韪良逝世，葬于北京西直门外的墓地。

丁韪良认为通过教育和引介西方科技，能够促进中国人接受基督教信仰，故而一生在研究中学、介绍西学上竭心尽力，著作译作等身。其主要译著有法律方面的《万国公法》《公法便览》《法国律例》《星轺指掌》等，另外还有介绍中国古代外交惯例的书籍《中国古世公法论略》；天文、物理、化学和科技方面的著作主要有《格物入门》《化学指南》《天道溯源》《性学举隅》《天道合校》等；经济学方面的著作为《富国策》。戊戌变法后到义和团运动期间，丁韪良先后在中国出版了回忆录《花甲记忆》和个人见闻《北京被围目击记》，清末新政时期则出版了对清政府改革的观察一书《中国觉醒》。此外，丁韪良还出版了一些关于中国古代文学的书籍，如《中国的传说与诗歌》《翰林集》等。

二、《西学考略》主旨内容

清光绪六年（1880年）三月二十三日[1]，时任京师同文馆总教习的丁韪良请假归国并作环球旅行。此次旅行，他接受总理衙门王文韶的请求，对日本及欧美各国教育及

[1]丁韪良提到的日期均为阴历，导读中不作改动。

风土人情进行考察[1]。光绪八年（1882年）归国后，他将此次旅行考察所得写成《西学考略》一书，并于次年夏天由总理衙门印刷出版。出版之时，总理衙门官员周家楣、苑棻池和丁韪良自己先后作序。周、苑二人则盛赞该书对西方近现代大学教育、科学技术和风土人情的介绍有“足资考镜，参酌裨益，见诸实用”[2]和“记事之珠，光侔照乘，集狐之腋，多乃成裘”[3]之功。

《西学考略》一书分为两卷，其中，上卷“随路程而略述见闻”，为纪游；下卷“择体要而推论学术”，为教育[4]。

纪游部分主要讲述丁韪良环球航行所经历的国家，介绍这些国家的主要大学、科学家、科学技术、风土人情、自然风光。丁韪良于1880年四月初四自上海登舟，两日后抵达日本，是为上卷之始。在日本，丁韪良先自长崎登岸，后入横滨、东京，并对在日本长崎和神户举办的博览会（时称“衒奇会”）和东京新式大学教育的发展进行重点介绍。由于日本明治维新后引进西方科学技术和教育，在丁韪良的笔下，日本自1853年开关后，各地的对外开放程度远甚于中国，对新式教育和西方科学技术的引进更是不遗余力，科学发展、民生改善、教育发展的状况甚或可与欧美诸国相媲美。

1880年5月15日，丁韪良自东京乘坐轮船离开日本，前往美国，首站为旧金山。当时，旧金山因华工涌入而得

[1]丁韪良：《西学考略》上卷，总理衙门印，1883年版，第1页。
[2]丁韪良：《西学考略·周家楣序》上卷，总理衙门印，1883年版。
[3]丁韪良：《西学考略·苑棻池序》上卷，总理衙门印，1883年版。
[4]丁韪良：《西学考略·自序》上卷，总理衙门印，1883年版。

到开发，但也因华人、白人之间的矛盾导致美国国内屡次兴起排华事件，华人权益有赖《蒲安臣条约》得到一定保护，但最终美国还是于1882年通过了排华法案。丁韪良对此都予以论述，并极力向清政府建议要正确运用国际法，以保护华人权益。紧接着，他乘坐火车沿太平洋铁路回到纽约，与家人团聚并游览周围景致。随后，丁韪良介绍了悬路列车（即城市轨道交通）和爱迪生及其发明、实验室。美国东部大学林立，丁韪良对其介绍更为详备，主要介绍了霍普金斯大学（丁韪良称“杨湖金学院”）、耶鲁大学（雅礼书院）和哈佛大学（哈发书院），而纽约大学（纽约太学）、哥伦比亚大学（哥伦大学）、科特兰师范学校（师学院）和西点军校则是简要提及，并对美国的小学教育状况、青少年犯罪再教育状况进行介绍。丁韪良在美国期间，还参加了美国东方学会议（东土文会）。

10月2日，丁韪良离开美国，前往欧洲。在欧洲，他游历了法国、德国、瑞士、英国和意大利。在法国，丁韪良参观了卢浮宫博物馆和法国天文台，并对卢浮宫中的藏品，尤其是从埃及运至法国的上古文物进行了重点介绍，而在天文台则通过望远镜观察了太阳系诸行星的运转。之后，他看到法国国立工艺学院奖掖科技发展时，更是发出了“始知法国之所以富且强”的感叹[1]。丁韪良拜访法国巴黎诸所大学后，对法国大学的学科设置、在校生学习状况作了详细说明。次年5月，为丁韪良此次旅行第一次前往德国，但他去的地方主要与宗教有关，即参观了科隆大教堂和位于沃尔姆斯的路德雕像，稍后前往瑞士，游览

[1]丁韪良：《西学考略》上卷，总理衙门印，1883年版，第23页。

阿尔卑斯山（丁韪良称“太白山”），并于日内瓦参加了欧洲东方学会议。之后再入德国，参观柏林大学（柏林太学）。8月，由柏林经荷兰前往英国伦敦，随后参观威斯敏斯特大教堂和牛津大学（鄂斯甫太学）。后再入日内瓦参观电机总会，对会中各种新兴工业产品作了详细介绍。又顺带介绍了瑞士永久中立地位的确立过程和当时英美阿拉巴马兵船事件引起的国际纠纷及其解决。10月，由瑞士进入意大利，在佛罗伦萨和罗马逗留，凭吊古罗马历史遗迹，在书中叙述罗马帝国的辉煌历史，并站在基督徒的角度，对古罗马斗兽场上的残忍行径予以抨击。最后，从意大利经地中海、红海、印度洋、南中国海返回中国。

下卷介绍各国教育，计分四章，第一章主要讲述各国教育之异同。丁韪良认为，主要的不同点是在文字方面，而其相同之处甚多：一是因为当时欧美日各国教育体系、教育制度和学科分类均已具备近现代特征；二是西方教育皆起源于古希腊文明。第二章则是分论道学（神学）、法学、医学、工艺、营造（土木工程）、冶矿（采矿冶金）、机器（机械）、农业（农政）、精艺（美术）、船政（船舶制造）、武学（军事）、乡学（初等教育）、女学、聋瞶（聋哑）、师道（师范）等主要学科和对各种工农业、人文社科协会和博览会的介绍。第三章主要介绍西方自然科学起源与发展问题。丁韪良认为除了西方的化学是起源于中国古代的炼丹术之外，其他诸学科均是起源于埃及或巴比伦，后经由古希腊人阐发推广之[1]；对于自然科学的发展问题则主要论述近代天文学大发现、数学几何

[1]丁韪良：《西学考略》下卷，总理衙门印，1883年版，第56、57页。

学、物理学、化学、生物学等学科的发展，进而讨论了它们对人类认识天文、开拓自然及发展民生福祉的帮助。在本章的最后，他还介绍了达尔文的进化论。在本书的最后一章，丁韪良则列举了所游历的各国从幼稚园到大学的在校生人数，意在促使中国人重视教育、引进西方现代教育模式，以求真正的富强之道。

三、《西学考略》特色解读

丁韪良作为晚清京师同文馆的教习，前往欧美日诸国游历，并接受总理衙门官员的委托，考察西方教育、科学技术和风土人情，同时，为了能够使当时的中国人更好地了解西方，他也对西方社会的其他方面进行了简要介绍。他在本书的序言中表明了自己的希冀："中国倘能稍用西术，于科场增格致一门，于省会设格致书院，俾学者得门而入，则文质彬彬，益见隆盛矣。"[1]本书之跋的作者贵荣说丁韪良"最属意者，大小学校之因革，东西文学之隆替，古今风化之异同。钩深致远，制造之精奇；推陈出新，道理之微妙，皆身历其境，实事求是而发为宏论，以冀有裨于我国家"[2]。因此可以说，丁韪良希望通过对西方学术和教育发展情况的介绍，为当时清政府进行教育改革提供范例和指导。综合而论，本书体现出以下几个特点。

[1]丁韪良：《西学考略·自序》上卷，总理衙门印，1883年版。
[2]丁韪良：《西学考略·跋》下卷，总理衙门印，1883年版。

1. 阐释西方科技、教育制度的演变及其与国家富强的关系

丁韪良系统地叙述了西方教育的演变历史。他首先从古希腊、罗马讲起，因为这是西方文明的源头。在希腊、罗马社会中，文学、哲学和法律成为最重要的教育内容。迭至近代，随着天文、地理大发现和商业贸易的发展，自然科学日益受到重视，特别是哥白尼的日心说、牛顿的万有引力定律和达尔文的进化论对西方自然科学的发展影响尤其明显。他认为自然科学在“初不过讨论其理，未尝计及其用。迨后世得气机、电机之力，与夫化学之功，始知富强之术即寓其中。不但学者视为要务，即诸国亦以为学院课程之大宗。盖知贫弱之国，由之可以至于富强；而富强之国，亦可由之而富强倍蓰焉”[1]。他道出了自然科学由理论走向现实的时候对国富民强的关键作用。

近现代以来，虽然各国富强之途皆在重视自然科学的发展和教育，但具体操作不尽一致，丁韪良也予以一一阐释，渴望中国能够有更多的经验可供借鉴。他说“德人性好稽古，而博学之士多于邻邦。……崇尚文教，各设太学，建书库，聘鸿儒，咸以文风隆盛为荣焉。法人不但长于精艺，其兵法亦甲于欧洲。……英人则通商极广，贸易繁盛，人民富庶，属国众多。是以富国策一学始出于英。他国虽亦有论者，要以英国为嚆矢。即以政体治术而论，亦较他国为精详”；而美国“以自强为要务，不但富国兴商，即凡有裨民生而利国家者，莫不次第而措施焉。其诸新机创自美者甚夥，如汽机、行舟、电机、通报，俱在

[1]丁韪良：《西学考略》下卷，总理衙门印，1883年版，第4页。

他国之先”，美国的教育体系更是完备，入学率也居世界前列，“通国之中，凡七岁以上不能读书作字者，不过百分之五六”[1]。环游世界各国时，丁韪良共参观了哈佛大学、耶鲁大学、霍普金斯大学、西点军校、柏林大学、巴黎大学、牛津大学等世界级著名大学，并予以重点介绍。由此，丁韪良基本上呈现了西方教育、科技的全貌，对中国人了解西方并寻找适合自己的富强之路无疑有巨大的助益。

2. 义务教育和学科设置的系统介绍

从1717年起，普鲁士王国开始实行义务教育，到工业革命以后，义务教育相继在欧美日各国得到普及和发展。丁韪良环游各国，又对教育重点考察，义务教育的记录频频出现其书中。他介绍，义务教育的发展“以布国为先导。嘉庆十年，布国被法君破其都城，据其土地，几至灭亡。后有深思之士进言国君，谓以不教民战，是弃之也。然欲振兴军事，必以乡学为始，令民间子弟无不诵读”[2]。后来欧美日诸国均竭力发展义务教育，如日本明治维新后，规定“无论城邑郊野，均以民数多寡，酌设学校以课子弟。此等乡学，国内计有二万四千所”，且计划发展到“五万三千之数，至大书院拟建八座以统之”[3]；又如美国，义务教育更为鼎盛，全国户口才“五千万，入学肄业者已有九千五十万之多。足见文风之盛也”，且识字率已经达到普及的程度，全国仅有“百分之五六”的不识字者。[4]

[1]丁韪良：《西学考略》下卷，总理衙门印，1883年版，第6、7页。
[2]丁韪良：《西学考略》下卷，总理衙门印，1883年版，第39、40页。
[3]丁韪良：《西学考略》上卷，总理衙门印，1883年版，第3、4页。
[4]丁韪良：《西学考略》下卷，总理衙门印，1883年版，第41页。

与义务教育发展相伴随的是教育体系和学科设置的完善。丁韪良在介绍诸国教育体系时说："诸国皆有学校，而立名不同。其要分为五等，曰孺馆，曰蒙馆，曰经馆（或实学馆），曰书院，曰太学。"其分别相当于幼稚园、小学、初中、高中和大学。其中孺馆"专为婴孩而设。四五岁即可入馆，所学不过认习字母，反切字音，记识数目，口授典故而已。并令习于讴歌，藉以正其口音，而悦其心志"，其发展不过数十年的历史；蒙馆"生徒率皆幼穉。馆规较肃，课业加多，除读书作字外，习以地球图说、各国史记以及笔算之初学。所课之书，皆本国今文，与日用语言无异，故识其字即明其义"。[1]而后进入经馆或实学馆，经馆偏重古文，实学则是自然科学等内容，如物理、化学、地理等。之后才可以进入书院和太学，即高中和大学学习，所学内容与今日高中大学基本无异，主要的学科设置有道学（神学）、法学、医学、工艺、营造（土木工程）、冶矿（采矿冶金）、机器（机械）、农业（农政）、精艺（美术）、船政（船舶制造）、武学（军事）、乡学（初等教育）、女学、聋瞆（聋哑）、师道（师范）等专业。在本书的最后，丁韪良又作学校册记一章，详细记述各国各个学习阶段在校学生的人数，明显体现了激励清政府努力革新教育的美好意图。

3. 女性教育、聋哑人教育和师范教育的介绍与引进

在丁韪良所介绍的西方教育的诸学科中，尤为需要详细介绍的是女性教育、聋哑人教育和师范教育。中国古

[1] 丁韪良：《西学考略》下卷，总理衙门印，1883年版，第8、9、10页。

代社会奉行“女子无才便是德”的落后思想，对女性接受教育极端排斥。而在西方，尤其是工业革命以后，妇女解放的潮流一浪高过一浪，女性受教育的权利日益得到保障，丁韪良对此进行了极为详尽的介绍。丁韪良认为“自古各国皆设学以教士，于是蔚为人才。而无设学以教女者，因其责主中馈故也。然既振兴乡学，以为强国之策，则女学不得不议及焉。盖为母者，知读书之有益，必勉其子女，以期有成。况妇为阃内之助，能识字者，自属明理之人。富而多才，固能治家而表率；贫而有识，亦克佐夫以经营”[1]。而女性所学的内容也与男性无异，女性接受教育后，“怀咏絮之奇才，膺探花之旷典，而与士子争荣者有之，雌处雄飞，真堪艳羡”，更有“坤顺不让乾刚矣”[2]。由此可见，虽然丁韪良依旧将妇女教育之功用放在男性话语权之下，但也说明了女性受教育后在子女教育、治家经营上远比不受教育更有利于社会和谐发展和国家强盛。聋哑教育也是近代兴起的专为聋哑人士提供的教育，丁韪良详细介绍了西方对聋哑人的具体教育方法，这对中国人来说尚属第一次。他还全方位介绍了西方师范教育的基本内容、规则和方法，并强调学校教育要促进学生德智体美劳五个方面全面发展。

4. 对日本明治维新的肯定和对质疑者的驳斥

丁韪良自中国出发后，首站即为日本。他曾担任1859年美日贸易谈判的翻译，对日本明治维新前后的发展有更

[1]丁韪良：《西学考略》下卷，总理衙门印，1883年版，第42页。

[2]丁韪良：《西学考略》下卷，总理衙门印，1883年版，第43页。

直接的观感。在日本长崎，他首先看到的是日本的文明开化的程度与对外贸易交往的发展，时在“长崎往返十余国之轮船，岸上列有十余国之领事公署”。日本几乎每个城市都有衒奇会，会上“珍宝罗列，光怪陆离”。在神户，衒奇会是政府组织下的劝工所，鼓励士庶发明创造，并且鼓励发展女红和女学教育，又有绅耆负责监督查验工艺。至于日本的义务教育更是得到普及，全国乡学“计有二万四千所，其专为女课者有数千处焉”，且“拟增至五万三千之数”，而日本大学教育全然效法西方，“屡经遣人游学西方，今则易辙改弦振兴本国学业，新建太学延聘西人以教习之。其生徒计五百余人，皆由众学造诣已精进者拔之以入太学也”[1]。其他诸如医学、土木工程、工艺等专业，日本也是努力与西方接轨，竭力发展。丁韪良记载，到1877年，“日本已有小学两万五千四百所，教习六万，生徒二百一拾万，大学律法格致等科共有生徒七百一十人，医学生徒一千四百余人”，尤其是小学在1875年才有12 600所，短短两年就增加12 800所，发展迅猛，令人咂舌[2]。由是观之，日本已加快西化了。

时有人认为“日人每好更张，其反复无常之心，与厌故喜新之见常贻后悔”，对日本明治维新并不看好。丁韪良认为这样的看法大谬，因为“日本之朝代未易姓氏者已垂二千五百年矣”，且“中国分建之制早已湮没不传，而日本至同治年间尚沿其旧。惟自与泰西通商后，国政民俗始有变易”，由此而论，“日人竟可谓之有恒”。而日本

[1] 丁韪良：《西学考略》上卷，总理衙门印，1883年版，第1、2页。

[2] 丁韪良：《西学考略》下卷，总理衙门印，1883年版，第72页。

之所以进行维新，一则效法中国洋务运动，二则惧怕中国国势强大后对其造成威胁，因为日本知道“中国兴船政修武备在己，若无备敌之具，实恐祸之将临，是日本所惧者不仅在俄之一国也”[1]。丁韪良已经清晰地观察到日本明治维新的原因中有很大一部分是以中国为假想敌而催生的危机感，可惜颟顸的清政府并没有意识到危机的严重性，以中体西用为指导思想呈现蹩足发展的洋务运动并不能抵挡明治维新后已然崛起的日本的强势冲击。

5. 会通中西之间并以中国人熟悉的行文模式书写

丁韪良也在纪年方法上，采用中国所常用的王公年次纪年法和年号纪年法，以助益中国人理解，这一点和艾约瑟类似，兹不赘述。

除纪年方法以外，丁韪良努力汇通中西，如论法兰西学院（Francis Academy）时则直译为阿佳低密，紧接着解释道“其义略如翰林院”[2]，并以中国科举取士与之对比，谓“选拔额缺与中华较异，中华由贡士朝考殿试而定，法国由本院众学士详稽士子平日著作，以判去取。故中华翰林多出于英年秀士，而法国翰林则得之老宿名儒”。如此，对中国人来说，十分陌生的法兰西学术院即为中国人所熟知了。对于科举制，丁韪良更是赞叹有加，认为“中国抡才之典，西国皆艳羡之。近亦渐开考试以拔人才，而为仕途之初步”。如果中国能够“稍用西术，于科场增格致一门，于省会设格致书院，俾学者得门而入，

[1]丁韪良：《西学考略》上卷，总理衙门印，1883年版，第2页。
[2]丁韪良：《西学考略》上卷，总理衙门印，1883年版，第26页。

则文质彬彬，益见隆盛矣”[1]。

为了向中国人介绍西方的民主选举制度，丁韪良特举子产不毁乡校的历史典故。他说英国“论政会（即英国国会），士庶皆得入之。所言明，而不昧，公而不私。虽涉国政得失，并非意存讥刺；纵语近失检实，实鼓舞忠信之情。除俄国禁设此会，余皆以为有益。昔郑人游于乡校，以论执政。鬷蔑请毁乡校，而子产不许。亦此意也”[2]。子产不毁乡校，事见《左传·襄公三十一年》：

> 郑人游于乡校，以论执政。然明谓子产曰：“毁乡校何如？”子产曰：“何为？夫人朝夕退而游焉，以议执政之善否。其所善者，吾则行之；其所恶者，吾则改之。是吾师也，若之何毁之？我闻忠善以损怨，不闻作威以防怨，岂不遽止？然犹防川。大决所犯，伤人必多，吾不克救也；不如小决使道，不如吾闻而药之也。”然明曰：“蔑也今而后知吾子之信可事也。小人实不才，若果行此，其郑国实赖之，岂唯二三臣。”仲尼闻是语也，曰：“以是观之，人谓子产不仁，吾不信也。”[3]

上文所述所举的书中之例在本书中俯拾皆是，的确起到了帮助中国人了解西方的作用。但丁韪良在介绍之时，并没有准确地说出中西之间的不同，不免会使人产生混

[1]丁韪良：《西学考略·序》上卷，总理衙门印，1883年版。
[2]丁韪良：《西学考略·序》下卷，总理衙门印，1883年版，第50页。
[3]杨伯峻：《春秋左传注》，北京：中华书局，1990年，第1192页。

淆。另外，丁韪良与艾约瑟一样，犯了同样的错误，将明孝宗的年号“弘治”写成了“宏治”。

四、《西学考略》一书的历史地位

《西学考略》作为对西方教育介绍较为全面的一本书，同时又受总理衙门官员的委派，自然对京师同文馆的教育理念、方法和学科设置产生了直接的影响。丁韪良在本书中屡次表明对在中国教育中发展自然科学的重视，回到中国后，极力劝说清政府，最终得到光绪皇帝和慈禧太后的同意，在1888年设立了格致馆，一并设立的还有天文观测台和物理实验室[1]。同时，他将西式教育方法引进中国，主要有以下几点：一是把实验纳入教学，注重自然科学的实验方法，学生可以在教习的指导下进行实验；二是注意联系社会实际，务求所学东西归于实用，如他要求医学馆的学生必须有进医院实习的经历，语言学的学生则必须到总理衙门进行翻译的实际训练；三是实行分班分级教学以取代原来的分馆教学，以提升教学的实际效果。

《西学考略》一书对中国教育向近现代化方向的发展起到了明显的推动作用。本书详细记录了各国教育的发展状况，末后又附上各国教育发展的情况和在校人数，尤以日本和美国的发展最为人瞩目，这对中国清末教育的发展刺激作用非常明显。此外，丁韪良还系统地介绍了西方义务教育体系、学科设置、师范教育、聋哑教育和女学

[1] 肖朗：《<西学考略>与中国教育》，《华东师范大学学报（教育科学版）》，1999年第1期，第17页。

教育，大部分对中国人来说尚闻所未闻。清末新政实施的教育改革，先后颁布了壬寅学制和癸卯学制，教育体系即效西方教育体制而设立，规定教育分为蒙学堂、寻常小学堂、高等小学堂、师范学堂或中学堂、仕学堂或高等实业学堂、大学堂等阶段，这无疑受到了本书的影响。梁启超即评论本书“于学校犹详”，并将之列入《西学书目表》中。[1]

五、校注说明

本书的校注，有几点需要说明如下：

1. 本书之校注以光绪癸未年（1883年）总理衙门印制的同文馆聚珍版为原本。

2. 凡本书中出现的外来词汇，包括人名、地名、书名、学派等，为方便读者，皆在文中注解，并在文后附上译名对照表格，助益查阅。但由于本书为丁韪良自己所作，尚未见英文底稿，同时，限于校对者水平，还有少量专有名词依旧没有找到对应词汇，希望读者见谅。

3. 原书没有标点符号，校注时，为方便读者参阅，按照国家标点符号规范要求进行断句，增加标点。

4. 原书采取中国古代帝王世系或年号纪年法，为保持该书原貌并方便读者参阅，在注解中一律以公元纪年进行标明。

5. 原书文中的竖排双行小字夹注，整理后统一用楷体字表示。

---

[1]梁启超：《西学书目表》，《中国文学史研究》，日本岩波书店1967年版，第400页。

西学考略

[美] 丁韪良 著

吕飞跃
肖清和 校注

丁韪良（1827—1916）

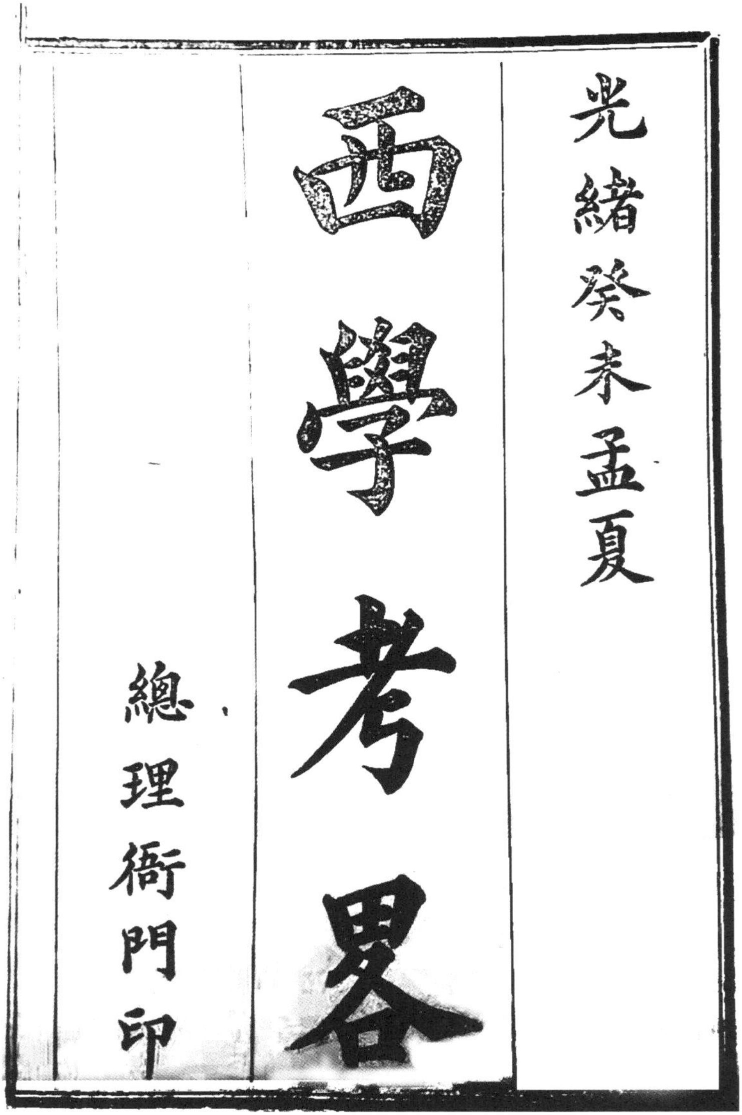

光緒癸未孟夏

西學考畧

總理衙門印

《西学考略》扉页书影

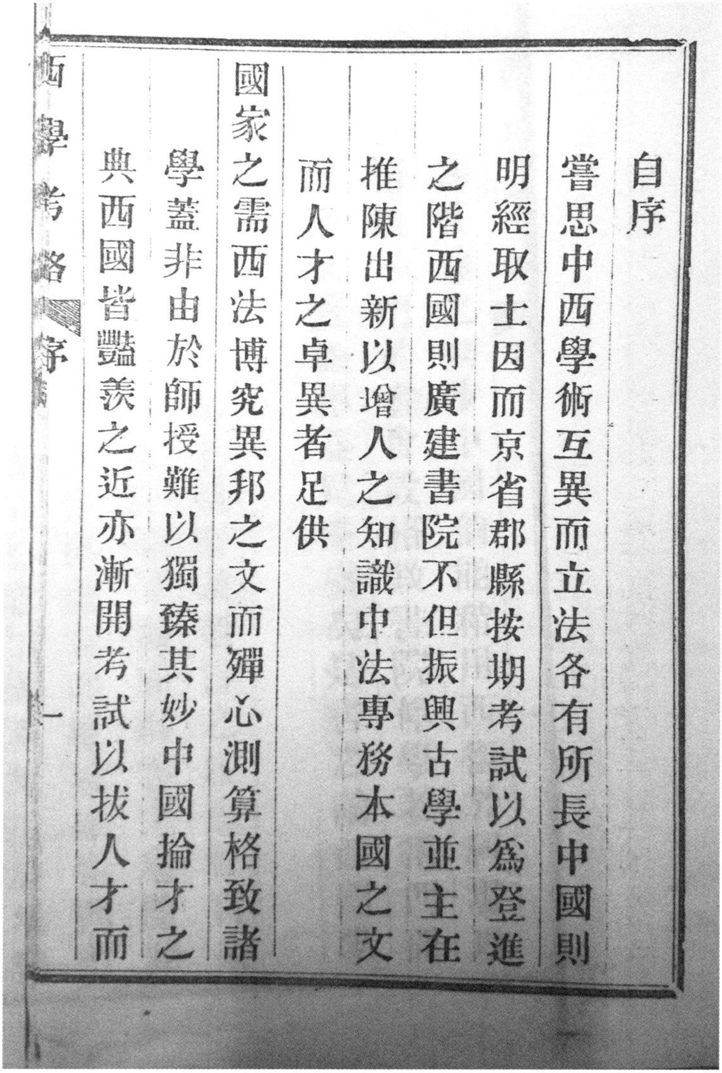

西學考略　序　一

自序

嘗思中西學術互異而立法各有所長中國則明經取士因而京省郡縣按期考試以為登進之階西國則廣建書院不但振興古學並主在推陳出新以增人之知識中法專務本國之文而人才之卓異者足供

國家之需西法博究異邦之文而殫心測算格致諸學蓋非由於師授難以獨臻其妙中國掄才之典西國皆豔羨之近亦漸開考試以拔人才而

《西学考略》自序书影

序一

总理各国事务衙门同文馆[1]冠西丁总教习[2]，本西儒之魁杰，而于中学、西学博涉深造，皆有心得。初在馆教习英国语言文字，旋膺[3]总教习之任，凡各国语言、文字、天文、算学、化学、医学、格物[4]之学，胥归经理。光绪六年[5]三月二十三日，请假回国。八年三月十八日旋京，为述周行各国咨访政教之梗概，并笔之于书，曰《西学考略》，而属余一言弁[6]其端。自昔西儒之入我中华，有声于时者，大抵以天文、算学专门名家，而总教习则学

[1]同文馆，设立于1862年8月，到1902年并入京师大学堂，是清末洋务运动期间清廷官办的外语人才学校，以教授西方语言为主的官办教育机构，也是中国近代最早成立的新式教育机构。

[2]丁总教习，即丁韪良（William Alexander Parsons Martin，1827—1916），字冠西，美国北长老会传教士，1850年来华直至去世，中有4年回国，计在华62年；1862年，经海关总税务司赫德推荐，始任同文馆总教习；1898年，经李鸿章推荐，被光绪帝任命为京师大学堂西学总教习。丁韪良最重要的贡献当是翻译《万国公法》，该法案对维护中国权益起到了积极作用。

[3]膺，担任，承担。

[4]格物，即格物致知，语出《礼记·大学》："物格而后知至，知至而后意诚，意诚而后心正，心正而后身修，身修而后家齐，家齐而后国治，国治而后天下平。"原意为探究事物本身所体现的道理，从中获得某种修身齐家、治国理政的智慧。此处之意为探究挖掘自然界所具有的规律或对事物进行推理时，所运用的方法和逻辑，晚清也用来指物理、化学、地理等科目的总称。

[5]光绪，清德宗爱新觉罗·载湉（1871—1908）年号，光绪六年，即1880年。

[6]弁，即为之作序；弁言，即序言。

具体要，不专一长。在华既久，习知中国政教本末，而于泰西各国用人行政之端，特详察而著明之，意在证其异同，而以其所异者，足资考镜，参酌裨益，见诸实用。盖其用心之深，立意之美，流露于文字间，而其文亦卓乎可传矣。夫入五都之市易[1]时，而述所见人各不同也。登巨室之堂，出户而询所珎[2]，人各有指也。惟其心之所注在是，识之所至在是，则其所见所详者在是。所历之地同而有得于其地者，仍各随其人诣力之浅深，而详略异焉。今观总教习之所著，则其心其识其诣力[3]可知。阅是书者，当然余言而不清赏其文之工也。是为序。

光绪九年，岁在癸未，春正月，义兴周家楣[4]书于京兆[5]官廨[6]佳晴喜雨快雪之亭。

---

[1]市易，交易、贸易。

[2]珎，同“珍”。

[3]诣力，指有相当程度的学术能力和才力。

[4]周家楣（1835—1887），字小堂，江苏宜兴人，咸丰九年（1859年）进士，曾任礼部郎中、总理各国事务衙门章京、四川乡试正考官、大理寺少卿。光绪四年（1878年）任顺天府尹，兼总理各国事务衙门大臣，及礼、兵、户三部左右侍郎，左副都御史，吏部左侍郎。光绪十三年（1887年）五月卒于任上。

[5]京兆，指京师所在地区，即北京。

[6]官廨，即官署，官吏办公的房舍。

序二

不登宸岳[1]之高，不知群峰之罗立也；不观沧海之大，不知万派之会归也；不入五都之市，不知金璧[2]珍错[3]之百种千奇也。即学问之道，何独不然？盖学期专精，尤重阅历。能专精则研究常深，有阅历则见闻益确，而非好学深思读书得间者，未易言此。同文馆总教习丁冠西先生为华盛顿伟士，素讲西学，兼熟汉文，在馆课诸生十余年，于翻译、格致、天算、医化各学，靡不训诲殷殷，实事求是，著有《格物入门》《中西闻见录汇编》，并译出《星轺[4]指掌》《万国公法》《公法便览》《公法会通》《富国策》各书，业经刻印广行，藉资考证。然每以未获躬亲，所言恐留遗憾，晤谈时辄论及之。庚辰春，请假回国，往返约二年余，游历七国，凡所见所闻，随时笔之于书；其各国之风俗政教诸大端，莫不遍览周咨[5]，

[1]宸岳，指高山。

[2]金璧，即黄金和璧玉。

[3]珍错，即山珍海错的省称，泛指珍异食品。

[4]星轺，原指使者所乘的车，亦借指使者。《星轺指掌》一书主要讲述近代外交使节派驻、外交礼节、外交具体事务等事项，为中国冲破原来朝贡体制、引入近代主权国家外交概念有极大帮助。“星轺”一词见唐宋之问《奉和梁王宴龙泓应教》：“水府沦幽壑，星轺下紫微。”

[5]周咨，亦作“周谘”，意即多方征求意见。

务极详尽，而又博引旁征，靓缕[1]论断，折衷以求。至当其山川之幽胜，宫室之经营，园林之清雅，则不过偶为撮举[2]焉。名曰《西学考略》，计共二册。而西学之有益于人堪备搜采者，遂昭然若揭。夫记事之珠，光侔照乘[3]，集狐之腋，多乃成裘[4]。冠西之为是书，殆有意于斯乎！爰不揣谫陋[5]而为之序。

光绪九年，岁在癸未，花朝[6]后三日，东武[7]苑棻池[8]拜撰并书。

---

[1]靓缕，即缕靓，详尽、详细。唐刘知几《史通》："夫叙事之体，其流甚多，非复片言所能靓缕。"

[2]撮举，撮要举出。

[3]照乘，即照乘珠，光亮能照明车辆的宝珠。《史记·田敬仲完世家》："（齐王）与魏王会田于郊。魏王问曰：'王亦有宝乎？'威王曰：'无有。'梁王曰：'若寡人国小也，尚有径寸之珠照车前后各十二乘者十枚，奈何以万乘之国而无宝乎？'"

[4]集狐之腋，多乃成裘，即集腋成裘，集积许多狐狸的腋毛而成为裘衣，比喻集众资以成一事。《慎子·知忠》："狐白之裘，盖非一狐之皮也。"

[5]谫陋，即浅陋。

[6]花朝，即花神节，一般是农历二月初二日，相传为纪念百花的生日而设。

[7]东武，即今山东诸城，西汉吕后七年（前181年）曾设东武县，故称。

[8]苑棻池，字秋舫，山东诸城人，咸丰五年（1855年）乙卯科山东乡试第五名举人。

自序

尝思中西学术互异，而立法各有所长。中国则明经取士[1]，因而京省郡县[2]按期考试以为登进之阶。西国则广建书院[3]，不但振兴古学，并主在推陈出新，以增人之知识。中法专务本国之文，而人才之卓异者，足供国家之需。西法博究异邦之文，而殚心测算、格致诸学。盖非由于师授，难以独臻其妙。中国抡才[4]之典，西国皆艳羡之。近亦渐开考试以拔人才，而为仕途之初步。中国倘能稍用西术，于科场[5]增格致一门，于省会设格致书院，俾学者得门而入，则文质彬彬，益见隆盛矣。是书之论西国

[1]明经取士，为汉朝至宋朝时期，选举官员的科目，始于汉武帝时期，至宋神宗时期废除，以唐朝为盛。被推举者须明习经学，故以“明经”为名。此处指隋唐到明清时期科举考试。

[2]郡县，为中国古代地方行政区划的名称，类似于现在的省县制度。该制度起源于周朝，为周初分封制的补充。春秋战国时期，各国君主为加强自身权力，扩大统治地域，于新辟领土设立郡县，不再分封。秦朝海内一统，率为郡县。汉承秦制，但郡县与分封并行，历景帝七国之乱和武帝推恩令。汉廷裁抑诸侯，郡县制得以扩张。东汉时，郡县二级制演变为州郡县三级地方行政区划制度。日本、朝鲜对该制度均有模仿。此处是指全国各地。

[3]书院，应指西方学校或大学。

[4]抡才，选拔人才。

[5]科场，即科举考试。

学校，本总署王大臣[1]不耻下问，察及迩言[2]之雅意，曾责余采访西术以闻。故旋华后编成两卷。上卷随路程而略述见闻，下卷择体要而推论学术。间有字句重复琐碎繁冗之处，知所不免。然于粃糠糟粕[3]之中，读者能玩索而得嘉实一粒，则余之历七国而环游地球，或非徒然往返而已也。是则余所厚望焉。书竟爰为之自序。

大清光绪八年，岁在壬午冬十有一月，美国丁韪良惪三氏识。

[1]总署王大臣，指王文韶（1830—1908），字夔石，浙江杭州人，晚清重臣，洋务派中坚人物之一，于1878年至1882年任礼部侍郎兼总理衙门行走。

[2]迩言，指浅近之言，平常人之语。《礼记·中庸》：“舜好问，而好察迩言。”

[3]粃糠：瘪谷和米糠，喻琐碎、无用之物；糟粕：比喻粗劣而没有价值的东西。

目　录

卷上　纪游

第一章　日本国

起程缘由

中华寄迹[1]已逾半生，督课同文十有一载，家族阔别，讵无桑梓[2]之情，因请假言。旋蒙总署王大臣赏假初赏假年半，续赏假半年，并札嘱乘顺历各国之便，博采周咨。遇学业新法有补馆课者，留心采择。或归述其事，或登诸载籍，则此行尤为有益馆课云云。遵于光绪六年三月二十三日携眷就道，八年三月十八日销假回京。凡游历七国，并有数邦过而不留者，在所不计。其程自沪取道东洋，自日本而东至美国，自美而东至欧洲诸国。复自欧洲东旋，即周行地球一匝[3]，不回而归谓不改向而归。若尽录所见所闻不免繁琐，况以采访学术为责，其天时之阴晴，地势之美恶，可置之不论。间有旁及民俗风化者，实与学术有借镜互参[4]之益也。

[1]寄迹，在外乡停留或暂住。

[2]桑梓，为桑树和梓树，古人常在家宅边种植，后用来比喻故乡。语出《诗经》："维桑与梓，必恭敬止。靡瞻匪父，靡依匪母。"

[3]一匝，即一圈。

[4]借镜互参，即相互借鉴，各取所长。

行抵日本

四月初四日，自沪登舟。初六日行抵长崎，为日本南岛之大埠，距沪计轮船仅二日之程。咸丰四年[1]以前，日本未与诸国通商，只准中国与和兰[2]各派商船数只，在长崎一口往来贸易。是年乃与美国立约和好。九年复与美英法俄各国立约，顿改政令，弛其旧禁，非徒与诸国通使，且假泰西各术以图自强，推原其故，盖恐强邻侵扰、孤国难以独立也。是时余任翻译，从本国公使入都换约八年亦曾抵津相助议约[3]，后曾同往日本，彼时各国未设有公使领事驻札[4]其地。至此时逾二十一载，情形迥异。东京驻札十余国之公使，长崎往返十余国之轮船，岸上列有十余国之领事公署，内有中国龙旗[5]临风飘飏。余往谒领事官，其副领事、前同文馆肄业生任敬和同邀在富古页山馆设筵相待。其馆临海背山，花卉幽雅，一时履舄交错[6]，

---

[1]咸丰，清文宗爱新觉罗·奕䛓（1831—1861）年号。咸丰四年，即1854年。此处所言指日本江户幕府（1603—1867）时期的闭关锁国政策。1853年和1854年，美国海军军官马休·佩里曾率领五艘和七艘军舰（日本称为黑船）到达日本浦户和江户湾（今东京湾）。呈交美国总统的国书以及签订《日美和亲条约》，1858年日本和美国签订《日美修好通商条约》后，又与美、俄、荷、英、法五国签订《安政条约》，正式“开国”，锁国告终。

[2]和兰，即荷兰，欧洲低地国家之一。

[3]指第二次鸦片战争前，美、英、法三国同清政府进行的修改鸦片战争后签订条约的外交交涉。丁韪良曾在1858年中美谈判中，担任美国公使列威廉翻译，并参与起草中美《天津条约》。

[4]驻札，今作“驻扎”。

[5]中国龙旗，为中国晚清第一面国旗，旗面为黄底蓝龙戏珠旗，设计理念源自清朝八旗正黄旗。1862年初定为三角形，为政府船只和海军使用，民间不得使用，1872年改为长方形，到1888年正式成为国旗。

[6]履舄交错，形容人来人往，穿梭而行的状况。履，单底鞋；舄，复底鞋。古人席地而坐，脱鞋入室，各种鞋杂乱地放在一起。

宾主尽欢。近山设有衒奇会[1]，次日往观，珍宝罗列，光怪陆离，目不暇给。途次见西式楼房数座，询悉皆官设之乡学[2]也。按日本新制，无论城邑郊野均，以民数多寡，酌设学校以课子弟。此等乡学，国内计有二万四千所。其专为女课者有数千处焉。兹闻乡学拟增至五万三千之数，至大书院拟建八座以统之。

由神户入西京

初八日行抵神户，轮船停泊三日以便起装货物。余乘闲往游西京[3]，其地距海二百余里。幸有铁路可通，计一时二刻即至，而往返不误。按日本天皇日人称君之谓于此建都二千余年，至同治八年，始迁都于江户，改名东京。其旧宫广大，无甚华美，而园囿[4]颇佳。时宫内适开衒奇会，一如长崎，虽系与民同乐，其实意在劝工也。其所陈列之物较长崎为精工，而莫奇于比赛女红[5]。为此专设一院，见幼女数百，端衣静坐，有年长之妇以督率之。西京留守[6]，与绅耆[7]数人查验工艺，给予奖励。据云幼女皆官学女弟子也。自此往观，新建之僧学乃奇而又奇者也。见高楼数层直插霄汉，颇为宏丽。僧人间有已经游学西

[1]衒奇会，展示珍奇物品以供观览的集会，犹今之展览会。

[2]乡学，古代地方学校，与“国学”相别，此处指初等义务教育。

[3]西京，即今日本京都市，794年日本桓武天皇迁都于此地，至1868年东京奠都为止，该地千余年均为日本首都。

[4]园囿，周以围墙，布置亭榭石木，间或畜有鸟兽的皇家花园。

[5]女红，旧时指妇女从事缝纫、刺绣、纺织等活计，俗称“针线活”。

[6]古时帝王离开京城，命太子或重臣代为守国，称为“留守”。

[7]绅耆，旧称地方上的绅士和年老有声望的人。

方能通西语者。其学院有一所专为讲求格致而设，备有机器为发明其理之用。余所著《格物入门》[1]一书，据僧谓早经批阅云。惟此所工未告竣，其经馆则已开数月矣。生徒四十余人，课由老僧口授，弟子趺坐[2]笔述。按日本释教本未甚衰，屡经遣人游学西方。此次建以西式学宫，殆因西国教士建学，日本西京恐民归西教，故有此鼓动之机也。游毕，告别督课，老僧以所撰英文劝世一册持赠。读之，始知乃释教[3]之新派也。道与西教诸多相似，但崇奉弥陀[4]，其他神佛不与焉。其僧不祝发[5]、不戒荤、不禁婚，盖沙门[6]中之尤异者。

由横滨入东京

十二日行抵横滨，登铁路，行六十里入东京。临寓后往拜中国正使何公如璋[7]、副使张公斯桂[8]。次日诣天皇

[1]《格物入门》，丁韪良著，清同治七年（1868年）由京师同文馆出版，内容包括水学、气学、电学、化学、火学、力学、化学和算学等自然科学。该书甫一出版，即于1868年秋传入日本，此后十年，不断翻刻、训点和注释出版，对日本社会影响巨大。

[2]趺坐，两脚盘腿打坐。

[3]释教，即佛教。

[4]丁韪良所言应指日本佛教净土宗。

[5]祝发，指削发剃度。《新唐书·杨元琰传》：“敬晖等为武三思所构，元琰知祸未已，乃诡计请祝发事浮屠，悉还官封。”

[6]沙门，梵语sramana的音译，出家的佛教徒的总称，也指佛门。

[7]何如璋（1838—1891），字子峨，广东大埔人，早年喜读桐城派古文，后潜心时务，同治七年（1868年）中进士，选翰林院庶吉士，散馆授编修，光绪三年（1877年）由李鸿章推荐，出使日本。

[8]张斯桂（1816－1888），字景颜，号鲁生，清朝末年中国外交官，日本通，洋务派干将之一。

之囿，树林葱茂，山水清奇，颇堪游赏。复往观太学，师多弟众，具见作育[1]之心。以余观之，其囿固臻佳胜，而究不若太学之美，其种植于囿者为易凋之草本，而栽培于太学者乃不朽之英才也。向者，日本屡经遣人游学西方，今则易辙改弦[2]振兴本国学业。新建太学[3]延聘[4]西人以教习之。其生徒计五百余人，皆由众学造诣已精进者拔之以入太学也。其课与同文馆大同小异。又有医学一所，延德国医士数人为教习，因而本国之业医者靡不艳羡。西术以补其旧法所未备。又有营造院，亦延西人以督教之。其业虽系手艺，其精妙不仅在手之灵巧，实由心之善于测算也。余往拜太学掌教汉文之师中村正直[5]，虽素未谋面，惟余所著之书早蒙批点刊行。其家花园颇佳，凿有鱼池，临池筑屋数椽[6]，置有汉文书籍数千卷，各国书籍亦富牙签，堪以汗牛充栋[7]目之也。内有一所专为尊藏经典，如儒释道教，及天主、回回[8]等教圣经，无不备具。

---

[1]作育，即培养、造就。

[2]易辙改弦，即变更车道，改换琴弦，比喻改变方向、计划、做法或态度。

[3]太学，古代最高学府。此处应指东京帝国大学。

[4]延聘，即聘请。

[5]中村正直（1832—1891），别名敬宇，自幼学习汉学、兰学、英文，精通儒家经典，1862年升为御儒者，1866年赴英留学，归国后任藩学静冈学问所教授，著《西国立志编》。明治维新初期，他参加“明六社”，致力于启蒙思想的宣传，1881年出任东京帝国大学教授，1890年敕选为贵族院议员。

[6]椽，原为古代房屋密排于桁上的横木，直接承受望板及上屋的构件，此处为房屋间数的代称。

[7]汗牛充栋，指用牛运书，牛累得出汗；把书放在屋子里要到房顶，形容藏书很多。语出唐柳宗元《文通先生陆给事墓表》：“其为书，处则充栋宇，出则汗牛马。”

[8]回回，此处指伊斯兰教。

更新之故

余向闻人之有言曰：日人每好更张，其反复无常之心与厌故喜新之见，常贻后悔。然日本之朝代未易姓氏者，已垂二千五百年矣。以此一端而论，日人竟可谓之有恒。且如中国分建之制[1]早已湮没不传，而日本至同治[2]年间尚沿其旧。惟自与泰西通商后，国政民俗始有变易。推求其意非徒喜事更张，盖势有不得已以图自强者也。其所更张，华人每谓其效法泰西，殊不知因革损益，虽间有采取西制，而其变易国政实仿中华所为也。即如同治八年诸侯纳土于天皇，大权尽操之堂陛[3]。中华自秦汉以来已行一统之制，何日本仿之转晚耶？然犹不止此，其通商泰西也，未尝不思中国新启其端。中国既于道光[4]年间与泰西通好，而日本继于咸丰年间亦行立约。中国于咸丰八年重立条约，次年日本亦重立条约。是中国已为先路之导，则日本之效法泰西，其讥又安在耶？且其改旧更新之意，不免有畏惧之隐情。彼知中国兴船政修武备在已，若无备敌之具，实恐祸之将临，是日本所惧者不仅在俄之一国也。至论其通商规例，行用货币，间有行而未宜者，所以

[1]分建之制，即分封，一种政治制度，君主把土地分给宗室和功臣，让他们在其上建国。此制盛行于西周，西汉、西晋、明代亦曾实行过，有些朝代为虚封制，如清朝。在欧洲则为中世纪封建制度。

[2]同治，清穆宗爱新觉罗·载淳（1856—1874）年号。

[3]指明治维新前的倒幕运动。堂陛，指朝廷。语出汉刘向《说苑·尊贤》：“鲁哀公问于孔子曰：‘当今之时君子谁贤？’对曰：‘卫灵公。’公曰：‘吾闻之，其闺门之内，姑姊妹无别。’对曰：‘臣观于朝廷，未观于堂陛之间也。’”

[4]道光，清宣宗爱新觉罗·旻宁（1782—1850）年号。

国中金银减少。至如陆地行舟，颇有窒碍[1]之处。若以大势而论，则群岛莫不连以电线，其轮船、邮政局等亦称繁庶[2]，城邑郊野无不设立学校，以振兴格致、测算等艺；以强弱而论，则较咸丰九年余初至之时，殆不可同日而语也。次日，余旋归横滨，蒙使署翻译官、前同文馆肄业生杨枢[3]一路伴送。

[1]窒碍，障碍，阻碍。

[2]繁庶，繁荣富庶。

[3]杨枢（1844—1917），字星恒，祖籍盛京（今辽宁沈阳），生于广州，1867年入京师同文馆学习，后积极从事洋务运动；1891年至1902年任清廷驻日本长崎领事；1903年出任驻日公使，其间多次与日本进行交涉，要求扩大留日学生名额，并对留学生进行爱国主义教育，1907年回国；1909年至1910年出任比利时公使。

第二章　美国

东渡大洋抵美国

十五日，易舟出东洋大海，至五月二十九日乃抵美境，计两岸相距一万四千余里。舟中四顾，极目无涯。惟北有库页群岛[1]，南有檀香群岛[2]，远莫能窥。其船只往来亦属罕觏，望洋兴叹。真所谓海面巨荒之境，殆如陆地之沙漠也。因忆舟行至此，倘遇风涛致遭危险直可束手待毙，欲求救援可决其戛戛[3]乎难之矣。风闻轮船往来其地，遇日本遭患之帆船，不一而足。甚有漂流失所，历半载而穷无所归者，其飘荡年余，吹至美岸者，间亦有之。自古雅洲欧罗巴俗称欧洲，则雅细亚、阿斐利加、亚美利加仿之而称雅洲、斐洲、美洲，似无不可[4]之人既往而未

[1]库页群岛，位于日本北方，原属中国，1860年《中俄北京条约》将乌苏里江以东地区割让给俄国。

[2]檀香群岛，即夏威夷群岛。檀香山，即火奴鲁鲁城（City of Honolulu），位于美国夏威夷州瓦胡岛，为该州首府所在地。因该岛早期生产檀香木，且大量运往中国，华人遂称之为檀香山。

[3]戛戛，形容困难、费力。见唐韩愈《答李翊书》："惟陈言之务去，戛戛乎其难哉？"

[4]雅细亚，即Asia，雅洲，今译亚细亚洲，简称亚洲；阿斐利加洲，即Africa，今译阿非利加洲，简称斐洲，今译非洲；欧罗巴洲，即Europe，简称欧洲；亚美利加洲，即America，今译阿美利加洲，简称美洲。

返者应多。查美洲数百年前，欧人未至其地，已有开化之国，如秘鲁、墨西哥等，殆自此而肇其端也。雅美两洲于北冰洋几相接，其海峡[1]宽只二百里，土人恒有往来渡者。美洲古无人烟，北雅细亚人渡海峡而居之。此次轮船渡海途次，有异可志者二：一自横滨开船，不直向金山[2]东行，乃先北上至四十九度而南归，视似迂途而实捷径。此即算学家所谓循大圆弧而行之理也。按地形如球，则大洋中凸，而小圆弧之凸，较大圆弧为尤甚。东西纬线为小圆弧。所以船绕北行，如人绕行山麓，有较过山顶为近者其理略同。一船之东行抵经线之一百八十度，必缺一日，如二十三日以二十五日继之，其西行至此反补一日，如二十三日后又闰二十三日。推求其故，盖迎日周行，地球每日必缺数分；顺日周行，每日必多数分。若不计其增损，则抵岸之日与历不符。

金山大埠

余在金山大埠[3]盘桓[4]五日。十三年前曾历其地。此次视大埠兴旺之势，较昔日不啻倍蓰[5]焉。帆樯林立，屋宇高耸，人庶物繁，堪称雄镇。中有街衢数条，以便华人

[1]即白令海峡，位于北美洲阿拉斯加半岛和亚洲楚科奇半岛之间，沟通北冰洋和太平洋，冬季封冻。今人类学研究表明，古美洲印度安人可能是从此路抵达美洲。

[2]金山，即旧金山（San Francisco），美国西海岸城市。

[3]金山大埠，指美国旧金山商业区。

[4]盘桓，即徘徊、逗留住宿。

[5]倍蓰，亦作“倍屣”“倍徙”，谓数倍。语出《孟子·滕文公上》：“夫物之不齐，物之情也。或相倍徙，或相什百，或相千万。”

栖止。市廛[1]庐舍，皆系洋楼，而服制仍从中国。华人多自粤中而来，他省之人往美者则寥寥无几。金山设有中国总领事，其正领事美人，皮姓，系曾任副将，遇事竭力襄助。其副领事黄达权[2]系前广州同文馆教习。按：金山之工匠大抵自英爱尔兰岛居多、德两国携眷而来，入籍遂为土著，见华工与之争利，每起意驱逐。地方官非不愿保护，惟华人言语隔绝，难以伸诉而竟成为无告之民。嗣因设立领事公署，华工之困始苏。凡有屈抑者，即由领事转移地方官为之平反，即此一节而观，未始非设领事之明效也。闻三十年前，金山大埠初开，一日忽来华人六名，意在查看情形，以为贸易地步，居民相接，甚为欢悦。邑主率商贾治樽[3]款待，颇似旧雨[4]相逢，酬酢[5]之际，婉辞订嘱。俟伊等返回故乡告诸戚友，使皆惠然肯来，始慰我心云。彼时祇[6]有帆船，候风往来甚不便捷。故舟楫渡洋而至者，势若晨星。厥后设有轮船，每月数次往返，因而华人望风而来者众矣。船每载千人甚至千五六百名之数，后遂获利颇巨。土著见华工来美甚夥，侵占工作势成燎原。既不得欺压而驱逐之，乃怂恿国会设法禁阻。国会遂

[1]市廛，城市中店铺集中之处。语出《孟子·公孙丑上》：“市，廛而不征。”

[2]黄达权（1827—1902），小名胜，字平甫，香港学者、报人、商人及政治家。黄胜幼年就读于伦敦传道会创办的马礼逊纪念学校，后来与容闳及黄宽一同获选到美国留学。1883年12月，黄胜被委任为香港首位华人太平绅士。

[3]治樽，设酒宴款待。

[4]旧雨，老朋友的代称，又叫“旧故”。杜甫《秋述》：“常时车马之客，旧，雨来；今，雨不来。”

[5]酬酢，指宾主之间互相敬酒，泛指交际应酬。见《淮南子·主术训》：“觞酌俎豆酬酢之礼，所以效善也。”

[6]祇，同“只”。

议禁，但伯理玺天德[1]以此举背约[2]，故未准行，乃遣使中华修改条款，国会复议拟限二十年而设禁。伯理玺天德仍以背约，不许。国会于是改限十年。伯理玺天德迫于不得已，始勉从之，而即为政之失矣。盖华工之来美，建造铁路，开辟石田，实于我国有益。伯理玺天德前后既谕国会，美国殷实之户亦莫不愿其前来，因以价廉有利故也。然此事乃华人自取，设早能散处各省经营生理，则各省之民自必欣然善视。惟群聚于金山一埠，至七八万之众，则本地贫民生有嫉妬[3]之心在所不免。兹除工役外，华人不但可往来如初，即已在美十余万之华工，仍得安居乐业。且因新禁而工价腾贵，不免窃喜，而以为己幸焉。

万里铁路

五月初四日，由铁路向东而行。忆同治七年，余乞假回国，路经金山东道，铁路尚未蒇工[4]，乃轮船南绕二十

[1]伯理玺天德，英语president的译音，意为总统。此处所言指1880年签订的《蒲安臣条约》，该条约以国际法确定了中美双方的对等地位，并规定美国政府保障华工权益及中美两国公民子女可到对方政府公立学校接受教育的权利，并规定清政府可在美国港口派驻领事，并享有领事裁判权等。

[2]此处所言，应是指美国国会违背1868年清朝全权特使兼前美国驻华大使蒲安臣和美国国务卿西华德签订的《中美天津条约通商条约》，又称《蒲安臣条约》，该条约规定中美两国可以互相在对方国内设立学校、互派领事，保障双方人民经商、务工，并且双方均享有最惠国待遇，该条约为近代史上中国与外国签订的首个平等条约。但由于大量华工由此进入美国务工，造成美国国内对华工的普遍排斥，1880年，美国国会修改了其中的移民条款，并于1882年通过了《排华法案》。

[3]嫉妬，即嫉妒。

[4]蒇工，亦作“蒇功”，即竣工、完工。

余日方抵纽约。按：东西两洋在班那马[1]地方，中隔狭隘陆地，仅百里有铁路通之，一时而过即换船北上。现议开河以通两洋，约七八年可成。八年铁路告竣，而金山与纽约虽相距万余里，仅需六日可抵东省。城邑市镇络绎不绝，人烟稠密，地处冲烦[2]。惟西省[3]多荒芜之地，然铁路既开，亦有人辟草莱[4]渐兴耕作者。余于途次，昼夜遄行[5]四日，饮食寤寐[6]俱于车中，未尝少住。天气虽热，而沿途每见有冰山焉。至第五日，改道南行至甘省，往拜故旧，淹留[7]半月。复东行至英省美之一省，非属英国也虔谒先墓，顺道往拜宗亲，留连旬日，复东行至尼各拉江小住一日，游览山水。江宽三里，其源出自伊里湖[8]。水从崇岩陡然下注，有十五丈之高，喷珠溅玉，瀑布飞腾，澎湃之声远闻数里。阴则雾气迷漫，路难辨认；晴则虹桥垂照，色映迷离。倚石壁入水帘后，而观者负石面水，震耳迅雷。但觉地为之撼然，实无危险可虞也。相近有铁练

[1]班那马，今译巴拿马（Panama），中美洲国家，位于南北美洲之间地峡最窄处，今已有巴拿马运河沟通太平洋与大西洋。

[2]冲烦，又作“冲繁”，指交通要道。清黄六鸿《福惠全书·刑名·监禁》：“冲繁大州县，狱犯众多。”

[3]西省，指美国加利福尼亚州，文中“东省”即指纽约州，“甘省”指美国中部州堪萨斯州，“英省”指美国中部州印第安纳州。该处所言是指美国于1862年至1869年所修建的“太平洋铁路”，该铁路横贯美国东西，沟通了纽约等东部城市与西部州的联系，促进了美国西部地区的开发，华人在此铁路修建中贡献良多。

[4]草莱，指杂草荒芜之地。

[5]遄行，快速地行走。

[6]寤寐，醒与睡。

[7]淹留，停留。

[8]尼各拉江，即Niagara River，今译尼亚加拉河，该河位于北美五大湖区，自伊利湖流向安大略湖，全长56公里，尼亚加拉瀑布即在其上；伊里湖，即Lake Erie，今译伊利湖，北美五大湖之一。

悬桥，高于水者十丈，江湖之北即英属加那他[1]之地，两国之人群集于此而游赏焉。

纽约团聚

六月初十日，至纽约，停车旬日[2]，三子适在彼只候。因城中酷热，遂携眷避暑海滨，距城约百里，背列青山，面临群岛，海岸形若弯弓，既鲜巨波，且无鲨鳄。余每日截流沐浴，驾小舟以往来，博烟波之逸兴；偶或乘车平原，遣怀玩景，遇果实之佳者，辄取而啖之。朝夕妻孥[3]欢聚，诚为多年未得之真乐也。

悬路火车[4]

七月二十六日，回纽约，凡我戚友，均已命驾而归。星使陈公兰彬[5]亦移驻于此，乃往拜之。旋请率随员等同观悬路。此路创于纽约，他处所无。因街道狭隘，人多车众，拥挤难行，乃以铁柱排列铺路，其土势等桥梁，其下亦可行走，如英之伦敦，开掘隧道以通火车别径。彼则造于地下，此则建于柱上，势异而意同也。计柱高有自二丈

---

[1]英属加那他，即Canada，今译加拿大，尼亚加拉瀑布为美、加两国共有。

[2]旬日，即十天。

[3]妻孥，即妻子和儿女。

[4]悬路火车，此处指在高架桥上的城市轨道交通。

[5]陈公兰彬，即陈兰彬（1816—1895），字荔秋，广东吴川人，首任中国驻美公使兼西班牙、秘鲁公使，曾支持幼童留美计划，后又反对之，与西班牙签订《古巴华工条款》，保障华工权益。他在1881年回国，致仕后，从事方志的编纂，著有《使美记略》《毛诗札记》等。

至十丈者因过低洼处故高。城中悬路数条，长短不一，有长至三十里者。盖纽城建于海岛，有此悬路则自南至北，车行迅速，其价亦廉，故民称便。惟初乘悬路火车，如陟云雾，难免目眩头晕。然顷刻即愈，反觉适安。街市之高楼，园亭之花木，以火车遄行一时之久，即可遍览其胜。

余住纽约时，每游览四方，或晨出而暮归，或逾数日，始旋无定向焉，其可纪者略为述之。一日诣邻省，拜华公约翰[1]，即咸丰九年奉使入京者，彼时余任翻译同来。次日至宾省[2]，观其煤窑。该省多山，所产煤铁石油，甲于一国。是日偕友人入煤窑，三处均深一千至一千五百尺不等，出入以巨椟[3]，形如车，有火轮机器用以上下乘之，甚疾，并不觉其运动。下有隧道七八分，入山腹数里，四壁无往非煤，皆铺铁路，以骡拽车，运至天井，则藉巨椟回环旋转，迅速异常。天井穿煤数层，最下厚至二丈五尺。此处硬煤系最纯者。数十年前，人以此等硬煤几视无用，因质坚不易燃着，后乃造炉以烧之，甚为相宜。不但民户以其无烟而便于用，即轮船、制造、机器等局亦多用之。其用之广则以冶铁为最，缘用烟煤冶铁须先烘之以火，使去其油，如烧木成炭。然若硬煤本为石炭，故用之较便。近地出煤油，人知其有用不过四十余年。闻昔日有乡民至溪旁，取水饮马，偶遗烟卷于水，水面即燃。乡民深以为异，惊骇而遁。他人闻之，乃购其

[1]华公约翰，即华若翰，原名约翰·艾略特·华德（John Elliott Ward，1814—1902），美国外交家，1859年至1861年出任美国驻华公使，其间经历第二次鸦片战争。

[2]宾省，即美国宾夕法尼亚州。

[3]椟，即柜子、匣子，此处指吊车。

地，凿井取油，以化学法炼之，由此广行。嗣乃多处得之，不但遍卖一国，并通商于海外，而为贸易之大宗。迩来因铁路运脚[1]过巨，乃以铁管埋于地，相接至五百里之长，以通海口，故油流如水而费用较前省矣。美国石油来华与日本者甚为适用，然中华与日本亦多有产此油之处，但尚未以化学之法炼耳。

美国武学

二十八日，余登轮舟于北江至威司伯观武学院[2]，武生适演马队兵法，在院者计三百余人，均给薪俸。课程四年，兵法之暇，课以格致、测算等学，缘与军务有相涉也。除本国文字外，则以法文为重。因向者论兵，惟法人为最，屋宇宏敞，皆筑以石，山水秀丽，风日清和。倘未视其炮位堆积，高若崇垣，未闻其金鼓喧阗[3]，声如雷电，几不知天下有战争之事也。

格致名家

异日至门罗园，拜格致家哀公狄孙[4]者，门外有地数

---

[1]运脚，指运费。

[2]威司伯观武学院，即The United States Military Academy at West Point，今译西点军校，是美国第一所军校，也是美国陆军的军官培养机构，位于纽约州哈德逊河西岸的西点。

[3]喧阗，意即喧哗、热闹、拥挤。唐杜甫《盐井》：“君子慎止足，小人苦喧阗。”

[4]门罗园，即门罗公园。哀公狄孙，即Thomas Alva Edison，今译爱迪生（1847-1930），美国发明家、企业家和科学家。1876年，爱迪生将新泽西州的门罗公园中的一处房产改造为住所和研究所，后在此处发明世界上第一台留声机和首个商用电灯泡。门罗公园现为爱迪生纪念中心和博物馆。

十亩，行行排列，木柱上挂玻璃罩，盖为试验电气灯也。据云新创此灯，经验极灵，法亦甚善，惟其价较贵，缘须炭条以代灯草，电过即能发光，而不被焚奈[1]。炭质渐渐消磨，仅供数时之用，若以竹烧成必能持久。但敝地苦无佳产，须由日本购买，旋询中华之竹，其种与价若何[2]。余应之曰，各种俱备，价亦较廉。伊云今年拟即遣人前往购买云。哀公所创新机不能悉述，兹举一二以概其余。有干电机，旋转如轮，因而生电。不但可以为灯，并以其电通力行机造作。有电气车，行于铁路其捷如飞，与火车相似；又有传音、微声、微热三机，其传音机虽由他人所创，哀公更加精妙，非如向之传声筒，凭口气以扬声，乃类今之电报，借电线以通音，二人相距数十里或数百里之遥，借机告语如晤对然。故西国城镇不但以电报互相联络，即公署大厦，亦多以传音机转递，其电线经纬[3]状如蛛网，其微声机能将微渺之声令其宏大，如显微镜能将微渺之形令其放大。不但与传音机相辅而行，并有诸多妙用。若以此机诊脉审听于经络间，则闻血之流行，如水泻于沟浍，潺潺可听；又如虫蚁之类，耳闻寂然无音，而以此机试之，则声如狮吼。其微热机与寒暑表相似，而灵妙则倍之，如以寒暑表试恒星之光并不觉热，而以微热机度量各星光之热度皆可得焉。此三机均借电气之力以行之。今仅略言功用，若论其理其式，容俟重刊《格物入门》，再为详解。更有录音机不假电力。此实为奇，而更奇者形

[1]焚奈，即燃烧。

[2]若何，即怎么样、如何。

[3]经纬，原意指织物的纵线为经，横线为纬，进而比喻条理、秩序，引申为治理、规划，今也指地理坐标的经纬线，此处取其原意。

如牛角，有敞口短筒，下设轮轴，缠以锡箔。人对言笑讴歌，则能秘收其音，若反转其轮，则音随转随出。虽时隔许久，而向所受之音如发其覆，俨如晤对[1]。余当即诵《桃夭》[2]一篇，俄顷转轮，则逐句逐字，尽行宣复。彼山谷遇响回音，不过须臾之间，倘迟至分秒，则势必散漫。岂若此机将所入之音寄于锡箔之中，虽积至数年，亦能传语宛然如初。家置此机，遇有庭训遗示，即先人弃世已久，一旦转机，与面命耳提无异。查《子不语》一书，内载江秀才置一竹筒，中用玻璃为盖，有钥开之，开则向筒说数千言，言毕即闭，传千里内，人开筒侧耳，其音宛在，如面谈也。其意与哀公所造相同，但其法未传于世，惜哉！

凡哀公新创之机与改造之器，不下千余具，盖公夙擅奇才，以创造为己责，其左右有精良画师代为布置；又有算学家为之测量，至出售新机由电信公司立有成约，岁给洋银五千圆，以抵先购之质。机器既出，公司先行试验，倩人秉公拟价，可欲者留之，否则听其自售。闻其岁进之款约四五万圆，乃竟未致富。实由创一新机，屡费经营，始得告成。故所费不赀也。按国家设有专例[3]，每创一器准凭照独售，不惟在本国得享其利，即在他国亦得请照。故格致家既著令名，往往可以致富，盖国家护庇而鼓舞之也。闻哀公以新机报官而领照，已至三百七十六次。

---

[1]晤对，即会面交谈。

[2]《桃夭》，即《诗经·周南·桃夭》篇。全文为：桃之夭夭，灼灼其华。之子于归，宜其室家。桃之夭夭，有蕡其实。之子于归，宜其家室。桃之夭夭，其叶蓁蓁。之子于归，宜其家人。

[3]专例，此处同专利。

谒杨湖金书院[1]

八月初六日，携眷抵斐城[2]，至姻家[3]小住数日，旋蒙巴城书院[4]总教习吉尔曼[5]致函，坚请往观书院。适际庚伏[6]之后，师生均回讲堂，欲开秋课焉。查建造此院系巴城富翁杨湖金，遗洋银七百余万圆，余银建医院一所，因尚未蒇工，故病者未能栖止。两院相距数里。论屋宇则美而不广，论教习则贤而不多，即生徒亦不过二百人，盖慎其选也。自开课迄今时经六载，本国内外无不声名洋溢，缘与他处书院迥异，所重不在训蒙[7]，而以课程已满之生拔入此院，以示精益求精之意也。课程虽不轻视古今文学，而要以格致为重，故讲习书籍外，师生均研究各学，推求新理，不但有益于本国，即天下之实学亦必因之而获益矣。

---

[1]杨湖金书院，即约翰斯·霍普金斯大学（又作“约翰·霍普金斯大学”，英文为Johns Hopkins University），是一所主校区位于美国马里兰州巴尔的摩市的研究型私立大学，大学以其创建人和主要捐资人、巴尔的摩银行家、贵格会教徒约翰斯·霍普金斯（Johns Hopkins，即“杨湖金”）命名。1873年，约翰斯·霍普金斯去世，遵照其遗嘱，其身后大约七百万美元的遗产被分成均等的两份，分别捐赠给以其名字命名的约翰斯·霍普金斯大学和约翰·霍普金斯医院。

[2]斐城，今译费城，美国东部城市。

[3]姻家，指拥有联姻关系的家族或其成员。

[4]巴城书院，即巴尔的摩霍普金斯大学。

[5]吉尔曼，即霍普金斯大学第一任校长丹尼尔·吉尔曼（Daniel Gilman，1831—1908）。他任校长期间，设立研究生制度，开创美国研究生教育的先河。他认为师资、课程、研究生教育、医学教育和学术生活为大学教育的核心，被誉为现代大学教育的领军人物。

[6]庚伏，即三伏。因三伏中的初伏、中伏分别自夏至后的第三、第四个庚日开始，而末伏自立秋后的第一个庚日开始，为一年中最热的时段。故三伏亦称“庚伏”。

[7]训蒙，指启蒙教导，见《尚书·伊训》：“具训于蒙士。”

雅礼书院[1]

九月初八日，前美国驻京副使卫公廉士，邀余往观雅礼书院即钮哈芬之太学于钮哈芬城[2]，其地距纽约有三百里，余曾住于其地一年之久，余四子均于此肄业焉。教习四十余人，生徒一千二百人，屋宇高大，甚属壮观。同文馆所译之公法便览，李教习[3]所译之代微积，马高温[4]所译之地学各书，均出雅礼书院。

哈法书院[5]

由此往观哈法书院即亳斯敦之太学于亳斯敦[6]城，路经哈富，拜吴子登[7]太史畅谈良久，适副使容纯甫公[8]出，未遇。教习五十六人，生徒一千四百余人，前星使蒲

[1]雅礼书院，即Yale University，今译耶鲁大学。

[2]钮哈芬城，即纽黑文（New Haven），为美国康涅狄格州第二大城市，耶鲁大学即位于该城。

[3]李教习，即李善兰（1810－1882），字壬叔，号秋纫，晚清数学家。1868年任同文馆总教习，专教算法，前后共八年。下文的“代微积”，即微积分。

[4]马高温，今译玛高温（Daniel Jerome Magowan，1814—1893），美北浸礼会派遣来华的医疗传教士。

[5]哈法书院，即Harvard University，今译哈佛大学。

[6]亳斯敦，即Boston，今译波士顿，美国马萨诸塞州州府，哈佛大学所在地。

[7]吴子登，1876年清廷派驻的留美幼童监督，政治态度较为保守。

[8]容纯甫公，即容闳（1828－1912），本名达萌，号纯甫，学名闳，广东香山（今中山）人，中国近代史上首位留学美国之学生，亦为首名于耶鲁学院就读之中国人，后又创设幼童留美计划，世人称他为中国近代留学生先驱。1876年，美国耶鲁授予容闳荣誉法学博士学位，以表扬他对中美文化交流的重大贡献。

公安臣[1]曾于此习例法之学，两书院规模相同，而哈法境地尤觉幽雅，见园周六七里，盛栽花木，石建楼房数十座，分为众馆。两书院开设已历百五十年，其初狭小，积渐扩充至今，列为太学。各省最大书院，皆名为太学，书院或专为一课，而太学则总萃众课。论格致之学以杨湖金书院为先，论律法之学以哥伦书院[2]为最，至文艺各学，诸臻美备，莫如雅礼、哈法两书院，各有石阁[3]藏书七八万卷，以便随时参考。通国书院甚多，论人才之济济，有不逊于雅礼、哈法者，而名望不及焉。故不详论。密省太学[4]颇著令名，美国前任驻京星使安公即该太学之总教习也，后回国仍领师席焉。去岁将太学情形呈报密省政府，余摘译数段附于本卷之末，以资考证。此外有京都斯美书院[5]与杨湖金相似，而办法迥殊，盖杨湖金书院师弟教学相长，斯美书院则有教习而无生徒，其所同者皆以推广学业，阐发人所未闻之理，故斯美书院教习不事训

[1]蒲公安臣，即蒲安臣（Anson Burlingame，1820—1870），美国著名律师、政治家、外交家，美国对华合作的代表人物，也是唯一一位既担任美国驻华公使又担任中国使节的美国人。他在1861年至1867年担任美国驻华公使，主张对华合作，反对武力外交，建议保障中国领土完整，获清廷好感；1867年任期满后回国之时，因清政府派驻外交人才缺乏而被任命为中国首任全权使节，负责出使美、英、法、普鲁士、俄等国，中美《蒲安臣条约》即于此时签订。1870年，他因患肺炎在出使俄国期间逝世，清政府为答谢他维护中国领土完整及出访各国商贸谈判的努力，特授予一品衔、抚恤金一万两。

[2]哥伦书院，即Columbia University in the City of New York，今译哥伦比亚大学，位于美国纽约曼哈顿上城。

[3]石阁，原指“石渠阁”。约在公元前200年，汉初丞相萧何主持建造，以收藏刘邦进咸阳后收集的秦朝图籍档案，后用来指皇家藏书之所，此处指大学图书馆。

[4]密省，即Massachusetts，今译马萨诸塞州。密省太学，即马萨诸塞大学（University of Massachusetts）。

[5]斯美书院，即斯密斯学院（Smith College），该学院为1870年美国农场主女儿索菲亚·斯密斯（Sophia Smith，即下文“斯美特”）用继承其父的财产兴建。

课，而专精格致之学。本国及各国学士，凡好格致者，无不声气相通，借以切磋勉励，设有印书处，如得新论即行刷印散布，以启牖[1]人心。其所需之款，原系英国富室斯美特献，美廷派大僚数员总司其事，遂名为斯美书院，亦顾名思义之意也。二十年前，掌院学士[2]曾请余以中华文学著论，此次余未前往，因天气酷热，且伯理玺天德出游未归，是以不果行也。

往观小学

十八日，友人引余往观纽约，城中小学楼房高耸，计屋得二三十楹，受业童蒙至一千六百人，半为闺秀。山长[3]请至总会所，令生徒毕集应对，声同雷震，可称佳会。城镇皆有此等小学，凡闾阎[4]男女子弟均得习读作字、学算，以及为人要道，其立意不在服官，但能经营工贾，俾得谋生，庶不负一番训迪也。教习大半系妇人。

训诲幼犯

次日往观小学之异者，夏屋渠渠[5]，分为二所，一为男塾，一为女塾，均设于小岛中。地广约数百亩，严禁

[1]启牖，启发诱导。牖，通“诱”。

[2]掌院学士，为清朝正式官制之一，从二品。掌院之“院”意指翰林院，掌院学士就是该储备人才机构之主官。此处指大学校长。

[3]山长，又称院长、山主、洞主、主洞、掌教等，古代书院的负责人，主持教学与行政，此处指校长。

[4]闾阎，原指古代里巷内外的门，后泛指平民百姓。

[5]夏屋渠渠，指深广高大的房子。

闲人混迹。因肄业生徒系幼男少女曾获咎者，该管地方官悯其无知，不忍遽加重罪，故羁留于此，令人约束，教以技艺，冀其悔过自新。据司事云，此等孩童大半来自欧洲，因贫失教，诸多未谙，倘经此处训诲，俟年已长成，多能守法安常，终不失为善良，可为仁政之效。小民之陷于罪者，多因无知，有确据可证。五年前，纽约城年幼犯罪者每年有一千二百二十之数，后定新律令，民间子女必入小学，行之五年，犯罪者每年仅八百六十八人，去岁只七百一十七人，较未定律以前减至百分之三十六。德之巴丁数年前亦定新律，行之七年，年幼犯罪者减至百分之五十一，数已过半，足见治民者欲免人之陷于罪，必以设小学、广教育为上策。

东土文会

二十五日，美国东土文会[1]集于纽约之哥伦书院，是会之设，每遇春秋则于三大城即纽约、钮哈芬、亳斯敦中轮流聚集。凡国内博士好东学者，皆入会中讲求雅洲各国古今事迹，故谓之东土文会，其习犹太、亚剌伯[2]、印度等文者居多，至探讨华文，则属无几，此次搦管[3]为文论

[1]东土文会，即美国东方学会（American Oriental Society），是美国最古老的协会之一，1842年于美国马萨诸塞州成立，有为专业领域提供奖学金的传统，并与耶鲁大学保持紧密合作，出版季刊《美国东方学杂志》。

[2]亚剌伯，即阿拉伯（Arab）。

[3]搦管，执笔为文。

中华典坟[1]者，仅有卫公廉士[2]及余二人而已。卫公本诸《文献通考》[3]一书以辨论扶桑[4]之事。或谓僧某东越大海而至扶桑，即系通美洲之先导，是误以扶桑为美洲。卫公非之，盖僧之至扶桑，殆类穆天子之西游[5]，若果有其事，必指日本而言，决不指美洲也。余则本诸六经[6]以阐发中国尊祖敬宗之道。大旨论历代帝王以孝为治本，礼与西教虽异而情则无殊。

纽约太学[7]

按纽约城内书院众多，其略可举者有三：纽约太学一也，进款富饶，楼房宏丽，皆以石建；哥伦书院二也，

[1]典坟，或作“坟典”，原为三坟五典的省略语，后指古代典籍的统称。

[2]卫公廉士，即卫三畏（Samuel Wells Williams，1812—1884），美国传教士、汉学家、语言学家。他在返美后，任耶鲁大学第一任汉学教授，1881年担任美国圣经公会主席。

[3]《文献通考》，元朝马端临（1254—1323）撰，该书以唐杜佑《通典》为蓝本，记录了上古至南宋宁宗嘉定（1208—1224）末年的历代典章制度，与《通典》、南宋郑樵《通志》合称“三通”。

[4]扶桑，原为中国神话传说中的灵地之一，后世将日本称为扶桑。下文所谓“误以扶桑为美洲”之论最早见法国汉学家德金（Joseph de Guignes，1721—1800）于1761年根据《梁书》记载所提出的扶桑是墨西哥之论，该论断得到章太炎的支持；而所言“僧某东越大海”即为沙门慧深。该论据据《梁书·扶桑传》载：“扶桑国者，齐永元元年（公元499年），其国有沙门慧深来至荆州，说云扶桑在大汉国东二万余里，地在中国之东，其土多扶桑木，故以为名。”

[5]穆天子之西游，指周穆王西巡，为中国古代的传说故事，故事依据周穆王姬满（前1026—前922）喜欢到处游玩而出，传说周穆王曾经西巡到昆仑山，受到西王母接待。

[6]六经，指经过孔子整理传授的六部儒家典籍，《诗》《书》《礼》《易》《乐》《春秋》，但因秦末动乱，《乐》已佚。

[7]纽约太学，即纽约大学（New York University），1831年建立，今日已成为美国规模较大的私立非营利教育机构，在各类大学排名中名列前茅。

屋宇虽逊于太学而名望则过之，内有一馆专课法律，余二子曾于此肄业焉；哥伦书院资本五百三十万圆，每年生息二十八万以抵经费，生徒约五百人；师学院[1]三也，此院传授课读之法，凡志在蒙馆为师者率于此得其楷模云。美之各省皆设师学院练习教法，如武学院之练习武弁[2]也。

[1]师学院，即科特兰师范学校（Cortland Normal School），该学院创办于1868年，1948年加入新成立的纽约州立大学，成为纽约州立大学科特兰分校。

[2]武弁，原指武官的冠帽，后用来指武官。

第三章　法国

行抵法国

十月初二日，由纽约登轮舟东行，旬日抵法国海口，复由铁路入京即巴里[1]，在彼留连半载，游赏新奇，惟日不足。城中屋宇造以黄白之石，高峻壮丽，街衢宽广，均以土石铺垫，极其平坦。居民约二百万，虽户口较逊于伦敦，实为各国都城之最华美者也。

自同治十年败于德师，国人归咎于君，于是改为民政[2]。前代宫殿旋被乱民焚毁，其所存者大抵改为博物院，派人守护，有志瞻仰者尚可出入无阻。其最大之博物院设于旧宫，名路斐尔[3]。未改民政之前，此宫已作为博物馆。周四里堂阁极多，所储珍奇约三种，曰石像，曰丹青，曰古迹。石像则效法希腊古艺，以白石雕镂，各色人物，无不精工毕肖。此艺创自希腊，彼时国人崇事群神，设像以奉。今虽无人敬信，惟识者莫不欣慕其精巧。后世

[1]巴里，即巴黎（Paris），法国首都。

[2]指1871年，普法战争中法国战败，法国爆发政变，推翻拿破仑三世，建立法兰西第三共和国。

[3]路斐尔，即卢浮宫（Louvre），位于法国巴黎市中心的塞纳河北岸，位居世界四大博物馆之首，始建于1204年，原为王宫，现为法国重要的博物馆。

效之，将帝王将相镌其形骸，即可望为万世不朽之身。佳画有数千幅，半出法国名家，间有他国大手所绘者。按例如某丹青现尚生存，则所作之画不得辄收入阁，须俟其物故后，乃可藏之，以为绝笔。古迹则以埃及为最，因西方惟埃及开化最早。希腊虽称古国，其著名学士恒游埃及以求学术。犹太以摩西[1]为宗，而摩西之学亦出于埃及。按西国文化，虽以罗马、希腊、犹太为三大原，以罗马为治道之原，以希腊为文教之原，以犹太为敬天修福之原。而原之所出，要皆推崇埃及为始。是以埃及古迹各国争取之，如古遗独石之塔，所在多有，面刻四千年来之古字，英法美义各国均运载过海，建于城镇，以壮观瞻。其所遗古物，各国亦无不储存。昔法国那波伦第一[2]曾踞埃及，随带博士数十人，专备搜罗古迹珍奇，满载而归。八十年来，诸国逐渐取求，几至罄其所有。故观此阁者，于埃及古时遗风旧俗靡不洞见焉。一切器具物件，以及棺椁尸骸，均可备人瞻视。按埃及葬礼，如故者向有名望，则实以香料，缠以油布，因而尸身永固，后世得以启视。埃及先王与神农黄帝[3]同时，形骸至今尚存。窃以至尊之体，供为古迹之赏玩，其意虽云崇奉，转不如藁荐[4]入土之为安也。古之字迹皆本象形，而以虫鱼鸟兽为文。有宫名路

[1]摩西，即Moses，犹太人的民族英雄，带领犹太人出埃及，于西奈山宣布领受启示，颁布十诫。相传他是《旧约》前五卷书《创世记》《出埃及记》《利未记》《民数记》和《申命记》的作者。

[2]那波仑第一，指拿破仑一世（Napoleon I，1769—1821），出生于科西嘉岛，19世纪法国伟大的军事家、政治家，法兰西第一帝国的缔造者。他于1798年曾远征埃及。

[3]神农，即炎帝，因擅长火耕而称神农氏。

[4]藁荐，草席。

桑堡[1]，现为国会上堂[2]聚集之所，国会下堂[3]聚集于布尔奔宫[4]，而仍留一半为博物院。内无古迹，而石像丹青率皆近代之物。工虽极其精妙，人以非古所遗，恒有轻视而不珍者。

余在路斐尔宫，见多人争视古画。虽系四五百年之物，已被土蚀烟熏，颜色变易，而观者极口推许，过为揄扬[5]。盖以名人手笔，代远年湮，正如硕果仅存，不禁为之倾倒。殊不知各艺与时并进，彼丹青何独不然？窃叹人之泥古而轻今也。乡间有前朝之宫数处，皆极壮丽，所储逊于二宫路斐尔、路桑堡，因其园囿清雅，是以屡次往观。余寓距二宫甚迩，暇即乘兴而往。不但娱目赏心，可于传世珍奇想见当时风化，未尝非学问之一助也。气候稍凉，堂阁皆置炉火，故虽严寒，恒见四方游览者不惮跋涉而来，或数十以至数百之众。

---

[1]路桑堡，即卢森堡宫（Luxembourg Palace），建于1615年，现为法国上议院所在地。

[2]国会上堂，即法国国会上议院，参议院。

[3]国会下堂，即法国国会下议院，国民议会。

[4]布尔奔宫，即波旁皇宫（Bourbon Palace），建成于1728年，现为法国国民议会所在地。

[5]揄扬，指过分称赞、表扬。

百艺院勉工匠

有百艺院[1]一所，存储各国历代机器，以纪次第精进，其最佳者可称绝无仅有。设教习十数人，讲求格致之理。此学虽兴自文人，颇与工艺相关，故任工匠入院瞻仰学习。余曾见八百余人褐衣而来，晚间聚于一堂，听教习口讲指画焉。昔韩起聘于鲁，得见周礼，曰："始知周之所以王也。"[2]今见法之百艺院，以格致之理训诲工匠，始知法之所以富且强也。

法京星台

天文之学崇兴于法国，素为世所深悉。溯康熙年间，法人南怀仁等来华在京制造灵台仪象，固已载在典策矣。论法京之观象台[3]，除伦敦星台外，可称泰西第一。余每以未能往视为憾，今兹税驾[4]法京，欲趁天气晴霁，瞻仰宏规。因函致总管台务大臣，旋得覆音，订期前往。

其台外观如石建大房，高五层，每层置大小远镜及各种观察测量机器。顶为平台，墁[5]以巨石，取其稳固，恐

---

[1]百艺院，即法国国立工艺学院，创办于1794年，该校具有悠久的高级工程技术人才培养和社会科学研究传统，是一所以科学技术及经济管理为主的法国重点高等学府。

[2]见《春秋左传注疏》卷一："韩宣子适鲁，见易象与鲁《春秋》，曰：'周礼尽在鲁矣，吾乃今知周公之德兴与周之所以王也。'"

[3]法京之观象台，即巴黎天文台（Paris Observatory），为法国国立天文台，法王路易十四于1667年下令修建，1671年完工。

[4]税驾，休息、栖止。税，通"挩""脱"。

[5]墁，涂抹、铺设。

墙基稍有分毫移走，以致台面失平，乃先掘地九丈[1]下，遇磐石之处为基，若非地震，决不能摇动也。台上罗列远镜，俨如大炮，统计所需之费不下百余万金。而法之不惜此重资者，实以能兴天文而为荣也。余至，适值申[2]初，日光明耀，以大远镜观天列宿，无不显于目前。筒长而中黑，一如夤夜[3]，宛然坐井以观天也。不但土、木、天王、海王各行星之月毕露，即观定星亦每以一星而化为二或化为数星焉。海王星诸行星之最远者，自道光年间始知由法京星台测而得之。其掌台学士黎斐略[4]偶见天王星微移，因悟其外必有大星相摄，因无最大远镜，目不能睹，于是推算所在之处，函致伯林布京[5]、伦敦各星台，请代为观察。乃按所言方向，时刻以大远镜窥之，果能看出，此因已见而推于未见者之奇也。考自古振兴天文，盖欲授民以时，使知作息。今诸国各设星台，要皆注意于船政，缘天文不精，未谙星度[6]，则航海无所准绳，是以天文一事，不惟涉于农务，且有关于通商也。

[1]丈，中国古代长度单位，市制一丈约合现在3.3333米。

[2]申，即申时，下午三点至五点。

[3]夤夜，即深夜。

[4]黎斐略，即时任巴黎天文台台长的勒弗里埃。

[5]伯林，即Berlin，柏林，德国首都；布京当为“普鲁士首都”之意。

[6]星度，星辰运行的度数，海上航行或陆地旅行时以此来判定方向或方位，中国古代农业节气的观测也以星度的移动为标准。西汉司马迁《史记·历书》：“乃者，有司言星度之未定也，广延宣问，以理星度，未能詹也。”

法京太学

法京书院林立，惟太学最盛，阅时已历千余年。其始欧洲殷然向慕，故负笈来学者至万余众。旋因文教丕兴，不惟各国京师建立书院，即郡县亦莫不有之。故法京太学[1]之人较昔日减数。然在京生徒虽少，而总数实有所增。缘郡县皆可分往肄业，仍由太学总司而奖以功名。课业昔分五科，曰文学、曰理学、曰道学、曰律学、曰医学。首二科为必由之径，俟学有成效，然后分途专攻一科，或为教师、或为律师、或为医师，皆视所学而给予文凭。二三百年前，专遵罗马、希腊、犹太等古文，彼时各国著作以拉丁文罗马古文也为主，即盟约之举亦莫不以拉丁书之，盖英法布等文尚未兴起故也。今则不但习以诸国今文，更设格致一科亦归理学以训迪之。按：课分内外，内课者专为博取功名，但能恪遵规条即可，从师肄业并无他费，惟须措资自赡。外课已设五六十年，专劝民之好学者。每届春秋二季，教习预拟课程印散民间，至期登台宣讲，其安分守己者，无论男女均准入座环听。倘不善词令，虽学问渊博而听者不过十数人，实因未能委曲详尽也。

太学教习名望素著者颇不乏人。每值宣讲，见绅富来听者车马盈门，甚至本拟观剧，闻值宣讲，则舍剧而听讲者有之，随听以笔纪之者亦有之。法国书院多设外课，与太学相似，虽不如内课之精纯，究能开人之茅塞，启人之新机，岂非有大益于世哉？余在法日，诣太学，每见聚集听讲者有至一二千之数。

[1]巴黎太学，疑为巴黎大学或法兰西学院。

勤求精艺

法国有精艺院[1]，置画阁、石像阁，设教习以课丹青、雕镂等艺。生徒有才能者，岁选数人派往罗马游学，以资考证。因自古所遗丹青雕镂珍物聚于罗马者最夥，故法廷于罗马另设精艺馆一所。虽西方各国无不留心于此艺，惟法国勤求为独，至其所需之费亦由国帑[2]开发。

讲求东土今文

泰西各国书院每设席以课东土古文，至讲求东土今文，惟法国设有专馆以课之。馆自嘉庆[3]年间，那波伦第一创建印度、亚剌伯[4]、土耳其、日本、安南[5]、缅甸、满洲、蒙古各文均有教习，至中华之语言文字亦设席以训迪之。有前在京之法国副使戈某为教习。又有新设东土史鉴一席，其留心东土学问可谓不遗余力矣。生徒虽不甚众，遇遣人赴东土各国者，每取材于此焉。二十年来京都法国使署充当翻译者，皆选本国曾习华文而派委之。教习新有著作即由书院刊印行世。

朝廷设立同文馆，课以西国各学，并设印书处踵刊所译文籍以广流传。合而观之，可谓不谋而同也。

---

[1]精艺院，即法兰西美术院，该美术院从王家绘画与雕塑学术院（1648年）、王家音乐学术院（1669年）及王家建筑学术院（1671年）发展而来，1803年始用今名。

[2]国帑，即国家公款。

[3]嘉庆，清仁宗爱新觉罗·颙琰（1760—1820）年号。

[4]亚剌伯，即阿拉伯。

[5]安南，为越南古名。

阿佳底密，法之翰院

论法京书院，指不胜屈[1]，而最著者有阿佳底密[2]，其义略如翰林院，其事亦与相似。中国词林[3]自唐元宗[4]始，法国创设尚未及三百载。不知闻中华设有翰林院，而效法之耶？在院学士初定额仅四十员，职司文艺以及修补字典。百年以来，格致等学大兴于西国，因附设四科[5]，每科定额四十员，仍以初设文艺为重。选拔额缺与中华较异，中华由贡士[6]朝考[7]殿试而定，法国由本院众学士详稽士子平日著作，以判去取。故中华翰林多出于英年秀士，而法国翰林则得之老宿名儒。选拔之时，有入彀[8]者

[1]指不胜屈，犹“数不胜数”，形容数量很多，扳着指头数也数不过来。

[2]阿佳底密，即academy音译，今作“学院”，此处应指法兰西学院（France Academy），亦称“法兰西研究院”，1635年由法王路易十三下令组建，1637年报巴黎议会备案，成立近400年来，除法国大革命时期外，一直有条不紊地运作。该学院初为规范法语而设，后来向文化艺术领域进军，并对文学团体、学者、公益作品作者提供资助。

[3]词林，原为汇集在一处的文词或词坛，后也用作翰林院的别称。见宋王应麟《玉海·圣文五·康定赐翰林飞白书》：“至和元年九月，王洙为学士，仁宗尝以涂金龙水笺为飞白‘词林’二字赐之。”

[4]唐元宗，即唐玄宗。翰林院始创于唐朝。

[5]附设四科，指法兰西学院分为铭文与美文学院（又称“法兰西文学院”）、法兰西科学院、法兰西美术院、法兰西人文学院四个学院。

[6]贡士，古代科举考试中试者的统称，原为诸侯推荐给皇帝的士人，唐宋时期以府州县考中者称乡贡士，明清时期会试中试者称贡士。

[7]朝考，清代新科进士取得出身后，礼部以名册送翰林院掌院学士，奏请皇帝，再试于保和殿，由特派大臣阅卷，称为朝考。

[8]入彀，原指弓箭的射程之内，后比喻人才被统治者网罗，科举制为选拔人才之方法，故后人也将科举进士考试通过称为“入彀”。语出《庄子·德充符》：“游于羿之彀中。”又，五代王定保《唐摭言·述进士上篇》：“文皇帝（唐太宗）修文偃武，天赞神授，尝私幸端门，见新进士缀行而出，喜曰：‘天下英雄入吾彀中矣！’”

将白丸置于椟中，否则置以黑丸。试毕，当堂启视，检黑白之多寡，而优劣定焉。故人谓得白丸者如获金丹，名垂不朽。若中华所云登瀛洲[1]之意也。德英俄三国均有文艺院即阿佳底密，皆仿法制而设。

诗翁寿辰

在院学士之冠绝群伦者，惟诗翁虎哥[2]一人，宏于著述。国人敬如谪仙[3]，即泰西诸国亦遍流传，无不艳羡。余在法京时，适值诗翁八旬寿辰，远近士庶多遣人致贺，奉以花篚、画幅及诸赞词。各城遣至者或数人，或数百人，列队张旗，上志贺者姓氏籍贯，众队合行。有将帅以管带之，一如行军，抵门则鼓乐以进，少选朗诵赞词，呈递祝仪，翁坐高台以酬谢之。自朝至夕，络绎不绝，计二十余万众。是日往观，见翁端坐，气象雍容，孙男孙女左右相依，绕于膝下。斯时复有众童男幼女长歌而祝曰：吾侪长歌以赞扬，众如凡鸟翁如凰；才德优长，谷我士

---

[1]登瀛洲，比喻士人得到荣宠，如登仙界。见唐李肇《翰林志》：“唐兴，太宗始于秦王府开文学馆，擢房玄龄、杜如晦一十八人，皆以本官兼学士，给五品珍膳，分为三番更直宿于阁下，讨论文典，时人谓之‘登瀛洲’。”

[2]虎哥，即维克多·雨果（Victor Hugo，1802—1885），法国作家，19世纪前期积极浪漫主义文学的代表作家，人道主义的代表人物，被称为“法兰西的莎士比亚”，一生写过多部诗歌、小说、剧本和各种散文、文艺评论及政论文章，在法国及世界有着广泛的影响力。

[3]谪仙，即谪居世间的仙人，常用以称誉才学优异的人。此处指李白。

女[1]同孙子，敢不以祖考[2]相将[3]，但愿翁兮永寿无疆。翁闻之恻然于衷，不觉泣数行下。因抚一二小童欷歔[4]者，再亦藉以示其惠爱云。时冢宰[5]奉命往祝，并赐多珍焉。法国虽尚格致之学而究不轻斯文之士也。

余在法京屡谒中华使署，见星使[6]曾袭侯纪泽[7]，欢然道故。侯识英文、能英语，与泰西大臣晤谈，颇不隔膜，洵有裨于公务也。本兼使英法两国，复奉命往俄修改条约，并蒙前同文馆肄业生联芳现署驻俄参赞官、联兴二人皆任翻译伴游于名胜之区，襟怀为之一快。庆常亦任翻译初在驻俄中华使署，后旋法亦尝面晤焉。

---

[1]谷我士女，见《诗经·小雅·莆田》：“以祈甘雨，以介我稷黍，以谷我士女。”谷，喂养。

[2]祖考，指祖辈和父辈。

[3]相将，即相随、追随之意。

[4]欷歔，犹“唏嘘”，（悲伤的）感慨、叹息。

[5]冢宰，职官名，西周制，位次三公，六卿之首。见《尚书》：“冢宰掌邦治，统百官，均四海。”后世雅称吏部尚书。

[6]星使，古时认为天节八星主使臣事，因称帝王的使者为星使。

[7]曾袭侯纪泽（1839—1890），字劼刚，清末外交家，曾国藩之子。下文所言奉使俄国指的是1880年曾纪泽兼任驻俄公使，赴俄国谈判伊犁事宜，最终与沙俄签订《中俄伊犁条约》。袭侯，指曾纪泽从其父世袭而来的侯爵，曾国藩为一等勇毅侯。

第四章　德国

前往德国

七年五月初七日，由铁路起程前往德国，道出比、和两国，各留一宿，未暇问俗，故不具陈。

初九日，抵德国旧都艾克斯[1]，谒创业先君之墓。墓在礼拜堂中，有卧碑镌大槎理[2]三字。按：槎理在唐中叶仅为小邦德国之小邦，储贰[3]因才智越众，有王者之德，故克大承鸿绪[4]，归并西欧洲诸邦，而称帝于罗马焉。自彼时至嘉庆十一年[5]，德国统领之君皆沿罗马皇帝尊号，相继弗替。城中有议事宫，七十年前诸国使臣曾于此会议，以定欧洲大局，因往观之。

[1]艾克斯，即亚琛（Aachen），位于德国西部，为查理大帝的出生地，被查理大帝打造成加洛林王朝文艺复兴的中心。814年，查理大帝死后，即埋葬在亚琛主教座堂内。

[2]大槎理，即查理大帝（Charles the Great，742—814），法兰克王国加洛林王朝国王，德意志神圣罗马帝国奠基人。800年，他由罗马教宗加冕为“罗马人的皇帝”“文明的启导者”，权力达到顶峰，死后查理帝国一分为三，分别成为德、法、意三国前身。

[3]储贰，即储副，太子。

[4]鸿绪，王者世代相传的大业。

[5]嘉庆十一年，即1806年，是年，于962年建立的神圣罗马帝国被拿破仑强制终结。

哥罗尼教堂

是晚抵哥罗尼[1]，译其义为驻防。盖汉时罗马初征服德国，建城设兵于此城。临连那江又作来因河[2]，帆樯林立，往来甚夥，贸易亦颇繁盛。然城中可观者惟教堂一所，堂以石建，上矗五塔，高者五十余丈，堂长四十四丈宽，高各十五丈，由堂外观如垒石山，即而视之，门墙窗牖，雕镂精细，殆如鬼斧神工俗传兴造之初有鬼神献图。堂顶蔚蓝色，贴以金星，入夜观之，令人疑与彼苍相接也；柱四行，每行十数根，周约四五丈，穷极刻工，酷肖天产树木，仰而瞻之，有如枝柯高结；下为复道，而以柱作盘错形，盖会意于山林也。是堂创自宋理宗[3]时，至光绪六年[4]大工始竣历时六百三十二年，德国君后乃大兴崇礼以庆其成。泰西各国堂宇均筑以砖石，式分二类：一仿罗马式，一仿德国古式，故名为古德式[5]。古德式门窗以

[1]哥罗尼，即科隆（Cologne），德国西部城市。公元前38年古罗马曾在此建立要塞。

[2]即莱茵河。

[3]宋理宗，赵昀（1205—1264，1224—1264在位）。

[4]光绪六年，即公元1880年。

[5]古德式，即哥特式（Gothic），承继于古罗马帝国，发源于12世纪的法国，鼎盛于欧洲中世纪，持续到16世纪的一种建筑风格，其特色为尖顶拱门、肋状拱顶与飞扶壁，常见于欧洲的主教座堂、教堂和修道院，城堡、宫殿、学校以及私人住宅均可见其踪影。在18世纪，哥特式建筑在英格兰得到复兴，并持续影响到20世纪，复兴后主要影响教堂与大学。

双圆弧相交为之，罗马式[1]门窗以单圆弧为之。此则门窗高而窄，堂中黝黑，宜于祠宇；彼则门窗高而大，堂内光明，宜于宫殿。古德式以哥罗尼教堂[2]为天下第一。各国不远千里而来观者，每日不下数百人，而余绕道入德国，亦仅千里，既可观瞻，又岂得惮其跋涉耶？

龙崖佳景

十一日登轮舟于连那江[3]，逆流而上，抵七山[4]，住三日。七山有一峰，名为龙崖者土人相传，昔有恶龙祟及民生，彼时因教化未兴，乃沿习俗以童女祀之。后有壮士杀龙者，民困始苏。按古传所载，欧洲随在有此荒谬之说，余未之敢信。上建浮屠[5]，係旌表德法相战时诸尽节之士也。自此复逆流而上，抵哥布伦斯城[6]，风景佳

[1]罗马式，指罗马式建筑（Romanesque architecture），为欧洲中世纪一种以半圆拱为特征的建筑风格，从12世纪开始逐渐过渡到以尖拱为特征的哥特式建筑。罗马式建筑兼有西罗马和拜占庭建筑的特色，因其结实的质量、厚重的墙体、半圆形的拱券、坚固的敦柱、拱形的穹顶、巨大的塔楼以及富于装饰的连拱饰而知名，显得雄浑而庄重，与哥特式建筑相比，略显质朴。该建筑风格多使用在城堡、修道院、教堂领域。

[2]哥罗尼教堂，即科隆大教堂，位于德国西部科隆，从1248年至1880年，工程时断时续，建造时间持续600余年，教堂双塔高度达157米，为当时世界最高教堂和最高建筑物。

[3]连那江，即莱茵河（Rhine River）。

[4]七山，根据上下文推断，当为德国莱茵河畔城市吕德斯海姆（Rudesheim），普法战争纪念碑即建于该城。

[5]浮屠，原指佛塔，此处应指普法战争纪念碑。

[6]哥布伦斯城，即科布伦茨（Koblenz），德国西部城市，为古罗马城镇，公元6世纪曾为法兰克王室驻地。

美，旁建国君行宫，砺山带河[1]，势甚雄壮。对岸石山有炮台一座，控制要害，驻兵二万。昔德之诸邦未经统一，布国[2]置此炮台，洵为国内第一险隘，嗣因一其主权即不复，特为保障。今不过仍其旧迹而已。自此复逆流而上，抵面兹城[3]，规模宏大，所设之兵多于哥布伦斯。西国印书之法自彼开始。明代天顺[4]间，有德人顾汀浦[5]者，以铅锡铸成字母二十五种即活字板试行刷印。按：以前书籍经卷悉赖钞写，故此法一出，各国称便。购者不但价廉，字亦真切，因而文教大启，学校逐渐加多，而民之茅塞顿开矣。是以城中设石像以志其功。自哥罗尼至面兹，计程约一千五百余里，沿江两岸山景，应接不暇，其秀丽甲于欧洲，故中古历代诸侯于两岸建造宫殿，古迹流传至今焉。

[1]砺山带河，意即山如砺石，河如衣带，比喻山河永固，历时久远。《史记·高祖功臣侯者年表·序》：“封爵之誓曰：使河如带，泰山若厉，国以永宁，爰及苗裔。”

[2]布国，即普鲁士王国，存在于1702年至1918年，在历史上是统一德意志的核心力量。1871年，德意志第一帝国即在普鲁士王国对外三次战争的基础之上成立。这三次战争分别是1864年普丹战争、1866年普奥战争和1871年普法战争。1918年，因德意志帝国深陷一战泥潭而引发国内革命，普鲁士王国亦随之灭亡。

[3]面兹城，即美因茨，德国莱茵兰-普法尔茨州的首府和最大城市，位于莱茵河左岸与美茵河交汇处。

[4]天顺，明英宗朱祁镇（1427—1464）年号。明英宗两度在位，第一个年号是正统（1436—1449），第二个年号是天顺（1457—1464）。

[5]顾汀浦，即约翰内斯·古登堡（Johannes Gutenberg，1397—1468），生于神圣罗马帝国美因茨，欧洲铅活字印刷术发明家和改进者。该项技术的发明对文艺复兴、宗教改革、启蒙运动和科技革命等进步运动起了不可估量的作用，为现代知识经济和技术的传播奠定了基础。

路德石像建于倭木斯

次日，由铁路行抵海德堡[1]，道经倭木斯[2]之古城，有浮屠上建石像，系旌表国士路德者。彼以德文翻译《圣经》，因而教化重兴。海德堡者，巴定公今公系德皇之驸马之旧都也。自宋代建宫山上，既钜且坚，安置炮台，藉以御敌，殆如战国时常有乱萌，故严以备也。后被法人所毁，遂迁都于邻邑。其园囿广大，故迹犹存。国君许民为休息之地。宫内有博物院储存古器，外设亭台可以作乐。每值天清气爽，丝竹管弦之音洋洋盈耳，听者不下数千人焉。其地重山复岭，突兀嵚崎，峰之最高者一时可以拾级而登。因德俄两国之君前后均临幸之，故名为宝座云。山中有河可通舟楫。水势弯转，形如曲带。居民不过二万，而城以书院著名。书院创自明洪武[3]间，今历五百余年矣。德之前代储贰以及诸邦士庶，多肄业于此。其教习之尤著名者，即公法家布伦氏[4]也，所编《公法会通》[5]同文馆已译及之。余至其地，即竭诚往拜，在此流连三旬。每日乘便造院，听布君讲解公法肯要。书院教习四十余席，生徒数至七百，而列籍英美者有四十余人焉。

---

[1]海德堡（Heidelberg）位于德国巴登-富登堡州法兰克福附近，下文言及的书院即系1386年建立的海德堡大学，是德国最早的大学。

[2]倭木斯，即沃尔姆斯（Worms），德国西南部城市，位于莱茵河西岸，公元5世纪曾为勃艮第王国京城，也是马丁·路德进行宗教改革的中心，故被称为“路德之城”。

[3]洪武，明太祖朱元璋（1328—1398）年号。

[4]公法家布伦氏，即法学名家约翰·卡斯帕·伯伦知理（J. C. Bluntschli，1808—1881），瑞士法学家、政治家，曾任苏黎世大学、慕尼黑大学和海德堡大学教授。公法，即国际公法，今作国际法。

[5]《公法会通》，有丁韪良译本，该书主要讲述国际法内容，为中国第一本对国际法作介绍的书。

布君以德语讲课，交友则恒用法语。按：德国大小学校向分五等，下等为课婴孩者，二等为开蒙，专课本国语言文字，三等则渐习古文及邻邦今文，四等则进以各国古今文字与格致等学。上等则诸学无不探讨，而重在性理道法医等课。学者由下等以次而进，学规约束亟严，不使稍事怠惰。但一列名太学，不复督催。盖谓年已成丁[1]，其能上进与否惟系乎己，故不复苛责之也。以余视之未免涉于轻纵，因恒见有生徒阳为入学肄业[2]，而阴图风景宜人，终属有名无实耳。甚有无故执械争斗者，相沿成风，而学院不之禁。盖谓鼓动勇敢之气，因而面带伤痕者多，怪哉！

[1]成丁，旧时指男子成年，也指成年男子。

[2]肄业，古意为师授生曰授业，生受之于师曰受业，习之曰肄业；今指在校学习，没有毕业或尚未毕业。

第五章　瑞士国

由德国往瑞士

六月二十三日，登铁路往瑞士避暑驻布中华使署之前同文馆肄业生赓音泰闻余在海德堡，不远数百里来迎，而余适往瑞士避暑。秋间复回德国，始得见之。道经富来堡[1]，小住一宿，乘便拜学士何士德者。公著述颇宏，其遗惠尤大者为《美国史记备考》一书。不惟美国之人景仰，即德人亦劳之以银，以资垂诸黎枣[2]。夫采访异邦事迹，著书立说，其文详尽而不遗，其论公允而不偏，使人倾心悦服，已属难能。若著论于他邦，而蒙赏于本国尤为罕见。迩来美国杨湖金书院欲聘为教习，因抱恙辞而未就，殊觉怅怅[3]。

[1]富来堡，即弗莱堡（Freiburg），德国西南部城市，紧靠法国，该城为古老的天主教教区中心，有著名的弗莱堡大教堂和文艺复兴时期创办的弗莱堡大学，亦为德国葡萄酒生产中心，且以环保理念先进举世闻名。

[2]黎枣，即黎庶，普通百姓。

[3]怅怅，失意不快的样子。

陆晋湖[1]

余在瑞士寓于陆晋湖滨，住经匝月[2]。其民率用德语，除与学士往返论文外，每暇或陟高山而游览，或登小舟而徜徉其湖，如乂字形，每角设一郡，因名为四郡湖。按：瑞士湖泽约数十处，惟此湖为最美。其地逐水草而居，游牧者众。缘国中多山，不宜耕耨[3]，四时恒有积雪，远望势如白云。其向阳者，入夏始融为水，自重峦峻岭，下注成溪，一遇巨石堵截，骤悬空为瀑布，湍激倾泻，其声泠然，洵胜境也。瑞士民俗朴厚，即贫者亦以义命相安无稍怨，尤因性耽故土，非万不得已绝不轻去乡井[4]。故有事远出者，往往思乡抑郁成疾。

童女山[5]

七月二十八日，由陆晋湖前往双湖相近之童女山。山势孤峙，每为积雪凝水所蔽，远望莹洁如玉。以其质甚清白，因名为童女山也。余往观之，沿河行约百余里，两岸有山耸立，或数十丈，或数百丈。其上草木葱笼，有溪水

[1]陆晋湖，即卢塞恩湖（Lake Lucerne），又称琉森湖、四森林州湖（即下文“四郡湖”），位于瑞士中部，地处卢塞恩州、乌里州、施威茨州和翁特瓦尔登州之间，四周为阿尔卑斯山所环抱，湖水澄澈，环境清幽。

[2]匝月，即满一个月。

[3]耕耨：耕田除草。亦泛指耕种。

[4]乡井，即故乡。

[5]童女山，即瑞吉山（Rigi），位于卢塞恩湖和楚格湖附近，海拔1797.5米，名称来源于拉丁语Regina，意即“山中皇后”。19世纪通火车后，该地成为避暑胜地，后渐没落。

迅流成瀑布者，不计其数。而瀑布有格外高悬，视之几至百丈，下注水，未及地即化为雾。远望或如轻烟，或如细尘，被风一吹即散，因名其水曰司都浦译即烟尘也。山旁有羊肠小径，可以攀援。经三时许始至平坂，设有饭店三处，一时饮食者至数百余人，半皆览胜而来者也。后有青木山，绿茵遍地，牲畜每游牧于斯焉。此处天时地利无一不佳，所以四方之人不惮跋涉之劳，以为避暑养疴之地。余至其处一宿即旋，每远闻雷声震耳，然天气晴和，始悉所闻轰轰者，乃童女山巅冰雪被日融化下坠之声也。大如巨室，速如炮弹，故闻数十里之遥。冰雪下坠，土语牢阴。每遇陨落，乡野被压毙者有之。其声如雷入余耳者，计二十有二次。故山侧向无居民相近。石山之下前有村名爱尔木者。自余去后，闻有陨石之灾，村民死者百余人，房屋毁者数百间云。

太白山

闰七月初五日，由童女山道经冉城[1]，诣太白山洋语蒙布朗[2]，住八日即旋。其山在法界，与瑞士毗连，为欧洲诸山之冠，秀美虽逊于童女，而崇高则过之。余盘桓[3]五日未见山巅，因有云雾以封锁也。至第六日，云雾薄收，而群峰始争出焉。积冰宿雪，每一映日，幻成五色迷

[1]冉城，即日内瓦（Geneva），瑞士西部城市，紧邻法国，以众多国际组织设置于此而闻名。

[2]蒙布朗，即勃朗峰（Mont Blanc），又译为白朗峰，海拔4810米，位于法国、意大利边界，是阿尔卑斯山的最高峰。

[3]盘桓，即逗留住宿。

离，虽淹留五六日，始获睹此大观，亦属快事。

格拉细尔[1]冰河

按：雪化成冰，俗名格拉细尔，译言即冰河也。此等冰河共计十六道，宽数百步，厚数百尺，无水河面迸裂陷为巨壑，步其上者虽为坚冰，亦即深渊也。闻四十年前，有三人过冰河，失足陷于裂隙之中，竟至无法援救。时有博士云，冰河虽视之不见动移，实则逐日下移数寸。若综核之，历四十年后可得三人之尸，后如其言而葬之以礼焉。

赴东文大会

十五日，荆人[2]暂息于冉城，余诣布京赴东文大会。各国向有此等文会，迩来复设总会，例定每三载广延谙悉[3]东土语言文字者，互相砥砺，始聚于伦敦，依次聚于法俄义德。会之于义也，国君曾亲幸之；会之于俄也，国君饬廷臣具柬，敦请会友，令诣其宫以相见。惟会于伯林，因国君避暑未归，以故未克亲临谕令，学部大臣代尽地主之谊系兼理教务职，似中国礼部。先于私第设筵相请会友面晤，礼不拘泥，客至有二百余人，复于大客寓款待，视前尤优。其花园覆以玻璃凉棚，高五六丈，下列长

[1]格拉细尔，即glacier，今译“冰川”或“冰河”。

[2]荆人，对自己妻子的谦辞。

[3]谙悉，即熟悉、明白。

几三行，每行五十余座。宾主互相庆贺。至文会事务，则集于太学，列为三班。每班另室，每日朝夕两次相会。其东雅细亚[1]一班以汉文、日文为重，其西雅细亚一班以犹太、亚剌伯、土耳其等文为重，其南雅细亚一班以印度文为重。余于斯时所建议者，乃本东周列国[2]往来之例，以示中国早有公法之意旋以法文刊刻行世。会竣之日，德国会首奉君命，请诸客游览乡间别宫，距城约六十里，既登铁路以往，旋乘轮舟而归。其宫规模均效法国之式，惟不甚宏敞，引河入于园中灌溉，花木丛密，所设自流水法尤妙。因四境多为平原，故鲜见山峦起伏也。

伯林太学[3]

按：伯林布京太学系为国君旧宫，因新宫造成，乃赏焉太学，足见崇尚文教之意。教习二百四十余席，生徒至四千一百人，声名洋溢，为欧洲诸学之冠。查布国二百年前曾为诸侯小邦，因从路德新教[4]讲求新民，首以建学校为急务，继而称王。其国渐强而终成帝业焉。余住布京月

[1]东雅细亚，即东亚。下文西雅细亚，即西亚；南雅细亚，即南亚。

[2]东周列国，指东周时期中国所处的春秋战国争雄时代。

[3]伯林，即柏林（Berlin），时为普鲁士（即文中“布国”）首都，现为德国首都。柏林太学，即柏林大学，1810年由普鲁士王国建立。

[4]路德新教，即基督新教的一支“路德宗”，又称“信义宗”。1517年马丁·路德发起宗教改革后成立，主要分布在德国、丹麦及斯堪的纳维亚半岛诸国，总人数8000万到1亿。

余，屡拜星使李公凤苞[1]，得与参赞官徐公建寅[2]、前同文馆肄业生赓音泰、荫昌[3]畅谈，洵一时快事也。

[1]李凤苞（1834—1887），字丹崖，祖籍江苏句容，生于江苏崇明（今上海崇明），精于测算，深受李鸿章赏识，为清末外交家，曾任驻外公使，主要著作有《四裔编年表》《西国政闻汇编》等。

[2]徐建寅（1845—1901），字仲虎，江苏无锡人，徐寿之子，清末科学家。先后任职于江南制造总局、福州船政局等处，光绪四年（1878年）曾任驻德参赞，主要著作有《造船新书》《兵法新书》等。

[3]荫昌（1859—1928），字午楼，满洲正白旗人，清末民初重要政界人物，清末海军大臣，曾任清廷驻德公使、驻荷公使等职。

第六章　英国

行抵英国

八月十八日，由伯林路经和兰，适英京伦敦住五日。其富庶甲于天下，居民四百余万，较法京数虽加倍，而房屋街衢之美则逊之。然书院、博物院随在皆有，宫殿堂宇势甚恢宏，因无暇躬诣，故未能详载。惟宫殿有一所为客游伦敦所必观者，名为阿碑[1]，内分大小堂宇数处，为先王之陵寝。凡历代忠荩名流，亦多在殿中瘗葬[2]。殿之墙壁均立石碣以旌之，设石像以荣之。其有著诗文而寿世，兴算格而立名之。向无官爵者，国家视其功德及民，亦准葬此而褒扬之，即可名垂不朽。略如中华之昭忠、贤良等祠[3]也。其礼虽不爇香以为祀，其名亦可永世弗衰。昔有

[1]阿碑，即西敏寺或威斯敏斯特教堂（Westminster Abbey），位于伦敦泰晤士河南岸，英国教会首席主教座堂，也是英国国葬陵墓和英王加冕登基地点，现为皇家胜迹，1987年被列为世界文化遗产。

[2]瘗葬，即埋葬。

[3]昭忠祠，为我国古代皇帝为褒扬臣下忠烈而建立的祭祀国王、忠臣之所，我国境内现有多所忠烈祠，例如北京昭忠祠（现名报国寺）、福州昭忠祠、营口昭忠祠和巢湖中庙昭忠祠等。贤良祠，位于北京地安门附近，始建于清雍正八年（1730年），主要祭祀王公、大学士、尚书、左都御史、都统、将军、总督、提督、巡抚、副都统等为清朝作出贡献的人士。

水师提督纳尔孙者，率师与法人战，临阵自励之，曰：生则膺以侯爵，死则葬于阿碑。由此观之，二者几乎并重矣。

鄂斯甫太学[1]

异日，乘火车行三百里至鄂斯甫观太学，生徒至二三千之众。新设汉文一席以英人理公[2]司之。理公前在巫来由[3]、香港等处传教多年，乃将四书五经译以英文，俾西人得识中国圣贤之道，其功于儒门者良非浅鲜。蒙理公邀游各书院。盖太学内分列学宫二十余所，各建高楼，围以石垣，有园囿可以游憩。其政务归各山长与总管大臣会议办理。此学创于唐懿宗时，今已历千余岁矣。屋宇依然屹立，虽久犹新。其始书院不过一二所，后经国君累世增设并绅富捐资建造，以故逐渐加多。各院课业大抵相同。向者独崇古文，今则渐兴格致诸学。盖亦迫之，不得不尔也。教习薪俸暨学士奖赏，每年有至五十五万两之数。

北英有干毕治之古太学[4]，与鄂斯甫并驾齐驱。富虽不如，而学业之精、升途之众，则不逊之。彼虽长于算格[5]，此则精于古学；彼则质胜于文，此则文胜于质。近

[1]鄂斯浦太学，即牛津大学（Oxford University）。

[2]理公，指理雅各（James Legge，1815—1897），英国苏格兰汉学家、牛津大学教授，翻译诸多中国古代典籍，如《论语》《孟子》《诗经》《易经》等，合称“中国经书”。

[3]巫来由，即马来亚。

[4]干毕治之古太学，即剑桥大学（Cambridge University）。

[5]算格，即数学。

代新建太学于京都，声名颇著。苏格兰太学有四[1]，均以性学[2]著名。爱尔兰太学[3]有二三邦英、苏、爱。各等书院指不胜屈，复为广设乡塾。由是民俗归厚，士业奋兴，亦国家富强之机所系也。

赴电机总会

二十三日，自伦敦旋[4]冉城，路经巴里住五日，见电机总会，设于勉勤宫。农工恒赛会于此，故名。春间画工亦会于此，赛比所作之画二千余幅。宫长百余丈，阔数十丈。当时各项电机充满，因各国之人均运新造之器来此，以较优劣焉。其各式电报有摇铃为记，画画为记，指字为记，刺字、印字为记。以至传递本人字迹此处绘图，一为振笔，其字迹刻即露于彼处，虽远在千里亦无不毕肖。此皆数十年来已有之妙法也。今则更有以传音者，此处启口一为成音，其言语刻即达于彼处，虽远在百里千里亦可传及，惟音稍散漫亦听之历历。设电线由宫通于戏园，能将听演之剧达之于耳，俨如人在当场。创得此法不过五六年，今已周行于各国矣。见有各式电灯，大者辉如皎日，悬挂街巷之中，其光芒射目，殆不可当。小者亦灿若明星，以便家室所需。法京广用电灯。戏园大街三载以来，

---

[1]苏格兰太学有四，指位于今英国苏格兰的四所古老大学，分别是创建于1410年至1413年间的圣安德鲁斯大学、创建于1451年的格拉斯哥大学、创建于1495年的阿伯丁大学和创建于1583年的爱丁堡大学。

[2]性学，今指哲学、伦理学等人文学科。

[3]爱尔兰太学，即都柏林大学圣三一学院，创办于1592年，为今爱尔兰共和国最古老的大学，创办者为英国女王伊丽莎白一世。

[4]旋，即回、归。

将前所用煤气灯尽行撤去，故街中于夤夜间无一黑暗之区。铺户仍然开市往来，行人反较白昼加多。查以电气为灯，格致家悉之已久，惟昔以湿电为之，所费实属不赀，缘以强水[1]消化铜铅故也。今则以干电为之，系恃汽机之力，令磁铁旋转以生电，即所谓力化为电者是也。较前为便。除此三类，他如以电机琢磨宝石，以电机代女工运动针线，以电机开行车辆，种种奇异，难以枚举。宫门有铁路长半里，以电气运车，亦如寻常。火车但恃铁线以通力而已。出入此宫者多登其车以试之。计宫内电气机有万数，要以干电行之。其力原出于蒸气机，一具借铜线以分布也。即以水力、马力行电机亦可，且不但以铜铁线能通力于远处，并可存储电气装运他处，以备不时之需，略如火药之蓄力也。以勉勤宫诸事观之，可知各国勤求格致之学，彼此有不相让之情焉。

旋冉城

二十七日，旋冉城，盘桓四月。城面临巨湖，背列重峦，纵目远瞩，秀美异常。故游客群择以居，民数约六万。即以在乡者，合计之亦不过八万。语言文字，皆从法国。所操之业，以制造钟表、乐器为大宗。工人秉性聪慧，手艺精巧。不但有师传之可遵，地方官更设专学，俾习测算格化诸课，藉以精其所业。如此留意工匠，则其崇尚学校，不问而可知矣。

[1] 强水，即镪水，强酸的俗称。

冉城自立之故

查冉城孤居一方，昔为自主之国[1]，累世入安三百余年。其地适当冲要，三面环列强，邻地无险阻，民鲜战力。而能屹然自立，不被外侮侵陵者，不恃以武功，实赖乎文德也。盖居官者执公法以理交涉，而友邦无不以玉帛相见。故世之攻公法学者，惟冉城特著令闻焉。百余年前有发得尔[2]者，为当时公法家之冠，所著之书翻译各国文字，广行传播，垂至于今。溯自七十年前，冉城入瑞士联邦，若以外交而论，即不复为自主之国，然一切内政仍自专之。余于冉城得识学士多人，而太学公法教习霍尔农、前学院教习狄德利善会以救护伤兵为事、董事穆尼耶三公，与余交尤契，倾谈学问，获益良多。与霍公讨论公法，将余所著《中国古公法论略》[3]稍事点窜，付诸手民[4]，得以问世。与狄公每食必同席，用英法德之语以资论说。穆公仁爱宅心，以救人为己责。家称素封[5]，而能不辞劳瘁，以兴义举。因而诸大国深感其德，奖以宝星[6]焉。蒙三公将所著之书惠然见赠，复承引余至所设各会。其一为兴师学而设，会友四五十人，皆书院之教习也。意

---

[1]指自1541年加尔文宗教改革起、到1815年加入瑞士的日内瓦共和国，其中1541年至1552年被称为“日内瓦神权共和国”。

[2]发得尔，指生活于18世纪的瑞士国际法学家瓦特尔（Emmerich de Vattel, 1714—1767）。

[3]《中国古公法论略》，即丁韪良于1884年编写的《中国古世公法论略》，主要介绍了中国春秋战国时期列国间交往的基本准则。丁韪良将之视为古代中国的国际法，未免有牵强附会之嫌。

[4]手民，即雕版排字工人。

[5]素封，指无官爵封邑而富比封君的人。

[6]宝星，即勋章，因清代勋章镶嵌有珍宝，故称。

在互相观摩，以得教授要法。请余论中华学业，旋以法文付梓[1]。其一为讲地理而设，会友亦四五十人，除教习十余员外，半系冉城富室，其会每月两次讨论地球形势、万国情状，以广见闻。聚集之所列阁以藏书史，凡古今各国新旧地图，无不搜罗殆尽，什袭而珍惜之。遇儒士曾游海外而来者，每致敬延留，聆其快论。蒙请将中华地舆[2]略为陈说，彼时余论黄河之水易道北流，并本《禹贡锥指》[3]一书将其历代迁移，约略言之已译法文刊行。其同仁会亦于此所，按月聚集商办义举。彼时所议大端有二：其一委老成之士酌度贫寒子女之病势，或带往海滨沐浴，使浸咸水以健其体，或携登高山眺望，使得清气以爽其神。盛夏之时遨游数旬，可以勿药有喜矣。其一将期满罪人设法安插。盖良民不齿此辈，以致难觅衣食，而既经缧绁[4]，即无颜面向人，遂至无所恃事，易于复犯。善会于出狱之日，令其工作以资养赡身家，可望有耻且格[5]矣。会中善举甚多，而义学不与焉。因官设学校已足教养人才也。红字会救济被伤兵丁之事，本由同仁会而出。咸丰九

[1]付梓，即印刷出版。

[2]地舆，即地理，因地载万物，故比之以车舆，后因称大地为地舆。

[3]《禹贡锥指》，作者胡渭（1633—1714），他汇集前代对《禹贡》的研究成果，并结合自己的考察，辨别具体的地理方位，更正不少前代地理观念的错误，且对前代河道变迁、水利兴衰发展历史予以详细研究，对历代地域经济的开发特别关注。该书是一部综合了地理、历史、经济等多方面资料的书籍。书名取自《庄子·秋水篇》“以管窥天，以锥指地”之语。

[4]缧绁，古代用以捆绑犯人的黑色大绳索，后比喻监狱。

[5]有耻且格，指人有羞耻之心，能够自我检点而守定正道。语出《论语·为政》：“道之以政，齐之以刑，民免而无耻；道之以德，齐之以礼，有耻且格。”

年[1]奥法相战，有瑞国医士杜南[2]者，归自战场，将目睹情形向会中述之，曰："被伤兵丁数万，军营医士照料不及，卧地被露所浸以致溃烂而死。"会友闻之莫不感伤，于是议设另会专为救济被伤之事，以红十字为记，名为红字会，转告各国各遣使会议章程。

瑞士永守局外

按：欧洲诸大国相约将瑞士永为战时局外之地[3]，邻国偶有失和，瑞士不得干预。战国亦不准稍犯其境，以故虽有强邻，不敢妄加吞并，瑞士恃公法以自立，无异鲁国恃先王之命以不恐尔[4]。瑞士既定为局外之地，诸大国每择冉城以为会盟之所。同治四年[5]，诸国公使会于冉城，以定战时料理病伤士卒之新例，其在事之战国一体保护。盖拯命之事，决不意存畛域[6]，但知救其病伤而已。即凡

[1]咸丰九年，即1859年，是年爆发的奥法战争即索尔费里诺战役，杜南即目睹该战才创办"红十字国际委员会"。

[2]杜南，即亨利·杜南（Henry Dunant，1828—1910），瑞士商人和人道主义者，"红十字国际委员会"创立者之一，1901年首届诺贝尔和平奖得生。

[3]瑞士永为战时局外之地，即1815年维也纳会议，瑞士签署《巴黎和约》，确认其为永久中立国。

[4]事见左丘明《国语·鲁语上》。（鲁国大臣展禽）对曰："恃二先君之所职业。昔者成王命我先君周公及齐先君太公曰：'女股肱周室，以夹辅先王。赐女土地，质之以犠牲，世世子孙无相害也。'君（齐孝公）今来讨弊邑之罪，其亦使听从而释之，必不泯其社稷；岂其贪壤地而弃先王之命？其何以镇抚诸侯？ 恃此以不恐。"齐侯乃许为平而还。

[5]同治四年，即1865年。

[6]畛域，意即范围、界限。

民有丧，匍匐救之之义。此举由友人穆尼耶[1]鼓舞而成，故伊现为会中董事。冉城议事宫已泐石[2]而志其事。

五国判断争端

又同治十二年[3]，英、美、义、瑞士、巴西五国遣使会于冉城，以判断英美争端。前于同治初年，美之逆民曾购兵艘于英，因毁美之商舶极多。缘英人妄售有干公法定章，故美廷将被毁船值取偿于英，讵料英不允诺，几至互动干戈。于是两国立款邀请友邦特简公使秉公以断，旋由公使判定令英偿银一千五百万圆。英虽强国，亦惟俯首输纳[4]而已。可为诸国息争之鉴，议事宫亦泐石而志其事。

[1]穆尼耶，即古斯塔夫·穆瓦尼耶（Gustave Moynier，1826—1910），瑞士法学家，活跃于多家慈善机构，与杜南同为“红十字会国际委员会”的创办人，并担任该委员会主席达46年之久。

[2]泐，同“勒”；泐石，刻字于石，亦指立碑。

[3]同治十二年，即1873年。此事件为“阿拉巴马号索赔事件”。详细内容文中已叙，兹不赘述，该事件应在同治十年（1871年）前后业已解决，丁韪良所述有误。

[4]输纳，即缴纳。

第七章　义国

穿山入义国

十一月二十二日，登铁路，穿山洞，南行至义大利[1]之都林、冉瓦、毕撒[2]等处。按：铁路之初创，每绕道渐登而过山。今则凿破山石，直穿山腹而过洞，高阔各三丈，长三十里。此处为法、义分界，故所费两国公给。或留一宿，或留一二日，名胜未能悉载，惟于冉瓦见园囿青葱，鲜花满地，与山北迥异。因穿山突然出洞而逢春也。四百年前，冉瓦人有哥伦氏[3]者，初开海路行抵美洲。彼时南北两大洲惟野人[4]居，今则大小数十余国，得哥伦氏执天文之学以烛其路，而开一新世界，其功伟矣。故冉瓦

[1]义大利，即意大利（Italy），欧洲地中海沿岸国家。

[2]都林，即都灵；冉瓦，即热那亚；毕撒，即比萨，三城皆为意大利西北著名城市。

[3]哥伦氏，即哥伦布（Christopher Columbus，1451—1506），探险家、航海家、殖民者，出生于热那亚共和国（即今意大利热那亚），受西班牙王室资助进行航海活动，是美洲大陆的发现者。

[4]野人，此处指印第安人。

设石像于通衢以荣之。于毕撒见一高塔[1]，周围每层建以石柱。因其斜立，为欧洲极美之观。初，工师故置斜势借以炫奇，人以为万分危险，登临必致陨越。岂知已测重心安置稳固，是以历五百余年依然无恙。因思人之以正而求名，反不若怪者，而竟能表扬之也。义国有格致家戛里留[2]者，以塔考验坠物之理。彼时重学尚未发明，有云以金类大小二块，同时而坠，大者必落地较速。戛氏曰："不然。"乃于斜塔上试之，落地无先后之差。今每将玻璃筒吸尽其气竖立之，置物于内。既无气阻，则鹅毛与金钱并落。世之哂其法，粗而学浅者诚不知创始之难也。塔旁之大礼拜堂内具悬灯一盏，相传戛氏曾见此灯摇摆，因悟出钟摆之理。其论至今不易，且用以推测地球形势。是戛氏之学直可奉为格致之宗矣。戛氏曾以日静地动立说，教皇视为异端而囚之。戛氏曰："幸不能阻地，使之不动也。"按：戛拉法尼与佛尔塔，皆电学之宗，同为义大利人。即此三人，而观义之有功于格致之学者，岂浅鲜哉！

[1]毕撒高塔，即比萨斜塔，始建于1173年，至1372年完工，由于塔基不均且地质松软的原因，建成后不久即发生倾斜。它与相邻的教堂、洗礼堂和墓园对11至14世纪意大利建筑有重大影响，被联合国教育科学文化组织评为世界遗产。伽利略曾在此做自由落体实验。

[2]戛里留，即伽利略·伽利莱（Galileo Galilei，1564—1642），中世纪意大利物理学家、天文学家、数学家和哲学家，科技革命的核心人物，被誉为"现代观测天文学之父""物理学之父"和"现代科学之父"。

花城风景

二十七日，至福洛伦斯[1]译即花城，义之北鄙[2]也。山水风景不负其名，每令人为之景仰。有方塔与毕撒斜塔相埒[3]，筑以黑白二石，高约二百尺，颇为壮观。以欧洲而论，亦可谓营建之奇工矣。临下一堂，四面有铜铸大门。门面铸图，以彰明古史所载事迹。有二名画阁，皆设于诸侯旧宫。二宫相距里许，中隔一河，有桥以通往来。不惟二宫屋壁尽悬画轴，即桥之栏墙亦挂丹青。其一宫藏有石铜，所制人物无不入妙。考义国所崇尚者，首在精工巧艺，虽雕镂石像未能与希腊抗衡，而希腊丹青亦不能与之比拟。义国在中古时曾分为诸侯小邦，凡名手画工，各邦无不延致，其画亦争相购之。故挟此艺者，每致富且贵焉。所遗名画，爱如希世之珍。巨室式微，间有出售者，其值动需数万金，不啻拱璧[4]视之矣。

义都罗马

十二月初四日，登铁路南行，抵罗马义之大都也。欧洲城以千计，而余所尤慕者有三：曰伦敦、曰巴里、曰罗马。以富厚恢宏而论，罗马不及伦敦十分之一；以繁华美丽而论，罗马不能与巴里同年而语；然萃于是邦

[1]福洛伦斯，即佛罗伦萨，意大利北部城市。

[2]鄙，边境。

[3]相埒，意即相等。

[4]拱璧，古代一种大型玉璧，用于祭祀，双手拱执可托住，故名。后用来形容极为宝贵的东西。

者有二三千年之胜迹，故嗜古之人每游其境，辄徘徊而不忍去。自周平王[1]时，罗马始兴，初仅孤城，嗣乃逐渐兼并，而土地日见开拓。民俗强悍，以侵占外邦为事。惟其内治严明，政崇公义，所以三百年内，义大利土地大半已归其舆图矣。复跨地中海灭阿斐利加之嘉大奇[2]，北征英法德日，东征奥土希腊，渡雅细亚，兼并海滨诸国，不知昆仑之南、天山之东尚有大国，海外仍有大洲，自以为天下悉归统辖。其初王位世传，旋改立民政。岁易统领，厥后将军专操大权，而遂称帝号焉[3]。晋成帝[4]时，迁都于土耳其。晋安帝[5]时，其西都被北狄所覆。时天主教盛行，狄人旋奉其教，乃以教皇之号尊罗马主教，以邦畿为教皇之国。虽教皇不摄兵权，而欧洲大小诸国，无不惟命是听。明末清初，北方诸国叛离教皇，其权渐衰。道光

[1]周平王，姬宜臼（前781—前720），东周第一任国君。公元前771年，平王东迁，西周灭亡，东周开始，中国步入春秋战国时代。

[2]嘉大奇，即北非迦太基（Carthage），位于今突尼斯境内，原为腓尼基人的商业殖民地，后脱离腓尼基人独立。从公元前264年至前146年，迦太基与罗马先后爆发三次布匿战争，皆败，后因此灭亡。

[3]此处所指的是公元前509年，罗马废除国王，设立执政官，任期一年。公元前107年，盖乌斯·马略担任执政官，进行军事改革，促使执政官军事权力扩大，进而导致公元前82年苏拉军事独裁。旋后公元前60年，凯撒、庞培、克拉苏形成前三头同盟，直至公元前49年，凯撒打败所有对手，集军政权力于一身。凯撒被刺死后，其养子屋大维继承其权力，并成为罗马帝国第一任皇帝。

[4]晋成帝，司马衍（321—342）。330年，罗马皇帝君士坦丁下令在拜占庭建立新都并迁至此，后世称该城为君士坦丁堡。1453年，奥斯曼土耳其攻陷该城并定为首都，易名为伊斯坦布尔。1923年，土耳其迁都安卡拉，该城现为土耳其重要城市之一。

[5]晋安帝，司马德宗（382—419）。该处指的是西罗马帝国被蛮族入侵。

二十八年[1]，罗马民叛，而教皇遂遁于海滨，赖法君兴师削平其乱，而复教皇于京都。同治九年[2]，法君被德师所掳，不旬日，而义君乘机迁都于罗马，仍准教皇居其旧宫。此外则无寸土之归矣。十余年来，民数加倍，开铁路以通四方，诸小邦现合为一大国，且以罗马为京，实有复强之势焉。

余在罗马流连半月，日览古迹，惟名胜过多，未及遍述，姑指一二，亦可略见一斑。有石建之古戏园[3]，高四层，层层石柱，式如圆，城周六百余步。因汉代俗尚斗戏，常令罪人相斗，或与兽斗。与人斗者，胜则释罪，负则取决于观剧之人。倘视负者志力可嘉，众皆举拳舒指。官即为之解救，若实无争胜之势，众皆以大指向下反指，则胜者即可戕害其命。与兽斗者，胜则人杀兽，负则兽噬人。每置狮虎百余，驱与人斗。观者恒七八万客座有八万，皆绕客座而围之。彼时泥于群神，禁人尊奉天主，每以斗兽为罪，厥后其教盛行，教皇恶此戏园，因而拆毁改建教堂数座，旧迹大半尚存，足见戏园之广大无比也。有古帝陵寝，今已改为炮台。有古寺，筑以巨石，其式浑圆，今已改为教堂。有水沟数道如桥，擎以石柱，引山水

[1]道光二十八年，即1848年。该处所言指的是1848年欧洲革命期间，共和主义者在马志尼和加里波第的带领下在罗马发动革命，攻入罗马，迫教皇出走，成立罗马共和国。但到1849年，法国出兵镇压了罗马共和国，教宗庇护九世在法国军队的保护下复辟。

[2]同治九年，即1871年，普法战争爆发，法国召回驻罗马军队，对教皇不再保护，但法国战败，拿破仑三世被俘。意大利军队趁机进入罗马，实现意大利统一，但与教宗之间的争端一直持续到1929年《拉特兰条约》签订后梵蒂冈城国的建立为止。

[3]古戏园，即罗马斗兽场，是古罗马时期最大的圆形角斗场，建于70—82年之间。斗兽场可以容纳5万观众，主要用于角斗士比赛、演出罗马神话剧等。

入于城内，计长数十里。其一建自二千年来，尚能畅通，足资民用。有勅建[1]圆塔二座，四围雕镂图像以志战功。塔顶帝像，教皇早易为使徒圣像矣。有白石牌坊数处，雕镂战迹，与圆塔略同。其秦汉时之庙宇廛肆前被灰土埋没，现已开通，留作奇观而已。又有古董院数处，由地掘出古迹以及古时军器什物石像。其神像有似人形者，既美且大，观者无不羡其工巧。其奇形怪状，甚至有人首羊身者。

以余思之，罗马人虽建造雕镂颇著才能，而敬奉奇怪之群神，则似智而实愚。其勇敢好武斗兽斗人，心殊残忍，不免俗同蛮夷矣。城建于七山，即名为七山城[2]。山不甚高，景趣佳美，路颇险阻，苦于攀援。其一山建有园囿，设凉亭以鼓乐，每遇晴霁，居民或步行、或策马、或乘舆，咸来游赏焉。墙上设石像，皆本国昭著之人，有义士贤人，亦有乱臣贼子，都计三百余尊。忠佞混淆，不知何意也。礼拜堂四百余处，率广大宏丽。其尤可述者，莫如彼得罗之圣堂[3]，即教皇讽经地也。式仿希腊古寺石柱，皆圆筒形。门窗则单圆弧式，可为此类堂庙之冠。院落广百余亩，墁石平滑，中列水法流泉者三，勃勃高跃，映日成虹。两旁有穿廊复道，俨如曲臂怀抱之形。各列石柱四行，高五丈，周丈余，每行三十余，堂前复有横廊，

[1]勅建，由皇帝下令修造。

[2]七山城，因根据罗马神话，罗马始建于台伯河东岸的七个山丘之上，故罗马又名“七丘之城”。

[3]彼得罗之圣堂，即圣彼得大教堂（St. Peter’s Basilica），是位于梵蒂冈的天主教圣座教堂，建于1506年至1626年，为文艺复兴时期最伟大的建筑和世界上最大的教堂，占地2.3万平方米，可容纳6万人。根据天主教所传，此处为耶稣门徒彼得遇害处，故名。

亦列石柱两行，高大倍于前。柱堂顶之上，环列石刻圣像，高二丈。自下视之，其大不逾人身，则堂之高耸可知。堂宇纵横相交，形如十字，其内石柱甚多，工更精细，南北六十丈，东西四十丈。居中覆宇，其顶半球形，径十二丈，距地四十八丈，两旁皆列小殿，为历世教皇陵寝，其广亦容百数十人。以各种宝物装潢之大殿，四壁列圣像，数层白玉凿成。余登其顶，如陟高山。上建钟楼八座，式如高塔。顶盖平衍，铺以巨石，人履其上者，回环于钟楼之间，其宽坦如行街市，不知身在空际也。其局势之大亦可见矣。此堂建自明正德元年[1]，至天启五年[2]工始告蒇，需款四千万彼时一两值现银五两。当创造时，因款项浩繁，募捐各国为数颇重，甚至百般罗掘，将免罪关碟[3]，亦行发售谓可藉宽地狱之苦。因招物议，以致日耳曼等处叛离教皇，从路德新教。教遂分而为二焉按：天主教出于耶稣，汉时自犹太传扬四方，至宋则分为东、西二教。东教希腊、俄罗斯从之；西教欧洲西方各国从之。至此西教复分而为二，乃以新旧别之。其新教因返本还原，故名为耶稣教。此堂之造时阅百二十年，其营造师固非一人，惟安日乐之功尤伟接办之时，已七十二岁，总理工作十七年。伊素擅长者，营造、雕镂、绘画三种，精艺名冠一时，且娴吟咏，是为四艺兼备矣。殆可拟以国士无双云。按：营造师之职，

[1]正德，明武宗朱厚照（1491—1521）年号，正德元年，即1506年。

[2]天启，明熹宗朱由校（1605—1627）年号，天启五年，即1625年。

[3]免罪关碟，即赎罪券，罗马教宗卜尼法斯八世宣布1300年为禧年，凡来罗马朝圣者即可赎罪，但随后又宣布未来朝圣者可缴纳金钱代赎，将赎罪与金钱绑在了一起。1476年，教宗西科图斯四世宣布生者可以缴纳金钱为其死亡的亲属结束炼狱，推动信仰贩卖风潮。1506年，教宗利奥十世为筹措资金建造圣彼得大教堂，再度颁发赎罪券，引发宗教改革。

即柳宗元所谓梓人也。其工不以木料而以砖石，取万世不朽之意。匠心独运，指挥众人，非才能卓异，而复精于测算诸学者，曷克臻此？西国学院设有营造科，殆甚重其事也。

十九日，登铁路南行至那柏里，住匝月，为义国最大之城，居民约六十万。城建于海滨，长岸前绕，势若弯弓，背有诸峰以环之。天时和暖，虽距赤道与北京相等四十度，而花木经冬不凋，四时常有鲜果。正月初，余见幼孩弄潮于海，其时之暖可知矣。近城有火山，名微素微，时有火焰飞出。每历十数年，其烈焰格外加剧，地中硫磺与石融化，一并自山口吐出，下注如河，常有流灌于海者，令海水骤觉滚沸。村庄恒被流火倾覆，汉章帝时，有二城，一名朋卑宜，一名胡格兰[1]，同日被覆，渺无踪迹。考之古史，仅存其名，而难查其所在之地。至乾隆间，有人凿井通于地下，见有宽大石房相连，当时以为别有洞天，后始知为胡格兰古迹，其沉埋已至九丈深矣。由胡城而求朋城所在，穷掘数载，方得端倪。爰奉君命，扩清街衢，显露房宇，其中所有古物储于博物院中。数十年来，相继粪除，今城郭已居然可见。查朋城被覆，非祸起仓卒，系热尘积渐下压，势如连日降雪，故居民尚能逃生。惟间有移运什物，逗留过久而毙命者，见有二人肩荷银块，伏地而亡。书云："利令智昏"，其斯之谓欤？所有屋壁画图，依稀可认，半为描绘春册，亦可证其风俗靡荡，彼苍福善祸淫，其理洵不爽也。

余在义国住经两月，每日温习义文，外遇天时清朗，便游赏古迹，瞻仰图像，以阔胸襟。盖中古之精艺，以义国为

[1]朋卑宜、胡格兰，今译分别为庞贝、赫库兰尼姆。两城均于公元79元毁于维苏威火山大爆发。

最。其学术情形虽有复兴之势，究不若英、法、美、德之宏深也，故不论及。

自义东旋

八年正月十八日，由那柏里[1]登法国轮舟东旋。至二月二十二日，行抵新嘉坡[2]，为南海英属首埠。地居小岛，四面海汊狭穿，易于防护。诚为东西相通第一要隘。论英国属地错杂于四海者，星罗棋布，皆赖舟楫。联络不但设电线，俾通音信，即海中险要之区，无不首为盘踞，决不令他国捷足先登。在地中海有热尔巴他马利，他居比鲁诸岛。在埃及之苏以士河[3]，出国帑买股分[4]。近复遣重兵以戡乱[5]，几如自有之地矣。红海东口外，本有亚丁部落，前属土耳其，今归英有，亦设兵镇守之。红海口内有碧林小岛[6]，近亦驻兵，置炮台以扼要，是东西水路通衢，尽归掌握也。余在亚丁，闻数年前法君那波伦第三[7]遣提督，驶船至红海，欲经略于碧林小岛彼时为不毛

---

[1]那柏里，即那不勒斯（Napoli），意大利南部海岸城市。

[2]新嘉坡，即新加坡（Singapore），东南亚国家。

[3]苏以士河，即苏伊士运河（The Suez Canal），全长163公里，1858年至1869年由法国人强雇埃及劳工修建，后落入英国人之手，1956年埃及收归国有。该运河沟通欧亚之间海上双向交通，使原来绕道好望角的轮船减少行程接近一半（以法国马赛港至印度孟买港之间的距离为例）。

[4]股分，今作“股份”。

[5]戡乱，即镇压叛乱。

[6]碧林小岛，即丕林岛（Perim Island），位于红海海口曼德海峡中的一个小岛。1799年英国占领该岛，直到1967年该岛主权交给也门为止。

[7]那波伦第三，即拿破仑三世（1808—1873），是法兰西第三共和国唯一一位总统与法兰西第三帝国唯一一位皇帝，拿破仑之侄，1848年当选总统，1852年称帝。

之地，无人主之。一日行抵亚丁[1]，被英将邀饮，以修地主之情。当酒酣时，主请客曰："君今航海至此，果欲何往？"时客已入醉乡，遂吐实相告，并询以前进程途，讵意英将乘便自衣袋内取纸挥洒数字，颐指某弁飞行施措。复与客酌，夜阑客始谢去，且云身膺重寄，不敢延搁，即时可以解缆矣。英将从容而言曰："惜君所谋已晚，余早遣兵艘三只前往驻守焉。"客闻之犹以为戏，至则果见英帜已树矣。懊悔顿生，失机莫赎，祇得徒手而归。由此观之，可见酒之误事也。

余在新嘉坡住经一宿，即登岸访晤中华领事官左秉隆[2]前同文馆肄业生。次日蒙伊登舟相送。在埠邻近地方，华人不下十余万众。现有华官遇事无不尽力护持。在国则不任民流离，在民亦不至失所焉。

余此次游历各国，在中华星使领事各署均遇同文馆生。相见倍形欢畅，因思教育英才，固为君子乐事，而成名供职，天各一方，仍能同晤于数万里之外，其师心之愉快，又当何如也。计由那柏里东行二十五日，路经阿斐利加之埃及，暨雅细亚之印度，至新嘉坡、安南等处。二月二十七日遂抵上洋[3]，亦可谓周而复始矣。虽道间有偏南、偏北者，而恒系向东，故周行地球而回也。

---

[1]亚丁，今也门首都。附近在也门和索马里之间的阿拉伯海的水域称为亚丁湾，为地中海通向印度洋的必经路段，海盗频发。

[2]左秉隆（1851—1924），字子兴，1881—1891年为中国驻新加坡领事，1907—1910年为中国驻新加坡总领事，晚年定居广州。在任期间，关心华工权益，积极传播中国文化。

[3]上洋，即上海。

附论西国城镇
（所经都邑无暇细载，故即其异同而总论之。）

余所游历七国，除东洋日本外，余皆西国。其天时地利各殊，而风化、习俗率为鲁卫之政[1]。以都邑而论，鲜有围垣[2]者城而无城，城哉城哉！即有亦不恃以捍卫按巴里、罗马均有古城，而关外街衢环绕。伦敦、柏林皆以城垣狭隘，与民妨碍，故先后拆毁也。大邑设炮台以镇抚，小邑并炮台而亦无矣。至屋宇之建造，街道之阔狭，车辆之控驭，服制之款式，大抵均出一致。如美之金山，距德之伯林，虽有两万余里，而由此至彼者，睹其风景，宛在故乡，其道路之平坦，雨既无泥，晴亦无土，车行无坎坷之阻。甬路用碎石压平，为之以利车马。轨道两旁用砖石墁之，以便行客也。城镇设有班车按时往返。此车有二种，其不由铁路而行者，载客十数人。其由铁路而行者，载客可至四五十人。雇价甚廉，车中铺垫，罔不洁净柔厚，沿途任客上下。车中或观书、或清谈，均称便之。

各城街市鲜有以火车载客者，因遄行[3]迅疾，恐伤人物。伦敦则有地道火车，创隧以通来往。牛约[4]则设悬路，下栽铁柱，势若桥梁详见前文。巴里则周围有地道铁路，均无意外之虞。城镇之屋宇，高至五六层，门窗嵌以玻璃，晚间挑点煤气灯，举室光明，无微不见。街巷亦皆

---

[1]鲁卫之政，意即情况相近、差不多。语出《论语·子路》：“鲁卫之政，兄弟也。”

[2]围垣，即城墙。垣，矮墙、墙。

[3]遄行，犹速行。

[4]牛约，即纽约（New York），美国东部城市。

悬挂，车行辙迹昭然。每至三更许，而辚辚之声始息焉。民之游于市者，不需携灯照耀，俨如白昼。气由公局[1]制造，埋铁管于地以达各坊各室。其价既廉，其光亦较油烛倍明。街衢房屋，亦设自来水管，办法与气灯相似。水自河湖引入，洁而无毒便于饮爨[2]，且可随时挹注[3]以备不测。民非水火不生活，似此四通八达，其利益为何如哉？

到处见有铁丝从横，或结柱上，或系房颠，皆电线也。其机有二：一能通信谓之对里戛[4]，一能传言谓之对里丰[5]。通信者，数十年来已有之法，不但城邑赖以联络，即海外各国寄函，转瞬亦可飞递。传言者，创造未及五年。音声虽可达数百里，而究不过数十里以为常。居民遇有事件不出户庭，而婉商一切，不啻觌面而谈。向者大厦巨舰用传声管以通消息，均赖呼吸之气，不如新机借电气而传语。纵繁琐，无不历历可听焉。城镇皆有园囿，或数处，或数十处，以为居民休息乘凉之所。大者树叶交加，攀空掩映，笼罩道路之上，行者皆为庇荫。又河湖港汊以通舟艇，优游泮奂，攸往咸宜。小者亦有异卉奇花，水法冲跃。此等胜境皆官建之，不惟富豪者能获，此乐即寒畯[6]者，亦畅其情而免于疾病之侵矣。园囿之内每设乐

[1]公局，指政府。

[2]饮爨，指做饭。

[3]挹注，把液体盛出来再注入到另一地方。《诗经·大雅·泂酌》：“泂酌彼行潦，挹彼注兹，可以濯罍。”

[4]对里戛，即电报（telegram）。

[5]对里丰，即电话（telephone）。

[6]寒畯，指出身寒微而杰出的人。见五代王定保《唐摭言·好放孤寒》：“李太尉德裕颇为寒畯开路，及谪官南去，或有诗曰：‘八百孤寒齐下泪，一时南望李崖州。’”

工于凉亭并有博物院等处，虽系丝竹管弦之细，其声可以感发人心。盖欲陶淑性情，而藉礼乐以示教也。至王侯宫院，按期亦准出入游赏。有至大极美之礼拜堂，上造高塔，巍然云表，以壮观瞻。各国均建此争荣而夸胜。其佳城系总聚于一处或数处，墓道排列成行，如无数小刹。其尊祖敬宗，与中华礼虽殊而情则同也。

摘译密省太学节略

西历一千八百八十二年即光绪八年，美国密省太学安总教习呈报总理太学大臣略云：本总教习前蒙大伯理玺天德简使驻华，辱荷宽予假期，派人代理学务，实深铭感，两年之间，学院局面扩充，所学日进，医学馆增建，养病院、化学馆增建倍前，书阁改建以石，藉以防险，机器馆教习又增一席。另设政治馆以兴纲纪之学，可期通经致用通学。生徒较前益众，计一千五百三十四人。两年以来课程既满而出，学者四百三十五人，内为医士者一百三十九人，为律师者一百七十人，攻化学者四十人。本省学者不及半，余皆自国内各省而来。而东洋之檀香岛、南海之古巴、阿斐利加之埃及、雅西亚之缅甸均有遣人来学。至本太学度支量入为出，明年应有各项进款核计二十四万五千九百圆，其需用能预料者约二十一万七千三百五十三圆之数半由国帑开发云云。由此观之，密省太学可与雅礼、哈法先后辉映也。

卷下　缀论

第一章　各国学业

各国学业所同

泰西各国，学业亦如其服制，大同小异。民间学校以本国语言、文字为宗。其课程读书、作字、笔算、心算、地球、图说等事率多一致。大书院则以希腊、罗马古文为正课，继以测算格致，而终成于医、法、性、道诸学焉。其崇尚希腊、罗马古文者，因二国开化最早，相继而兴，征服三大洲诸邦。故其文传之极广。

希腊文化昉[1]于周，初有瞽者贺梅尔[2]，擅绝世之才，歌咏诸邦战迹，庶民心感，多默识之。迨东周时，士人仿其体裁为诗，亦有因之别为戏文者。故泰西戏文，自希腊始。盖彼时未有刊成书籍，所以古之纪载，每设戏台以演之，民之耳听而目视者，藉以劝惩，不啻身列胶庠[3]，而面承训诲也。虽不读书，而于历代事迹罔不周

[1]昉，开始。

[2]贺梅尔，即荷马（Homer，约前9世纪—前8世纪），相传为古希腊吟游诗人，生于小亚西亚，双目失明，著有《伊利亚特》和《奥德赛》，合称《荷马史诗》。但目前没有直接的证据证明荷马存在，《荷马史诗》也被认为是多个源头文化的结晶合集。

[3]身列胶庠，即上学接受教育。胶，周朝时期对大学的称呼；庠，周朝时期对小学的称呼。

知。至周末时，性理之学大兴，分门别户，列为百家交相论说，渐入虚无。惟索格底、布拉多、额利斯多[1]三人有圣贤之目。索氏以修、齐、治、平为急务，如中国先师孔子。布氏原出于索氏之门，复将师传推而广之。额氏学出于布氏，旋另行设教。布氏以性道之学为大旨，额氏以格致之学为要归。彼时测算、格致，未若后世精详，不过试创其端而已。之三人者，无不敬如神明，立论皆宗其说。迄于明初，始改辙而易途焉。

罗马肇建自周平王时，虽民情强悍，而俗尚公义、论武功，远迈于希腊，而文德则不及焉。故征服希腊后，遂习其文学。即本国词章以及性理诸学，亦悉仿之。自希腊式微，而国势始强盛。在前汉[2]时，西国无有与之抗颜，行者积渐，而波斯迤西[3]诸邦皆归其辖属。故文字广为流传，而最重律法。今各国法学，其源多出于罗马中古之时。其文字仍是通行，而学士尤羡其词章，如华士[4]习古学而为古文者。

然三四百年来，英法德各文渐兴而渐精，不惟词章不逊于希腊罗马，即算格诸学亦能深造，而驾乎其上矣。古之测算，不过几何、代数而已。即格致学，亦惟前人成

[1]索格底，即苏格拉底（Socrates，前470－前399），古希腊哲学家，和其追随者柏拉图及柏拉图的学生亚里士多德被并称为希腊三贤。他被认为是西方哲学的奠基者，没有留下著作，其思想和生平记述于后来的学者（主要是他的学生柏拉图）和同时代的剧作家阿里斯托芬的剧作中，其中，柏拉图的《对话》一书记载了苏格拉底在伦理学领域的贡献。布拉多，即柏拉图（Plato，前429—前347）。额利斯多，即亚里士多德（Aristotle，前384—前322）。

[2]前汉，即西汉（前202年—9年）。

[3]迤西，即以西；迤，通“以”。

[4]华士，指中国的文人学士。

法是循。至明代始知徒读往籍，于实事无济。遂屏绝古人之说，而振兴其新学焉。盖欲致知不在博览群书，而贵即物以求理也。如炼丹家妄求长生之药、点化黄白之术[1]其术本于中华，后始流传于西方，其煅炼铅汞虽未有成，而化学之理，即由此而出。又如测算家义之戛里留、英之奈端[2]、法之德戛尔[3]、德之莱布尼兹[4]等，由测算以及格致之理，因而其学大兴。又如哥白尼[5]、格布莱[6]等，不从古说，不以我区区地球居天之中，而以大百余万倍之恒星，即太阳居中，旋经创造远镜，故星学之理因此而明。时至明末，英国大司寇培根[7]者，公余之暇著《格致实

[1]黄白之术，指道教烧炼丹药、点化金石的法术或炼丹术。

[2]奈端，即牛顿（Isaac Newton，1642—1727），英国物理学家、数学家、天文学家、自然学家和炼金术士。

[3]德戛尔，即笛卡尔（Descartes，1596—1650），法国哲学家、数学家核物理学家，因将几何坐标体系公式化而被公认为是“解析几何学之父”，他是二元论唯心主义和理性主义的代表人物，名言即“我思故我在”。他提出普遍怀疑的主张，是现代西方哲学的奠基人，对欧陆理性主义哲学产生十分重要的影响。

[4]莱布尼兹，即莱布尼茨（Leibniz，1646—1716），德国哲学家、数学家，本身为律师，与牛顿几乎同时独立发现了微积分，所发明的数学符号为国际通用；为现代分析哲学和逻辑学的前驱，提出了著名的单子理论。

[5]哥白尼，即尼古拉·哥白尼（Nicolay Copernicus，1473—1573），是文艺复兴时期波兰天文学家、数学家。他提倡“日心说”，认为太阳是宇宙的中心。临终前发表《天体运行论》一书，开启了近代科学史上的“哥白尼革命”，对科学革命的发展作出了重要贡献。

[6]格布莱，即约翰内斯·开普勒（Johannes Kepler，1571—1630），德国天文学家、数学家，是17世纪天文学革命的关键性人物，最为人熟知的成就是“开普勒定理”，该定理确定了日心说的地位，并认为太阳系内的行星都是围绕太阳进行椭圆形的轨道运行。牛顿即在这个定理的基础上得出万有引力定律。

[7]大司寇培根，即弗兰西斯·培根，他曾担任大法官，故此处比拟其官职为周朝时掌管刑狱、纠察等事的司寇。下文的《格致实义》即《新工具》。

义》一书。伊虽非专于算学，亦未审验动植之品、调燮[1]五行[2]之质，然亘古以来各国最有功于格致之学者，无能逾之。盖深悉学问之道，苟不究夫物理之本，而仅求诸文字之末，则所学虚薄无凭；欲广知识，若非探索物理，何能得其确据？于是编成卷帙，嘉惠士林[3]。其论各学，如指定某疆某土，明示以如何规画，无不曲尽其微[4]。《大学》云："致知在格物。"即此意也。惜圣门于格致之理，竟尔失传。而培根所论，悉宣底蕴。昔诸国之士，虽偶有致力于格致者，自培根之书出，其学始兴焉。夫至无际荒野，而欲分途寻径，自非一人所能为。矧[5]观天察地，又岂一人之力所能及乎此言创学，非言读书？于是各专一门，而星算格化诸科，因之日新月盛。以阐古人未发之秘，其初不过讨论其理，未尝计及其用。迨后世得气机、电机之力，与夫化学之功，始知富强之术即寓其中。不但学者视为要务，即诸国亦以为学院课程之大宗。盖知贫弱之国，由之可以至于富强；而富强之国，亦可由之而富强倍蓰焉。

[1]调燮，即调和、调整。《尚书·周书·君奭》："立太师、太傅、太保。兹惟三公，论道经邦，燮理阴阳。"

[2]五行，为中国古代哲学的基本概念，古人根据宇宙万物的特性将之分成金、木、水、火、土五种基本物质，并认为这五种物质之间可以转化、相克相生，而其涉及的基本领域更是泛化到命理、中医、堪舆、占卜等。

[3]士林，指文人士大夫阶层，知识界或学术界。汉陈琳《为袁绍檄豫州》："自是士林愤痛，民怨弥重，一夫奋臂，举州同声。"

[4]曲尽其微，又作"曲尽其妙"，把其中微妙、深刻的部分仔细地表达出来。

[5]矧，况且。

各国学业所异

各国学业所异者，首见于文字。盖学以文字，而传无字，则文不立。在诸国各有方言，虽多借罗马字体，而文则各殊。不但部署公私庶务，即士人所著词章以及古今事迹，皆以本国之文，编为卷帙。数百年前，拉丁文即罗马古文尚属通行，彼时虽俗务用土语[1]，而律例、格致、星学诸书，各国仍以拉丁文传之，意在广行而不囿于一方也。迨明末时，印书机[2]始兴于西国，因而刊布方言。学校以方言授读，衙署以方言理讼[3]。而习拉丁文者渐少，即士大夫撰述亦印以本国之文，及其成名既久，邻邦无不争译之。文之最佳者，如义、日[4]、法、德、英五国，皆相继而起。义文自宋代而始兴。日国当明末之时为欧洲最强之国，其文亦特著。迨两国式微[5]，其文虽有，不过硕果仅存。近来均有复兴之象，则其文亦必同苏。至法、德、英三国，数百年来未见陵替[6]，故其文有进而无退。若论三国之文，何者为最，实难判其低昂，盖各有妙境也。虽书院仍习希腊罗马古文，而三国今文亦莫不设席以为课焉义、日等文，各国虽有习之者，然不以为专课[7]。德人性好稽古，而博学之士多于邻邦。盖德国自古遵行分

[1]土语，犹方言。下文之“方言”犹各国语言。

[2]印书机，今作印刷机。

[3]理讼，即打官司、审理案件。

[4]日，当为“西”，指西班牙（Spain），下文同。

[5]式微，指事物由兴盛而衰落。

[6]陵替，即衰败或纲纪废弛。《左传·昭公十八年》：“于是乎下陵上替，能无乱乎？”

[7]专课，即必修课。

封之政略如周制，将土地割分七十余国。诸侯崇尚文教，各设太学，建书库，聘鸿儒，咸以文风隆盛为荣焉。法人不但长于精艺，其兵法亦甲于欧洲。近来德国能习其法而过之。其振兴格致、化、医诸学亦在他国之先。各国继进其术，推广而为新创者有之。英人则通商极广，贸易繁盛，人民富庶，属国众多。是以富国策一学始出于英。他国虽亦有论者，要以英国为嚆矢[1]。即以政体治术而论，亦较他国为精详。至于美国先隶于英，后乃分而自立，其语言、文字、学业均与英同，无烦别具其说。惟立国百年，与英先后兴师[2]者二，而尚能自护。盖初以自强为要务，不但富国兴商，即凡有裨民生而利国家者，莫不次第而措施焉。其诸新机创自美者甚夥，如汽机、行舟、电机、通报，俱在他国之先。他国学院有自数百年来声闻昭著，而美国学院虽建之在后，亦能与之争胜。其乡学亦较诸国为盛。故民间男女子弟，无不识字。通国之中，凡七岁以上不能读书作字者，不过百分之五六。其不识字者，半皆黑人、前充奴仆以及外邦客民而已，是土著鲜有不从事于学者也。

学校课程

诸国皆有学校，而立名不同。其要分为五等，曰孺

[1]嚆矢，即响箭，因发射时声先于箭而到，故常用以比喻事物的开端，意即先声。《庄子·在宥》：“焉知曾史之不为桀跖嚆矢也。”

[2]兴师，原意为出兵、带兵出征，此处指与英国进行战争。这两次战争指的是1775年至1783年的美国独立战争和1812年的美英战争。

馆，曰蒙馆，曰经馆，曰书院，曰太学[1]。所谓孺馆者，专为婴孩而设。四五岁即可入馆，所学不过认习字母，反切[2]字音，记识数目，口授典故而已。并令习于讴歌，藉以正其口音，而悦其心志。循循善诱，俾得优游，较家居反形舒畅。自昔原无此馆，数十年前有人谓为父母者，或无暇训诲子女，因而始设，继而广行。缘孺馆之课不以学习为苦，其悟心必能早开，如际初春，向阳择地栽植花木，可望其及时华实也。倘约束过严，必致终日抑郁。是为教无义方殆，将累及终身焉。所谓蒙馆者即小学之谓也，生徒率皆幼穉[3]。馆规较肃，课业加多，除读书作字外，习以地球图说、各国史记以及笔算之初学。所课之书，皆本国今文，与日用语言无异。故识其字即明其义。昔小学无本国之书，一切课程均赖古文，而字义重译，不若今文之易晓也。今之讲授古文，不过百分之一二。缘民间子弟志重农工、商贾者，以古文与其业无裨故也。至于经馆则重以古文，仍讲求各国今文、史记及练习、函札、作论等事，间亦旁及算格诸学。在蒙馆学有端倪，年在十四五者，始入经馆。在经馆四五年，学有成效，始拔入书院太学书院与太学虽有别，而课程有相同者。凡入太学者，德国例以经馆为阶。近有人谓古今情形迥异，不得以古人意见为权衡。若课程重在古文，徒费力于字句之间，而不及

[1]孺馆、蒙馆、经馆、书院、太学分别相当于幼稚园、小学、初中、高中、大学。其中，经馆教授内容偏重于古典文学甚或神学、哲学领域，与今日初等教育教授内容稍有不同，下文与之同等的年龄段学校“实学馆”类似于今日的初等教育。

[2]反切，是中国古代汉字注音方法，一般取两个常用字，前者称反切上字，取其双声之声母；后者称反切下字，取其叠韵之韵母和声调。反切是中国古代最主要和使用时间最长的注音方法之一。

[3]幼穉，亦作“幼稚”，年纪小未成熟，缺乏经验而智能薄弱。

于实事，则所学虚薄无凭，况处世交接莫非物也。物理精奥，不可不知。如谓数千年既亡之国，必悉其语言，识其风俗，方为满志。而于覆载之天地、环绕之五行，反置之而不究，不亦傎[1]乎？因而广设学院，先其所急讲求实务，名为实学馆，以算格等学为重。至古文亦惟功余肄习[2]耳。与经馆事正相反，其学有成效者，一体拔入太学经馆之以古文为重者，因为各国今文之根本。盖砥砺人材，感发人心，而欲变化气质，莫如多习古文。故意在入太学而为士者，仍进经馆居多，至意在为商贾、工匠，视蒙馆课程为不足，遂多有入实学馆者。据德国太学教习云：经馆、实学馆同时拔入太学，实学馆之生徒于算格诸学，初虽稍优，然历数年后，经馆之生徒亦能补其所未逮而过之。足证古学之有益也。

书院课程分为四年。迨古今文学已能熟谙之后，即须研究测算、天文、格化等学，间有讲解万国公法、富国策、性理诸学者。美国书院如是者居多，德国大抵以此等课归之太学。书院课程既满，即由太学考试，奖以功名，与中华游泮[3]相似，并给予文凭，一时夸耀乡里焉。太学为诸课总汇之区，往往有书院或数所或一十二所，聚于一处，而归其统辖。甚有一省、一邦、一国之书院，均归一太学总摄。故欲习书院课程者，或径赴太学而讲求之，或于外书院学习，复入太学而深造之皆可。太学复增道、

[1]傎，同“颠”，即本末倒置。

[2]肄习，即学习。

[3]游泮，明清科举制度，经州县考试录取为生员者就读于学宫，称游泮。泮即泮宫，原为西周诸侯所设的大学之名，宋后州县皆置，仍沿用此称。

法、医三大科，学有成效，或为道师[1]即教士，或为法师即律师，或为医师。凡读书之士，率由此三途而进。近代算格诸学，既兴复增制造之术，与三大科相埒[2]分馆而习，各攻其业。其著名医学馆教习数十人生徒数百人。至道法等馆，虽教习不如彼之多，而生徒之数不减。习四科者，皆以书院素学[3]者为本，以端其基也。太学之盛者，教习恒以百计，生徒恒以千计。俟课程既满，复奖以功名而优异之，与孝廉[4]相似。迨离太学多年，学业大成，声名洋溢，复予荣宠，而进其秩，与进士相似。洋语称铎德[5]者，译即可为师也。

昔太学皆国家所设，通国仅有一二所。厥后分建颇多，每有富室捐资建书院数所在一处者，国家赐以太学之名。德国太学有二十四处。美国书院兼称太学者过多，其间有名无实者，在所不免。学业既精，虽奖以功名，并无必仕之例。其入各等学校以自备资斧[6]为常。惟水军、陆军各武学，则皆给以薪水。总之，各国所学不能归于画一，其大小学校又分为数等。而课程立义有二：一在练达才能；一在推广知识。惜所学门径过多，未克深造。故博而不专者，往往有之。若才能出众，勤攻二十载，则不愧为士之名，仍不视为学业已成，不过始基已立，果能体用

[1]道师，即基督教牧师。

[2]埒，即等同。

[3]素学，平素所学。

[4]孝廉，汉武帝时期开始的察举为宦制度，孝廉即“孝顺亲长、廉能正直”之意。明清时期，也用来指对举人的雅称。

[5]铎德，即博士（doctor）的译音。

[6]资斧，即旅费。《后汉书·杜乔传》：“故陈资斧而人靡畏，班爵位而物无劝。”

明通，则一切自能进益，无需师授之传也。兹将课程略陈如左[1]：

一、学者以本国语言文字为始，而练习本国之文，始终不怠，以期有成。

一、各国今文既出于希腊、罗马古文，则两国之文亦宜讲求通晓。况近今各国往来甚密，学者必旁及邻邦今文，以与本国之文互相印证，补其不足英、法、德三国之文几为通行。

一、诸国既通使贸易，无论为士为商，须知地球大势与邦国之强弱，风俗之淳漓[2]。故学者必熟悉地球图说，以及各国史乘[3]，方为通材。

一、人之所覆者天，所载者地，则课业必以天文、地理为要端地理即地学也，论地中层次体质等事，金石之学亦在其内。

一、水火风土即西国所谓四行也，莫不具以大力。若明其理，则役之不啻仆隶万物。原质含有感应，苟能得其妙诀，即可令之配合分离，易旧生新，是以西学以格化为重。

一、习天文格致诸学，而不以算学为阶者，必不能升堂入室。故西学以算术为要端，而与格致诸学并进。

一、万物为人所役使，则草木、鸟兽、鳞介不但应识其名，亦应各知其性。故植物、动物等学，亦为要端按：此学非为士者所必习，好则入之，否则出之。

[1]如左，此处据原文，因原书为繁体竖排。
[2]淳漓，厚与薄，多指风俗的淳厚与浇薄。宋陆游《独酌》：“已于醉醒知狂圣，又向淳漓见古今。”
[3]史乘，史书的泛称。

一、人为万物之灵，而人之灵实原于天。则天理人性不可不究，况天地万物皆以一理维系，是西学之精微者，莫如性理一门。按：学之者多，而明之者鲜。

一、为士所贵明体达用[1]，内则富国裕民，外则睦邻修好。故富国策、公法等学，皆为太学课程之切要。

以上所论不过学之大旨，尚未及道、法、医、制造等科。

兹将四科以及各艺诸学分而陈之。

[1]明体达用，犹“经世致用”，即明白事物的根本道理，以求有实际的用处。

第二章　各学科细论

道学院[1]

道科[2]乃教士之学，训诲本国人民，非谓传教外邦也。西土教堂，如中华庵寺之广建。各堂逢七日即安息日[3]，又名礼拜日，即星房虚昴[4]之日是也。民率眷属进堂诵诗、祈祷，以为敬天、邀福之礼。事毕，则恭听讲经。一切仪节，系由教士相率而行。所讲之经，大抵节取经文字句为题，向众作劝世论，务须自出心裁，不得袭旧。若教士才学越众，词令优长，则官民无不悦服，而敬聆焉。欧洲诸国视教规足以维持风化，故官建教堂，给教士以廪饩[5]而为教官。民从其教与否，仍听自便。因而教分多派。民之从各派者，有自立教堂延请教士而供养者。国家视其所为有益，是以不禁美国无官设教堂，教士亦无食俸者。太学开设道科，原为官教；而各派之民捐建道学院

[1]道学院，即神学院（Theological Seminary）。

[2]道科，即神学（theology）。

[3]安息日，基督宗教安息日源自犹太教，但除东正教与犹太教以周六为安息日外，天主教和绝大多数基督新教均坚持周日（即礼拜日）为安息日。

[4]星房虚昴，为中国古代二十八星宿中的四个星宿。

[5]廪饩，指科举时代由公家发给在学生员的膳食津贴，泛指薪给。

者，亦不乏人。课程须三四载谓书院课程既满之后，以犹太、希腊、罗马三国古语为重。课程大端有五：一为讲解经文原文出于犹太、希腊，虽两国之语向为肄习，兹则复加精进；二为校雠[1]历代史记，以辨道之盛衰；三为推求性理；四为学习文法；五为练达口才文法口才各学院无不练习，而道学院尤为当务之急。盖为教士者，讲解经文，须二者兼优方可。五者之外，尤须评其品行。盖先正己，而后始能正人也。其学法、医二科者，但论身无劣迹，而不问其有德无德。惟教士必须以德为重。倘课程未底于成而露有怠荒游荡之志者，无论其才学如何，即行罢斥。其已为教士，而品行仍有疵累[2]，不足为法于民者，亦即革退。

法学院

法学一科，其义最广。道科意重化民，法科则事在治国也。不但刑名为法，即邦国之纪纲、君臣之节义，莫不为法所范围。以至邻国交涉，人民通商亦无不为法所维系。是以法学分为四项，曰刑名[3]，曰通商，曰纪纲，曰公法。士人欲登仕版[4]者，多攻此学。而国家因才器使，意在内安本国之民，外结邻国之交。每从法科选拔之诚以

[1]校雠，即校勘、校核。

[2]疵累，指表现出的缺点或过失。

[3]刑名，原指战国时以管仲、李悝、商鞅、申不害、韩非等为代表的法家思想，主张循名责实，慎赏明罚，后人将之称为“刑名之学”，简称“刑名”，此处指的是刑法或民法。

[4]仕版，旧指记载官吏名籍的簿册，亦借指仕途、官场。

任内治者必须通纪纲，使外邦者必须谙公法，方胜其选。其中最要者，尤其莫重于折狱[1]，即所谓刑名也。西国不但设有清讼重臣，如司寇[2]与廉访[3]等职，即各郡县亦立司狱之官，以理词讼，俾为专责。而民间一切他务，概不过问。此等官职多出身太学，而为法科之尤著者始克膺之。更有出为讼师[4]者。西国刑官必赖讼师襄助，而讼师非擅揽庇护，系按律奉公而行也。讯案之时，须有讼师二人以审案之出入，将是非曲直当堂剖辩，然后官始判定。况官鲜有独行折狱者，约须三员会同议拟。更有民之著令名[5]者，或六人、或十二人，随堂听审。遇案情重大者，两造各延讼师数人届期在事，证佐亦均投到其情词卷宗，由讼师面诘，如此造供招已毕。事有未合，亦准彼造讼师斥驳。如此反复研究，务期水落石出，以成信谳[6]。审问之时，准民众入内侧听。是以遇有重案，讼师为才能特著之人，而乐于听审者往往不下数千人。且准新报馆遣人录取供词、辨论等件印入新报。其案情之始末，自无隐而不宣。如此理讼，意在免人屈抑。其法固甚美矣，无如世多奸佞之人，挟其所学以枉理。其学尤精者，祸人更烈。此

---

[1]折狱，指审理、判决案件。《易经》：“贲，君子以明庶政，无敢折狱。丰，君子以折狱致刑。”

[2]司寇，古代官名。古代中央政府中掌管司法和纠察的长官。

[3]廉访，宋代廉访使者、元代肃政廉访使及明、清按察使的通称，明清时期为正三品省级地方官员，主要职责是巡查地方、考核吏治，近于御史，后逐渐偏向司法官。

[4]讼师，讼师又称状师，是中国古代社会中负责诉讼的代理人，类似今之律师，此处即指律师。

[5]令名，原指拥有好名誉的人，此处指陪审员。《左传·襄公二十四年》：“侨闻君子长国家者，非无贿之患，而无令名之难。”

[6]信谳，证据确凿的判决。

弊之难免也。法学院每有十余讲席，分为教课所学之限，三年四年不等。课程已满，始准理讼。除正课外，师生每虚拟讼事，或假为官长，或假为讼师设案，而理以取供词，令讼师互相辩驳，以资练习。如弁兵[1]操演，两军对垒，以待异日临敌也。更有富家子弟不就功名，每习法学以为护产卫家之用。然遇有兴讼，仍不免延请讼师，代为措辞。如儒者，虽谙医术，抱恙亦须延医而理也。

医学院

昔西国无医学院，医术或由家传，或由师授。其精微之奥旨，恒秘密而不宣。所学既无定课，课满亦无考试，遽出售技。又无官给文凭，以证学品。是以庸医自矜其才，妄行调治，而病者受害匪浅。近代各国广设医学院，以冀杜其弊，而正其术，故定新律。凡业医者须执有太学文凭，方准诊视。其医学院延请名医，或数人或十数人，分科而教，以期精进。故学院外有私传之术与私制之药者，人皆鄙之。在院习医较家传其益有五：

一、众名医会集，如光之烛于一方学者，博闻其义，而不囿于偏端。

一、教习口授，须继以诵读，而书画所值甚昂，寒士难以自备，何若官设医院广采有用书画藏之于库，俾师弟可以考察，不但当时名士，即古今各国之岐黄[2]，亦无不

[1]弁兵，旧指军队中的低级军官和士兵。

[2]岐黄，相传成书于战国时期的中国古老医书《黄帝内经》，是根据黄帝和岐伯之间的对话写成的，故后世即用岐黄代指中医。

祖其学也。

一、药品多由化学修制，当炉火烹炼之时，可以亲炙其术。

一、精求医理，非剖视尸身难得确据。倘以兽尸代之，其形骸固异，即病原亦各不同。故伏法之罪人恒交学院，得以剖割[1]查验。又医学院中病人之孤苦无依者，其尸身亦发交学院，以资研究。此皆家传者所莫办。

一、学习既有端倪[2]，尤贵身体力行。然徒谓闻斯行诸必至贻误。盖平时虽有师传，临症亦须名师指示。故医学院每与施医院相连，教习于正课外时，须带领学者前往，随同立方切脉。

病人既多，则病状亦必不一。其所应需方药，学者须极熟谙[3]，方可调治。倘学仅家传，则见闻不广。虽行道十年，未必遇如许病症。故课程既满，后须于官医院[4]随同诊视二三年，领有文凭，方可称为良医，而取信于人。至学院广设讲席者，因医道分为多科，其内外二科又复各分数科，如脑、髓、心、肝、胃、肺各为一科，耳、目、口、喉亦各设专科。不但徒医患牙，而尤能补假牙，与生成者无异。又有妇、儿各科。妇人产育大抵经医士料理。近今妇人入院专习妇科者，亦渐加多。

昔西人纪数修短，未若今时多有耆年之人，始以二十八年为一世[5]，继以三十二三年为一世。今法国之人

[1]剖割，剖破切割，此处指的是对尸体进行尸检。

[2]端倪，原指事情的头绪，此处指的是学习的起步阶段。

[3]熟谙，对事情的了解非常详细。

[4]官医院，即公立医院。

[5]世，指一个时代。

绝长补短，至四十九年为一世。邻邦皆同。其增年已过半矣。殆因今时战争较少，一切起居衣食亦较昔时为足，而要恃乎医学之日进也。夫寿为五福之一，虽长生之术不可复求，而有医道能采择山林花木、煅炼地中金石，修合灵药，救苦延年。其有功于民者，实非浅鲜。

工艺院

古人云："道成于上，艺成于下。[1]"是道为本，而艺为末；道为源，而艺为流也。然艺为人生所不可无，无则国不强，民不富，而器用鄙陋，则制造所宜讲焉。夫工为四民[2]之一品，居商者之上。盖先工作，而后贸易以通有无。故留心王化[3]者，不但重农与商，亦必以工为急务。倘执政重视士儒，而不设学校以训课，乌得谓为重视耶？若工匠止于奖劳[4]，而不谋所以精纯，亦不足为重。近代西国建工艺院，盖有取于斯焉。在昔工匠虽亦制造，只恃师传，其业不广，一如向之学医，仅得私授，其术未宏。迨国家开设艺院，道乃因之丕兴也。其建立工艺院，诸艺俱臻美备者。非谓工匠之粗者不得仍习家传，实因工艺有涉于学问。故开学院、置机器、备图书，延名师教授，则聪慧者穷源探本，纲举目张，而各艺皆呈其效。如谓制造器具，营建房屋，学乌鸟之垒巢。惟知葫芦依样，亦未尝不可。然欲省材省力，事半功倍，而求精于工者

[1]出自《易经》。
[2]四民，为中国古代依据职业之不同，而将民众划分为四类，即士、农、工、商。
[3]王化，指天子的教化或德化。
[4]奖劳，即嘉奖慰勉、奖其劳绩。

非先务测算、绘图之学，无由而得其妙。盖数居六艺[1]之末，而实为百工之首也。至水火之工即司火车，轮舟等机也，若不谙水火之学，必致多误，丧命百数、货钜万，其所系不綦[2]重哉！是以测算、格化等学，尤于工艺有关。博学之士未尝不为工匠讲之。法京之百艺院，上卷已略言及，各国仿建颇多。有会萃百工而为各艺专开课程者，有将工艺之尤要者分而教之，如营造馆、冶矿馆、机器馆、农政馆、船政馆、精艺等馆是也。

营造馆[3]

营造之义最广，凡土木砖石之工皆是。近时多以铁代木，则铁工亦归营造师[4]经理。西俗重屋宇而轻冠服，不但宫殿、衙署以坚石建造，垂诸永久，即富豪民宅以及城镇市廛亦莫不然。其意不徒奢侈，实防水火之灾，而冀为百世之业。无论公私庐舍[5]，皆高至数层，以地贵而天贱也。各殊其式，惟壮观瞻。是以营建宫室，除土木工外，必须营造师为之结构铺张，以期巩固。城镇之美恶，多赖其经营。其列于精艺者，宜也。至造桥修路，昔无专习其业者，彼时惟有土道。雨则泥水梗塞，旱则尘土飞扬，车以骡马驾驭，故桥梁无须甚坚。百余年来，冲要之区，

[1]六艺，儒家所谓的礼（礼仪）、乐（音乐）、射（射箭）、御（驾车）、书（识字）、数（计算）等六种才艺。

[2]綦，极、很。

[3]营造馆，今称“土木工程专业”。

[4]营造师，即建筑师。

[5]庐舍，即房屋、住宅。

土路悉改为石路。法以碎石铺路，压平以通车马。火车则另有铁路。法于两旁平铺梁木，上钉以铁，以束轮辙，而利遄行。高者划平，低者垫满，非深谙算术者，自不能测量，而得其宜。再桥梁既任以数千吨之火车恒百数联络，借越江河，自应稳固如山。或以铁架、铁柱排列于下以支撑之，或以钢铁缆索高结于上以悬挂之。其下可通往来巨舰，长数里或数十里低洼积水之区，桥梁每长如此。费用浩繁，关系重大，此尤非精于营造者所莫办。夫以铁木结构高楼，令之巩固，不畏烈风，已属高才。至以之浮海，令之往返神速，不畏波涛，其才岂不更奇哉？是以制造船只视为营造之尤要者，邦国恃以通商，恃以御敌。故其营造得法，实关富强之要图也。此虽为营造别派，而学本相同。故攻于营造之学，其要有三：一精算学，俾克测量；一谙格化诸学，俾明水火土木金石之理；一善绘画之学，俾得作图布式。其营造师之昭著称为巨擘[1]者，不但因才致富，且有封以显爵者。盖营造师乃工匠中将军之职也。

冶矿馆

开矿采取五金[2]，自古所有，近年用法与古迥异。盖古时煤铁金属，并无定法寻求。或于山石间显露其苗，遇则开采。而深藏于地中者，即无由而知，因亦无从而得也。其矿窑既开，虽出产富厚，遇水人力难施，因而废弃

[1]巨擘，原意为大拇指，后比喻杰出人物或在某一方面居于首位的人物。
[2]五金，原指金、银、铜、铁、锡五种金属的统称，后也泛指金属或者金属器具。

者有之；即幸无水，每觉有积蓄毒气致人伤生，不敢复入，因而废弃者有之；又有挖至数百尺，其上下提运，人力不能复施，因而废弃者有之；或金属不在沙土间，蕴于坚石之中，难以取炼，因而废弃者亦有之，种种窒碍难行以致无可施措。近代地学振兴，格化之学渐精，机器之具渐备。挟其术以用于矿窑，则未识之深藏必显，已废之旧窑可复，而无穷之利源出矣。盖地中层次原有定序，虽深及流火[1]按：地中非水，皆流火也。坚地在上包括，如卵清而裹黄然，其地面既显露一层，其下应得何层，均可类推，且层层所出何石何金，亦可逆料[2]。古者往往钻凿搜求，枉费心力，如入宝山空手而回，盖必熟谙地学，识其地面内有何等蕴藏，始敢破资采取，而不虑有缘木求鱼之诮也。因地学如此重要，故各太学均设讲席，各省会亦广设地学一职以究土脉[3]之利。

其觅取地中之宝，更有妙术施焉。系以汽机钻孔，所用凿器，形如圆箭[4]，箭底周围嵌金钢石数十枚，如犬牙相错，令箭旋转如磨，虽坚石无不洞穿。层层如圆柱而不破碎，满于箭中，提而视之，以辨地中体质所藏若何。常有钻至二千尺之深者。既知地中含有石油、煤铁，并知每层厚薄之数欲凿井极深，而得自涌泉者，亦用此等钻凿器具。矿窑既开，不但以汽机运载即铁路，亦可用以上提诸物，并可以之取水，较千百夫之力倍速。故矿窑有水不

[1]流火，即岩浆。

[2]逆料，指预料、预测。

[3]土脉，原指土壤松开冻化，生机勃发，后用来形容土质，此处指矿脉。

[4]箭，同“筒”，指圆形而中空的针或竹管。

足为患，无如煤毒之气[1]，遇火即燃，烈于火药，工人每被熏毙、轰毙至数十数百之众。欲防其毒，则用汽机运扇以散之。此等煤窑，工人不敢用寻常灯烛，其灯名曰防火灯[2]，系以极细铜纱罩焰，能过光而不过火，此灯为格致家达飞[3]者，于六十余年前所创，验之极灵，故工人赖以获生。向用火药轰煤，毒气因而爆烈者有之。去岁有格致家创新法，以除此弊。法钻深孔以石灰代药实之，灌水则涨，而煤石开缝。是以水而代火也。至金银铜铁等物，除以化学煅炼[4]外，其隐于坚石中者，亦能以化学取之法。先捣碎石块，复研极细，置强水中，则金石遂分，而其实出矣。古人所开铜银等矿，不但既废者淘水可以兴复，即所弃之渣滓亦可按化学之理炼而得之，是矿窑深赖地理格化诸学之明证也。而需机器以取其利，尤为至要。故广开矿窑之国，莫不设专馆以教焉。

机器馆

机器以汽机、电机为要。汽机能代人马之力，垂功已至百余年。初亦未甚灵捷，祗用于矿窑，以提携煤铁，后乃渐精。既以之行火轮、舟车，复以之运磨、纺棉、织布、冶铁，以至石、木诸工，亦皆用之。习此机者有二：

---

[1]煤毒之气，即瓦斯，为无色无味气体，主要成分是甲烷，遇明火易燃或爆炸。
[2]防火灯，今作“矿灯”。
[3]达飞，即汉弗理·戴维（Humphry Davy，1778—1829），英国化学家、发明家，是发现化学元素最多的人，被誉为“无机化学之父”，也是灯泡和矿灯的发明者。
[4]煅炼，即锻造冶炼。

一造机，一操机，均以测算、格致为本。操机者之学，虽未如造机者之深，亦须资性聪慧，方胜其任。盖一有缺损，即行补救，以免有失。倘才具平庸，猝遇不测，不但轮舟虑有败坏，而数百人之性命亦无倚赖。是以轮舟每置五六人谙练操机，以备缓急其司火车机器者亦同。电机之类甚夥[1]，如电报一事，有专司安设电线者，有专司寄送信件者、迩来又兴电气灯，异日必与煤气灯并行于西国城镇按：制造煤气灯与经理其事者，在西国原为大业，而以化学为本。不但代煤气以燃灯，亦代蒸汽以行机，甚至铁路运车，已试其端。他如镀金、作印板等事，皆各为专业。其谙悉电学之理，莫不由格致为始也。水机各类，如水轮作工及压柜蓄力通力，不可枚举。治水各法，如筑堤设闸濬河等工，皆本水学以测算。更有零星机器，不胜枚举，率为工匠所必需。机器之学或分馆而专授，或萃于一馆以兼习。古者工匠习业，官置不问。近时机器精进，是以广设学馆而教之。

农政馆

民以食为天，古之论政者莫不以劝农为先务。然徒督课以奖其劳，而不设教以导其术，则劝农之典未备。况圣

---

[1]夥，犹“多”。

门贤如樊迟[1]，亦尝以稼圃为请。虽孔子诲以不如老农老圃，且鄙之为小人，而究未尝轻视农事也。盖士恒为士，农恒为农，各守其业，有不得兼行者矣。昔先王作历纪岁，授民以时。按其节候酌其土，宜教以稼穑，此衣食所由来也。然农事不仅树艺五谷，即栽种花木、饲养牲畜，亦皆与之相关。欲查地脉、辨何土与何物有益，应借助化学之理，如此土性缺石灰、木灰，彼土须加沙泥，与马勃[2]鸟矢[3]等物。至栽种饲养，亦应谙植物、动物之学如《本草纲目》等书，俾得各顺其性。百年以来，英法两国民数倍增，其农政与之并进，田亩所产亦倍于前。不但故有之物出产较前丰美，更有新物自海外来者，可为民食。百年前，西国无山药豆，即和兰薯[4]，形如白薯，但式圆而味淡，其滋生较白薯蕃衍[5]。今爱尔兰一岛之人，赖为食之大宗。法德两国亦广植之，其产较五谷[6]为易。除设馆以授农事泰西各国尽有之，今日本亦设农政馆，并附设庄田以

[1]樊迟，即樊须，字子迟。春秋末鲁国人（一说齐国人），是孔子七十二贤弟子中的重要人物，继承孔子兴办私学的主张，在儒家学派广受推崇，在各个朝代也享有较高礼遇，唐赠“樊伯”，宋封“益都侯”，明称“先贤樊子”，他的重农重稼思想在历史上具有进步意义。樊迟问稼，事见《论语·子路》：“樊迟请学稼，子曰：‘吾不如老农。’请学为圃。曰：‘吾不如老圃。’樊迟出。子曰：‘小人哉，樊须也！上好礼，则民莫敢不敬；上好义，则民莫敢不服；上好信，则民莫敢不用情。夫如是，则四方之民襁负其子而至矣，焉用稼？’”

[2]马勃，植物名，球状或卵球状的腹菌类，由树木腐败而生，孢子成熟则干燥，研末可作药用。

[3]鸟矢，即鸟粪。

[4]山药豆、和兰薯，今统称“土豆”“马铃薯”。原产美洲，新航路开辟后向世界各地传播。

[5]蕃衍，繁盛众多。

[6]五谷，原指中国古代所称的五种谷物，即稻、黍、稷、麦、菽，随着后世粮食种类的增多，也成为各种粮食的统称，如“五谷杂粮”。

备试验各术，博采万方嘉种，萃于一处，散于通国美国以鱼鳖各种散于各省，故动植渐臻佳。美如羊毛较昔丰满，马亦较昔膔壮[1]而行速，几令人疑与古若不同类也马之良者多产于回城，英人借种培养，较本土尤良。史载有非子者好马，善养息之。王命主马汧渭[2]之间，马大蕃息，王封为附属之君，邑于秦。是秦因养马而建国也。农政所关甚大，在上者知其术以示教，在下者遵其法以遂生。习之者或自治其田，收栉墉[3]而获报，或官委以往历郡县而授民，殆有后稷[4]之风焉。德国农圃各术，恒为实学馆、蒙馆之别课其设专馆以教之，亦至百五十处，均有附置庄田于古汀浦德之一邦。自咸丰二年[5]始开农课，而肄业者已有一万八千人。法国农政馆有上、中、下三等之分。下者均置有庄田数十顷，设提调[6]一员，教习三四人，或五六人不等。所授之术，以种葡萄、酿酒、植桑、养蚕、缫丝为要课。盖酒、丝系法国贸易大宗也。道光十年[7]，有好

---

[1]膔壮，即牲畜长得壮实。

[2]汧渭，汧水与渭水的并称；汧河，今作“千河”，渭河支流。千河和渭河相交的地方位于今陕西凤翔。事见《史记·秦本纪》：“非子居犬丘，好马及畜，善养息之。犬丘人言之周孝王，孝王召使主马于汧渭之间，马大蕃息。孝王大喜，以秦地封非子为附庸之君，使续嬴祀，号为嬴秦。”

[3]栉墉，见《诗经·周颂·良耜》：“荼蓼朽止，黍稷茂止。获之挃挃，积之栗栗。其崇如墉，其比如栉。”指的是收获的粮食堆起来有城墙那么高，摆放得像房子一样整齐，意即粮食收获非常多。

[4]后稷，即周人始祖，姬姓名齐，据《史记·周本纪》记载：“（弃）游戏，好种树麻、菽，麻、菽美。及为成人，遂好耕农，相地之宜，宜谷者稼穑焉，民皆法则之。帝尧闻之，举弃为农师，天下得其利，有功。帝舜曰：‘弃，黎民始饥，尔后稷播时百谷。’封弃于邰，号曰后稷，别姓姬氏。后稷之兴，在陶唐、虞、夏之际，皆有令德。”后世遂称后稷为“谷神”。

[5]咸丰二年，即1852年。

[6]提调，指负责指挥调度的人。

[7]道光十年，即1830年，下文二十八年即1848年。

事者私行设馆，行之数年，著有成效。至二十八年，国家知与民有益，始仿照推行。今已有五十余处。诸国办法稍异，而设馆以兴农政，要无不同也。

精艺馆

精艺[1]与百艺不同，各有所求，各殊其用。寻常工艺所求，在供给日需。人之起居饮食，胥[2]赖之精艺，则不在物之体专于有用，而在物之美足以娱人。夫踵事增华[3]，原非出于不得已，然不得谓为徒事奢侈也。缘人性与兽性有异，不仅在明理，而辨其是非；尤在体物[4]，而知其美恶。兽得巢穴以蔽风雨，即可知足；人必善为营造，极其轮奂[5]，而后方可称快，以仰体大造生物之心也。盖两间凭造化以斡旋，覆于上者，有星辰之点缀；载于下者，有花木之铺陈。而人之精艺，虽曰巧夺天工，究不若大造裁成之万一也。精艺有音乐、丹青、雕镂[6]三种昔营造亦在其内。大抵分馆而课，欲明其理须深通算术，熟谙格致，方底于成。

盖乐本于气学，由气颤以成声，颤之疾则声高，颤之徐则声低，其轻重缓急之间，则以算术计之。然明其理者，未必能行其事。能制其器者，未必能奏其乐。有天性

[1]精艺，今作“艺术”。

[2]胥，即全、都。

[3]踵事增华，指继承前人的事业，使其更加完善。

[4]体物，指生成或描述、摹状万物。

[5]轮奂，形容屋宇高大众多。

[6]音乐、丹青、雕镂，即音乐、绘画、雕塑。

能为音乐，而于其理一无所知者。倘能理用兼通，斯为美备，此设馆延师之由来也。课有习口歌者，有吹笙箫者，有抚琴瑟者，皆分而教之。西国乐器甚繁，未能枚举。而其品之高者，莫如洋琴、风琴[1]二种。洋琴，形如方桌长方形、三角形者均有之，内有钢弦数十，无粗细，而音以弦之长短为别。每弦上悬小锤，锤柄为平滑象牙。指一按，锤即下，而击弦成声。除贫民外，家家皆备此器。妇女弹者颇多，士大夫亦有习之者。风琴，小者略似洋琴；大者高宽各数丈，用管代弦，以管之长短粗细辨音之高低。赖风箱以吹气，其管之启闭，由悬锤以为之。弹法与洋琴同。小者以足鼓风，大者需人推箱，甚有以汽机行之者。其最大者或在宫殿，或在庙堂[2]。其声可轻如蝉鸟，可重如雷霆。屋小则琴力大而铿锵，屋大则琴音和而清越。此二种恒以人声和之，或以各乐器和之尤佳。常见四五十人操器作乐，颇为欢畅。余在德法义等国屡闻之，而窃憾诸友未能同聆雅奏，不禁有感于怀矣。因思孟氏有言曰："独乐乐，与人乐乐，孰乐?[3]"良有以也。德义两国，每以音乐入蒙馆课程。英法美三国则惟好者习之。

丹青首在练习绘图，不但水陆军营、航海舟楫，均需其技。即建造屋宇，制办机器，亦有所赖。其理本于测量，其事与乐器相若，非指骨熟练，未易尽善。其艺之精者，能随心象形，于人谈笑之间，窃绘其容，使之不觉。俗谓绘像为画喜容，又名行乐图。然必面目神情毕肖，

[1]洋琴、风琴，即钢琴和管风琴。
[2]庙堂，指古代帝王祭祀的太庙和主持朝政的明堂，引申为朝廷。
[3]语出《孟子·梁惠王下》。

令人爱敬，依稀如在目前，并能垂及后世，其丰采神韵不减，方为可珍。至绘山水能致远若近，画花卉能选色争妍，故足贵也。民间以画图装饰居室，国君亦以之点缀宫廷，复设阁以储之。有以古遗名画，而奉为国宝者。学画以铅墨笔为始。迨学有规模，然后习以著色，所谓绘事后素[1]也。其课程无定限，按才力以酌之。此事虽不甚难，然非天资颖悟，而复进以苦工者万难造极。是以出类拔萃者，莫不扬名于天下，而荣富并臻焉。

雕镂石像塑像亦在其内，亦属盛行各国。虽鲜有立馆设教，然名士每有开课而授法也。以雕镂而著名，往罗马设馆者，多因古遗石雕、神像、人像，其地最富。合观音乐、丹青、雕镂三种，其精艺之有益于学问为何如哉？

船政馆

船政馆有二：一官设，一民设。官设之馆，练习水师、武弁。其课程与陆军武学略似陆军武学，下文详之。惟天文须较陆军深邃，因航海测算用以行舟，其事綦重。无论帆船轮舟，一切器具，均须熟谙。故格致水火诸学最宜讲求。除陆地列阵排队，须随时水操[2]以资练习。俟课程既满，往往将生员数十人，或数百人，移载于船，令出大洋以试所学按：英国恒有此事，在外数月之久，以便学者习惯波涛，如行陆地，则遇敌自收驾驶之功也。古有

[1]绘事后素，比喻有良好的质地，才能锦上添花。出自《论语·八佾》：“子夏问曰：‘巧笑倩兮，美目盼兮，素以为绚兮。何谓也？’子曰：‘绘事后素。’曰：‘礼后乎？’子曰：‘起予者商也，始可与言诗已矣。’”

[2]水操，旧指在水上进行的军事操练。

得不龟手[1]之药，水战而致胜者。今之水战，不独熟悉水风，尤赖汽机、火机，其术甚深，而学亦不易也。民设之馆教习商船为船主者，航海商船总计不下数万，是以广设学院而督课之。俟课程既满，授之文凭，以证其学足能驾驶。其不在馆学习者，亦按例考以天文、算格诸学，方准管带[2]。谚曰：庸医杀人。窃思船主之庸懦者，其予人危险甚于庸医。若机器未谙、星算未精、纱线不明、海程不达，而遽畀[3]以重任，不但船货抛弃，尤恐载客数百人，难免葬于鱼腹之患也美国水师设大船政馆一所，小者数处。大者在安纳波里，专为练习将弁，学者三百五十五人，教习四十九人。美国恃东西两洋为保障，无须水师以御敌。故兵船较少。其水师强盛之国，如英法者，其船政馆最多。

武学

武备院专于教习将弁。至士卒之习兵法，只可使由之，不可使知之[4]。或于营伍，或于团所，随时操练。若能识字、读书，则益增勇气，而知大义。故各国于军营，每设学以书算等事课士卒者。布国则民间子弟既出乡学，

[1]龟手，手因寒冻或干燥而皮肤破裂。

[2]管带，原为动词称专操管带，最初出现于同治初年神机营的武织事官编制。光绪年间军队改制，清军编制分军、镇、协、标、营、队、排、棚八个级别，其中队的职事主官亦称“管带官”，相当于现在的“连长”。该词在清末海军编制中也出现，在李鸿章北洋舰队称军舰负责人为“管带”，大致相当于现在的“舰长”。

[3]畀，给予。

[4]只可使由之，不可使知之，语出《论语·泰伯》，原文为“民可使由之，不可使知之”。

非单传，非有疾者，无不入营为兵，以二三年为期。迩来法国整顿军务，与布国相似，以冀异日能与之敌。夫士卒如爪牙，将弁如首领。士卒强壮，而将弁昏懦，仍致败亡。故各国皆设武学，慎选子弟，优给饷糈[1]，令读兵书，阅五六年之久，然后因材器使所习。课程虽与各学院稍有相同，究以有裨战事为重。如测算、火器、描绘图式、建造营垒桥梁、考究古今史记，俾知历代兵法沿革。文字则稍涉罗马古文[2]，而以邻邦今文为要，尤以公法与本国军例为急务。其本国军例，固不可不知，而与他国会战，亦应遵照诸国通例，始为中肯。故公法为课程之大端，生徒学有余力，则操演骑步战事。论武弁之品，固以勇敢聪慧为贵，尤以廉耻谦让为先。一切交接酬应之礼仪，每较文学院习之加慎。要之，武学课程实可概以六艺：盖礼虽无专课，须始终而勤习之。乐虽有课，但选人以专习之。以枪炮之命中代射，以骑之纵送代御，皆较古推广耳。至于书数二事，尤为制胜之要图。盖古之战多恃血气之勇，而今之战专在心智之精也。

乡学

自古民之所居分为乡党，而西国设小学以教民者，亦分乡党而建之。诸国先设太学，藉以取士供职。其小学以及各书院，行止[3]均听民自理。是以富庶之郡，文教颇

[1]饷糈，指军粮给养。
[2]罗马古文，即拉丁语。
[3]行止，此处指行动、活动。

宏。而贫苦之区，诵声较少，甚至有绝无者。盖彼时不独学校鲜有建设，即书籍亦未易购，因西国未知印书时中国知印书已五六百年矣，卷帙均赖钞写，故书价为之昂贵，而从事于占哔[1]者少矣。至明宏治[2]间，印书之法始行。书籍既夥，索值亦廉。不但巨室富有牙签[3]，即寒畯子弟亦各有书，以为课业之具。家塾党庠多为分布，而学问之道，因之广为流传焉。至乾隆间，文教最盛之邦，民间之习诵读者，犹不及半。培根曰："智则强，愚则弱。"近代泰西各国始悟此理。盖战争所用之器，制造所用之机，均与古殊。此国之民若能熟悉文艺，必较彼国之民富强。官设乡学，实因此义而始也。

其更学政而兴乡学者，以布国为先导。嘉庆十年[4]，布国被法君破其都城，据其土地，几至灭亡。后有深思之士进言国君，谓以不教民战，是弃之也。然欲振兴军事，必以乡学为始，令民间子弟无不诵读，而及兵法。迨入营之时，率皆英年稍通文字者。盖智、仁、勇三者之义相连，愚而仁者或有之，愚而勇者则未之有也。布君因于通国普设乡学，有不诵读者罪之。如是者五六十年乃南败奥国，而兼并德意志诸小邦。旋又西破法京而称帝号。其创成丕业，虽由振兴武备，实因首崇文教也。

法国既受其辱，亦仍其术，而广设乡学焉。客岁始定新例：凡民间子女，有不读书者罪之，而于公私学校仍

[1]占哔，指诵读，吟诵。
[2]宏治，应为"弘治"，明孝宗朱祐樘（1470—1505）年号。或为避讳乾隆帝的名字弘历，改"弘"为"宏"。
[3]牙签，用象牙制成的图书标签，借指书籍画卷。
[4]嘉庆十年，即1805年。是年，拿破仑攻下普鲁士而并其地。

听自择。道光十七年[1]，其畿辅[2]乡学子女仅有五万五千名。今则增至二十五万之多四倍有余，即此以观，其他可知矣。刻闻国会大臣同时请发国帑，一为越南兵费，一为郡县建造乡学之费。嗣蒙准发兵费一百八十三万两。其建学之费，则发六百六十六万两，是视学重于兵也。

英国四十五年前尚未官设乡学于民，所设者发帑银以助之，继而改为官设。今则国内随地有之。近复定例：凡有子女而不读书者罪之。其伦敦京都官学子弟有三十余万。英吉利、威利士[3]二邦，民数有二千五百万。四岁以上、十五岁以下者，有三百五十万。而入馆者已有三百万之多。苏格兰之人不读书者，亦属甚鲜。英之辖地，虽远如印度，亦渐设学校，惟不强令读书。

美国自主，仅有百年。开基之初，以民为邦本，爰定培养人才之法，以为纪纲。其土地尽属上国，而不属于下邦[4]众邦合成者即谓上国，有伯理玺天德及国会大臣[5]，以任统领。凡新立之邦，其土地或由上国出售于民，以备开垦；或赏给修建铁路、开掘河渠，各公司以济营造；更有赏给各邦以抵学校之经费者。百年以来，已有五百四十万顷之多。乡间每十数里，即设有官学。城镇则按户口建造大小学校。上国赐地入不敷出，则按民之私产，征收其费。惟此项所取甚轻，而获益綦重。是以乐为输，将民无

[1]道光十七年，即1837年。

[2]畿辅，国都所在的地方，泛指京城附近的地区。

[3]威利士，即Wales，今译威尔士。

[4]上国，指美国联邦政府；下邦，指州政府，下文之“统领”即州长，但美国各州州长不是由总统或议长任命，而是由选民选举产生。

[5]国会大臣，指美国参众两院的议长。

怨讟[1]。美国户口五千万，入学肄业者已有九百五十万之多。足见文风日盛也。

女学

自古各国皆设学以教士，于是蔚为人才。而无设学以教女者，因其责主中馈[2]故也。然既振兴乡学，以为强国之策，则女学不得不议及焉。盖为母者，知读书之有益，必勉其子女，以期有成。况妇为阃内[3]之助，能识字者，自属明理之人。富而多才，固能治家而表率；贫而有识，亦克佐夫以经营。故乡学始而许其可入，继且令之必入。严为防范，仍不忽男女之别，以免嫌疑。年逾十岁，分屋而学。或另设馆以教之。小学以上女学书院，向有民间私立者。今则官为布置，日见蒸蒸。其课程与男子有异。小学则诵读之余习以针黹[4]。大学以邻邦语言、文字代各项古文，略涉天算、格化。诸学多有习音乐而陶咏性灵，习绘画而纷呈妙技。道、法、医三科习者无几，而制造等事则绝无习之者。既入乡学，复进之以专设书院。而钟灵毓秀，坤顺不让乾刚矣。其才质超群者，视所教之课为不足。而专心于古文，探讨精微之学，以不得与男子一体熏

[1]怨讟，亦作“怨黩”，怨恨诽谤。

[2]中馈，旧时指在家中职司饮食之事，由于多由女性操持，故用之来比喻妻子。《易经·家人卦》：“无攸遂，在中馈。”

[3]阃内，旧指家庭、内室或妻室。

[4]针黹，即“针织”，缝纫、刺绣等针线活。

陶为憾。近岁准妇女赴试太学，怀咏絮[1]之奇才，膺探花之旷典，而与士子争荣者有之。雌处雄飞，真堪艳羡去岁诺尔威太学更易新例，准妇女一体与考。但应试者惟有女子一人而已。又有专设医学，欲令妇儿等科独妇女医经理，则一切疑难之证，自能措之裕如，无庸另访歧黄矣。若非知其有裨风化、作养人才，未能如斯之推广也。盖女子学有根源，自知礼义，相夫益子，宜室宜家。而文名蜚声乡里者，更有招之以币，而聘为女师焉。美国学校男师有九万七千余，女师有十四万。女师西国皆多。无论男女，十岁以下者率从女师受教。故女子多有舌耕[2]，而广宣文化也。亦有以钞录书籍、勾稽帐目、办理邮政电报为业者此等事务皆须细心经理。美国银库多用女子勾稽。某尚书曾云女子精细安详，较男子为优。女子善于词令，发为文章，如曹大家、班婕妤[3]者。各国皆有因著述以成名者，每继起之有人也。虽吟咏词章似较男子稍逊，而英、

[1]咏絮，见南朝宋刘义庆《世说新语•言语》：“谢太傅寒雪日内集，与儿女讲论文义。俄而雪骤，公欣然曰：‘白雪纷纷何所似？’兄子胡儿曰：‘撒盐空中差可拟。’兄女（谢道韫）曰：‘未若柳絮因风起。’”后因以为女子有诗才之典。

[2]舌耕，旧时指招收生徒讲学谋生或发奋读书。见晋王嘉《拾遗记·后汉》：“（贾逵）门徒来学，不远万里，或襁负子孙，舍于门侧，皆口授经文，赠献者积粟盈仓。或云：‘贾逵非力耕所得，诵经口倦，世所谓舌耕也。’”

[3]曹大家，即班昭（约45—约117），扶风安陵人（今陕西咸阳），东汉史学家、文学家，史学家班彪之女，史学家班固、名将班超之妹。班固著《汉书》，未竟而卒，班昭奉旨入东观臧书阁，续写《汉书》。其后汉和帝多次召班昭入宫，并让皇后和贵人们视为老师，号“大家”。班婕妤（约前48—约2），西汉女作家，汉成帝嫔妃，为班况之女，班彪的姑母，班固、班超、班昭的祖姑母，有贤德且多学，作品很多，但大部分已佚失，今仅存《自悼赋》《捣素赋》《怨歌行》三篇，但后人也有怀疑是伪作。

法、美之为稗史[1]、小说者各有女才子一人，为男子所不及，亦属艺林盛事。夫闺秀身列学宫，一切女经、女诫[2]无不洞彻于怀。既终年伏案，诗书之气必深斯。一旦结褵[3]，琴瑟之情[4]自笃，不但与妇德无损，且守已倍著贞操，教子亦垂义训也。然则女学之设，盖可忽乎？查周官有女史，则古人之留意女学可知矣。

聋瞆学

昔时民之聋瞆者，每以残废目之，不屑教诲。或任粗学工作，而操业为生；或竟虚度光阴，而累人养赡，良可悯也。百余年来，有仁人思得妙法，以振发之。国家因设学而启迪焉。

夫聋者，目既无损，则以目而代耳，作手势以达语言，且可藉以通文字也。按西国字母仅有二十五六法文二十五，英文二十六，俄文三十七，前后辗转，附合成音。聋者按字母之反切，以指形之，由此即能读书，先难而后易。教者以笔代口，自能一目了然。迨学业既成，除习各种手艺以食其力，有善于描画而驰誉丹青者，有善于书写而精心笔墨者，甚有能为极佳文字而著述词章者。夫

---

[1]稗史，即野史或坊间传闻。

[2]女经、女诫，古代社会对女性的道德规范，核心为三从四德，三从即在家从父、出嫁从夫、夫死从子；四德即妇容、妇工、妇德、妇言。始自东汉班昭著《女诫》，后代也多有关于女性道德规范的文章出现。

[3]结褵，古代嫁女的一种仪式，女子临嫁，母亲给她结上佩巾，故以结褵即为出嫁。语出《诗·豳风·东山》：“亲结其缡，九十其仪。”

[4]琴瑟之情，指夫妻之间的感情。语出《诗经·小雅·常棣》：“妻子好合，如鼓瑟琴。”

学既恃目，目必倍明，晤谈之时，以手代口，其便捷几与他人无异。每见学院聋哑子弟数十人聚于一室，教者以手训诲，虽寂然无音，大旨均已领会，并能以笔达其所未闻，可谓心心相印矣。

瞽者虽盲于目，然耳能闻声，口能通语，教之似觉稍易，但日进之后反较聋者为难。盖他人所读之书，既不能用，须另创一格，以便诵习。简易法令手以代目，将文字凸出有棱，指按俨同目睹。即有目者，按其字体亦能辨识。惟以厚纸作板，不免笨滞，索值亦昂，然已胜于无书矣。惜卷帙不多，缘专为灭明[1]者而设也。除学缝纫、编织等工外，习乐器者颇多，其善音律如师旷[2]之聪者有之。至人之既聋又瞶，虽具敏才，实难训诲。然亦有能教之者，令其心思发越，志气通明，如破坚石而探璞玉，其爱人不遗余力矣。尝见聋瞽接谈，既不能以口通语言，又不能以手明体势，惟有两手相交作字，将其欲言者互为形容，以示其意，而通其情。则聋者不必借助于瞽者之目，自如昏夜之秉烛；瞽者不必借助于聋者之口，自如空谷之传声。以手兼司五官之妙用，各补其缺，相辅而行。噫！奇矣。世之有目而明，有耳而聪，自甘暴弃而等于聋瞶者，未免有负大造之生成也。

师道馆

孟子曰："人之患，在好为人师。[3]"盖造诣能为师

---

[1]灭明，即失明。

[2]师旷，生卒年不详，字子野，春秋时晋国乐师，以善辨音律著名。

[3]语出《孟子·离娄上》。

者，每难其选，即品学兼优而不善于训诲，亦不足为初学之师。夫幼穉知识未开，惟以先入为主，非成人聪明渐启，可以问难质疑，是授经者有不宜于启蒙也。各国因广设蒙馆，以教民间子弟。复设师道馆，以习教授之术。除习所素学之业，尤主娴于开导之法、约束之规，可谓循循善诱者矣。英国之英、威二邦即英吉利、威利斯[1]，师道馆有数百之多确数未详。男女学为师者，有三千一百之众。每岁学满而为师者，约居其半。其良法美意，不但通国互相则效，即邻邦亦为仿行。义大利近兴乡学以图自强，复遣学士数人游历外国，采访教术，以闻有人思得启蒙良策，如瑞之贝氏，英之兰氏。不独有益本国，且能贻惠遐方[2]。兹略述其事以证之。乾隆间有贝斯罗西[3]者，因教有义方，名垂后世，而休声[4]遂洋溢于海外矣。贝氏家素封，视民之贫乏者，多由无识而致，乃设法整顿学校以教民焉。先于家中收养无依子女百余人，以试其端。其教法以名实兼尽为重。童蒙来归诵读者，既识鸟兽草木之名，兼悉飞潜动植之体。贝氏每索实物与之辨认，物不可得，即以图资其考证，则初学既知实迹，必启新机也。其

[1]威利斯，即威尔士，文中又作“威利士”。

[2]遐方，犹远方。

[3]贝斯罗西，即约翰·亨利希·裴斯泰洛齐(John Heinrich Pestalozzi，1746—1827)，瑞士著名的民主教育理论家和教育实践活动家，体德智美劳五大要素教育思想的主要代表人物，被尊为西方“教圣”，欧洲“平民教育之父”。

[4]休声，即美好的名声。见《北史·高允传》：“如此，则休声日至，谤议可除。”

家资因是告罄[1]。易箦[2]之日，而四壁萧然[3]矣。然遗徽[4]远播，各国无不率从焉。后有英人兰戛斯德[5]者，其教法与贝氏齐名。童蒙列为等第，每班或十数人，或数十人。令前班之优者助教，其师督率以勉励之。课读之时，令生徒齐声覆之，有问必众口同答。故所教之人虽多，而授教之法甚简。童蒙乐其启迪者，因得事半而功倍云。兹附布国师道馆课程纲领。则此等馆所授受者，亦可略知其概矣。

一、德、英、法三国之今文。未及古国之文，因乡学习之者少。

一、代数、几何、勾股各术。虽小学,无不习之，但不及微分、积分之奥妙。

一、格物、化学、金石之学。

一、动植之学。即栽植花木、豢养鸟兽之理。

一、地球图说各国史记。

---

[1]告罄，宣告完毕，结束、用尽。见《隋书·音乐志中》：“罾齐云终，折旋告罄。”

[2]易箦，更换床席,指人将死。见《礼记·檀弓上》：“ 曾子寝疾，病，乐正子春坐于床下，曾元、曾申坐于足，童子隅坐而执烛。童子曰：‘华而睆，大夫之箦与？’…… 曾子曰：‘然。斯季孙之赐也，我未之能易也。元，起易箦！’”按古时礼制，箦只用于大夫，曾参未曾为大夫，不当用，所以临终时要曾元为之更换。后因以称人病重将死为“易箦”。

[3]四壁萧然，指屋里空荡荡的，没有什么东西，形容生活艰难穷困。见宋陆游《题庵壁》：“有金可散还多事，四壁萧然计未疏。”

[4]遗徽，死者生前的美好德行。宋岳珂《愧郯录·追册后》：“是时，郭后正位中宫，仁宗追念遗徽，特崇位号。”

[5]兰戛斯德，即英国教育家约瑟夫·兰卡斯特（Joseph Lancaster，1778—1838），与另一位教育家安德鲁·贝尔先后创立“贝尔—兰卡斯特制”教育方法，又称“导生制”。该教育方法鼓励老师先教会学习较好的学生，然后由这些学生再传授给其他学生。19世纪初，由于该方法在普及初等教育时很有帮助，在欧美各国大为流行。

一、作字绘图。

一、律吕之学[1]。

一、敬神修德之道。德之小学，莫不以此为重。

欲为师者，除温理[2]以上诸学外，须每日练习教授之法。课程既满，领有文凭。则于民间学校易得师席，而训诲自措之裕如[3]矣。

文艺会

夫官设学校者，为训初学之人。而民立文艺会者，以勉有造之士。会之名不一，会之意亦殊。衹可以文艺括之，试为分而述焉。

有天算、格致等会三者以数之一艺概之。或一省、或一邦好是学者，不独自进其功，尤重推阐新理、振兴实学。城镇有教士、法士、医士各会分设，以精其科而勤勉之。郡县多设文会，或作论以习笔法，或评书以广知识，或互辩以练口才，皆以本国语言文字为主（至东土文会前已云及，兹不赘论）。间有随时延名士之善辞令者，

[1]律吕之学，即音乐。律吕是古代乐律的统称，分阳律和阴律，是有一定音高标准和相应名称的中国音律体系。律吕又称“十二律”，是根据古代音乐的划分方法“三分损益律”而划定的的六律、六吕，进而将十二律按次序分为单数、双数排列，称单数各律为“六”，称双数各律为“六间”；单数的六个律即六律，后世又称为六阳律；双数的六个律即六吕，后世又称为六阴律或六同。语见《宋书·志序·历上》有“制十二管，以听凤鸣，以定律吕”，又，“昔先王之作乐也，以振风荡俗，飨神佐贤，必协律吕之和，以节八音之中”。

[2]温理，指复习整理或回味思想。宋叶适《除华文阁待制谢皇太子笺》：“以其昔忝班列之久，不使骤从农圃之游。某敢不勉竭颓年，温理幼学。”

[3]裕如，形容从容不费力。汉扬雄《法言·五百》：“仲尼神明也，小以成小，大以成大，虽山川、丘陵、草木、鸟兽，裕如也。”

特来抒论，岁中每至十余人，其才学昭著者，恒有周游通国于各城文艺会中撰述，则民间之好学者，虽不能请业门墙[1]，亦得聆其雅教。

又有论政会[2]，士庶皆得入之。所言明，而不昧，公而不私。虽涉国政得失，并非意存讥刺；纵语近失检，实寓鼓舞忠信之情。除俄国禁设此会，余皆以为有益。昔郑人游于乡校，以论执政。鬷蔑请毁乡校，而子产不许。亦此意也。《传》[3]云：郑人游于乡校，以论执政。然明谓子产曰："毁乡校何如。"子产曰："夫人朝夕退而游焉，以议执政之善否。其所善者，吾则行之；其所恶者，吾则改之，是吾师也。若之何毁之？我闻忠善以损怨，不闻作威以防怨，岂不遽止？然犹防川。大决所犯，伤人必多，吾不克救也；不如小决使道，不如吾闻而药之也。"仲尼闻之曰："人谓子产不仁，吾不信也。"〇鬷蔑，即然明[4]。

四十余年前，英国设博物总会。士女有志于实学者，皆得入之。每年在各大城轮集。每会率至一千数百之众。所抒之论，刊报行世。法、德、美三国，近仿其式，而设博物总会焉。夫建立文艺各会者，意在讲求学问，传播民间。盖民为邦本，广为栽培，自有聪明才智之士出乎其中，以备器使。况颛蒙[5]之茅塞即开，则充兵者愈为劲

[1]门墙，孔子弟子子贡把孔子高深的学问比做高高的宫墙，能得其门而入的人很少，指老师之门。见《论语·子张》："夫子之墙数仞，不得其门而入，不见宗庙之美，百官之富。得其门者或寡矣。"

[2]论政会，即英国国会。

[3]事见《左传·襄公三十一年》。

[4]鬷蔑，即然明，时为郑国大夫，生卒年不详。

[5]颛蒙，愚昧无知。

旅，作工者愈进巧思，农商各业愈加勤奋，而国家因以强盛矣。夫文风兴起，民之起居、服用，虽不富饶，亦可不至谫陋[1]，是以乡里诵读者非尽求夫仕进[2]，尽力耕[3]之余，继以学问，实可乐天而知命。况人皆知法，自免愆尤[4]，鄙俗消除，感化日形敦厚矣。贾谊[5]《治安策》所云："绝恶于未萌，而起教于微眇，使民日迁善远罪而不自知。"与老氏[6]所云："虚其心，实其腹，使民无知无欲者。[7]"殆未可同日而语也。

西国相师之道

自古邦国之兴化，大抵相继而出。其才能、艺术，非尽创于己，而不借助于人。盖既有先觉先知者之开始，则后人即可效法，而广为流传也。五大洲惟雅细亚开化最早。埃及虽在阿斐利加，究与雅细亚疆界毘连[8]，故于五帝之世教化早开。希腊之古士多游学于埃及与波斯，甚有游学于印度者。此三国均早与华通，则中国之古术必因之

[1]谫陋，即浅陋。

[2]仕进，谓求取功名之路，入仕做官。

[3]力耕，努力耕作。

[4]愆尤，即罪过。

[5]贾谊（前200－前168），西汉洛阳（今河南洛阳）人，当过长沙王太傅，故世称贾太傅、贾长沙，著名思想家、文学家。其政论文有《过秦论》《论积贮疏》《治安策》等，在历史上有很高的地位。

[6]老氏，即老子（前571－前471），姓李名耳，字伯阳、外字聃，世人尊称为"老子"，道家哲学的创始人。

[7]语出《道德经》第三章。全文为："不上贤，使民不争；不贵难得之货，使民不为盗；不见可欲，使民不乱。是以圣人之治也，虚其心，实其腹，弱其志，强其骨，恒使民无知、无欲也。使夫知不敢、弗为而已，则无不治矣。"

[8]毘连，指两块土地互相毗连。

以西传。厥后至秦汉之世，希腊及犹太之化传之罗马，复由罗马递传至欧洲诸国。至西国取法中华，其可恃而有据者，试为缕指而胪陈[1]之。

一为修炼丹药各术，西人因而推出化学之理，以广其用。

一为定南针。西国早知磁石吸铁，至元世始知定方位之法。彼时有义大利人马可波罗等，由陆抵华，久住中土，后归而述所见闻，其书流传至今。嗣有义大利人卓雅者，作罗盘为航海要用。殆闻之马可波罗[2]也。

一为火药。中国自秦汉以后用为号炮[3]，西人得之于宋末，时始制火器，而用之于战场按：《格致镜原》[4]所载火药出于夷域。

一为蚕桑。西方古时原无丝缕，即偶有亦自中国由陆运往者。嗣罗马国君遣使入华，取蚕子以归，自此遂为法、义、日等国重业。

一造瓷器。西方古时惟造陶具以使用。至明末时，始得造细瓷良法。先是法人得其术于义人，而义人必得之于中国也。

一为种茶。自通商后于道光年间，英人遣人入华，物色茶种移植印度，并令华工将种法制法往彼传授土人。

---

[1]胪陈，逐一陈述或罗列。

[2]马可·波罗（Marco Polo，1254—1324），威尼斯共和国商人、探险家、旅行家，曾随父、叔来到元朝时的中国，归国后写成《马可·波罗行纪》一书。

[3]号炮，军中用来传达信息的火炮。

[4]《格致镜原》，清代陈元龙（1652—1736）编撰的类书，广记一般博物之属。共一百卷，分乾象、坤舆等三十类，类下分目，共八百八十六目，汇辑古籍中有关博物和工艺的记载，包括天文、地理、建筑、器用、动植物等。“采撷极博”，体例井然，为研究我国古代科学技术和文化史的重要参考书。

今时出产颇饶。不但丝茶大宗流传西土，虽中国所产鸡、鸭、猪等畜，西人亦有运至外国，以为种者。

一以上所论，多涉农工之事。至中国抡才之典，西国莫不慕之。近代渐设考试以取人才，而为学优则仕之举。今英、法、美均已见端，将来必至推广。

夫论中国农工各术，以及政务之有益者，西国既不惮数万里以求之，则于邻邦之奇技异能，必多方而采访。如活板印书之法出自德国，不数年已遍传于欧洲矣。电学以干电储瓶创自荷兰，后美国富氏[1]既悉其法，乃引云中之电而储之，以证所作电气实与雷电无殊。义人勤攻其学，又作湿电。法人、丹人则以电作磁铁。英、法、美三国约同时为电报美之法行世在先而较广。至以电气引机燃灯，诸国皆此创而彼因，未易别其先后。其汽机之创造，以次而精，诸国交相制作，而终以之运行。舟车海程，则不待风；陆路，则不需马。其遄行之迅疾，不啻执有缩地之鞭[2]也。以此二者而论，若一国独恃其智，而不借镜于人，恐难精进。今诸国互通往来，较前倍密，不但制造之新机，莫不流传之遍，及即有关富强之要术，亦无不效法之争先。德国广建学校，以增军力。法人旋亦仿而行之。虽曰相师，而取益亦势有不得不尔也。

---

[1]富氏，即本杰明·富兰克林（Benjamin Franklin，1706—1790），美国政治家、外交家、发明家、科学家。

[2]缩地之鞭，据晋葛洪所撰《神仙传》：“费长房学术于壶公，公问其所欲，曰：‘欲观尽世界。’公与之缩地鞭，欲至其处，缩之即在目前。”

第三章　西学源流

此章之意，略指各学之由来。盖学业之渐兴，有如河海不择细流，故能成其深。欲考其详，非另著书，不能殚究。

所谓西学者，虽派分多门，要皆天算、格化等学，其本原出于东方，西人善为推广而流传之。化学本于中土之方士设炉、煅炼、点换各术，算学本于埃及，天文本于巴庇伦[1]，皆由希腊人而西传焉。周平王时，有希腊人塔理士[2]者，生于小雅细亚雅细亚极西海滨，能算日食。时伊本国希腊附庸与邻邦构兵，适值日食，敌兵张皇。本国兵毫无恐惧，遂大捷。因塔氏已预为之言也。襄王[3]时，有希腊人毕他固拉[4]者，游历雅细亚各处，得闻释家之论，旋设教禁人食肉，盖惑于轮回之说也。弦方等于勾股两方

---

[1]巴庇伦，即古巴比伦（Babylon），四大文明古国之一。

[2]塔理士，即泰勒斯（Thales，前624—前546），古希腊哲学家，前苏格拉底哲学学派之一米利都学派的创始人，希腊七贤之一，为古希腊历史上第一个有记载并留下名字的哲学家，被后世称为“哲学和科学家之父”。其主要理论是万物起源于水，在数学上的突出贡献是命题逻辑证明思想。

[3]襄王，即周襄王姬郑（前？—前619）。

[4]毕他固拉，即毕达哥拉斯（Pythagoras，前570－前495），古希腊哲学家、数学家和音乐理论家，“毕达哥拉斯主义”的创立者。他认为数学可以解释世界上的一切事物。

之和理由，毕氏而创，足见有功于算学。至以日居中，而地即行星旋绕之说，亦由毕氏创之。

彼时人未之信，越两千余年，至明宏治间，有日耳曼即德意志人哥白尼者，申论毕氏之说，始得行世。后天文家无不信从，著为定论，不复有疑意矣。闻汉时有张衡者，著地动一说，其义未得其详。倘谓日静而地动，则与毕氏之说暗合，不约而同。西方初不从毕氏，东方亦不从张氏。盖两界之天文家，其术未能精到，其理未能深通，皆以目所见者为凭。目见日之出没，而谓其不动则似难信，湖海非有风则不起波。而谓地运行甚疾，亦属难信其，理与人之知觉相拂，无怪其流传之不广也。况以地静旧说推算日月食等事，亦可无误。如人过牖外[1]，其影入映于壁，影虽反行，亦得测其迟速不误，因而执之益固。然各行星之运动，目固得见之，惟水、火、金、木、土诸星，各为世界[2]，与地球相似，亦均绕日而行，而独谓地不然，实有未合。若谓地静，不但须太阳动，亦必须浑天运行，实不如以日静并天静，而地球与行星同归一类，其理简而易明地动可以验之，法以称锤用二三丈之线悬之，令正南北摆摇，俄顷必见其偏于东北西南，因地之运动故也。

至明末万历[3]间，有日耳曼人格布莱者创行星三纲之说：一、各行星轨道皆为椭圆，而以日居一心；一、星之运行虽有远近迟速，带线每时所过面积恒等；一、各星周

[1]牖外，即窗外。

[2]世界，今作“天体”。

[3]万历，明神宗朱翊钧（1563—1620）年号。

行日期之平方，均与日距之立方正比。二氏之说既著，三光各得其所，动静合宜，运行不紊。然运行恃以何力，世尚未悉。清初有英国人奈端一作牛董崛起生于明崇祯[1]时，此理乃明。相传奈氏见苹果坠地，因思何以下坠而不上飞，是必有故，于是推得吸力一作摄力[2]相引之理。盖万物莫不具此力，惟按质之重轻互为吸引，质之小者被移多，故见苹果动而坠地，因被地力所吸也。地与各行星之绕日，亦因被日所吸，其吸而不坠者，因直行与下坠二力相称，故不离不毗而环绕焉月之绕地亦然。奈氏推得力之大小，按远近自乘反比如物距地心加倍，其重不过四分之一，由此而推各星之轻重与质之疏密，无不可得。奈氏于天文、格致等学更旧推新者无数，而功莫大于发明吸力之一端，因吸力为重学之根本，无之则天文、格致等学均虚薄而无凭矣。

乾嘉间，法国有拉布拉瑟[3]者，创论三光之原。自古习天文者屈指难数，而功至伟者莫如哥氏、奈氏、拉氏三人。哥氏以日居中，于是恒星均类日、行星均类地球均有序而不紊。奈氏以吸力之理阐明，因知大小远近，其运行如索之维系。然太阳何以居中，行星何以旋绕，大者何以有小者随之，运行方向何以均同，太阳何以居其所而自转，种种精奥，虽经古圣先贤探讨，尚未得其真诠，至拉

[1]崇祯，明思宗朱由检（1611—1644）年号。

[2]吸力、摄力，今作“引力”。

[3]拉布拉瑟，即皮埃尔-西蒙·拉普拉斯侯爵（Pierre-Simon marquis de Laplace，1749－1827），法国著名天文学家和数学家，其研究成果对天体力学和统计学有举足轻重的影响。

氏出始有端倪同时日耳曼有性理家干德[1]者曾论其理，惟不如拉氏之详备也。按拉氏之说，太初之时，天地未判，茫茫空际，惟有热气充塞。其间此气渐凉渐缩而微动，动即转如水之灌于器，而旋愈缩，其转愈速，混元[2]之皮凝结分离而成一球，仍自运行，是为最远之行星就今日论之，即海王星。混元复缩，而皮复离成为第二行星即天王星。其土、木、火各星亦如此依次而生。后混元又分而生地亦行星。在日地之间又有金、水二星，其成形亦复如是。混元层层以次去皮而渐缩，所余惟水星轨道之中，即太阳也。其圆周九百万里，二十五日一转。将来或复缩去皮而再生行星，亦未可定。地球初生，亦清虚如空气，既缩其皮，分而成月。地外各大行星，莫不有数月随之。其月自大星而出，亦皆此理按：火星有二月，木星有四月，土星有八月。拉氏之说，其初世未之信。今经八十年，而天文学士无不从之，皆视为造化之踪迹，显然可据。其尤可证者，五星之运行，同一方向，一也；太阳同向而自转，二也；地与大星有月随之，三也；行星之远者运行较慢，与太阳渐近渐速，四也；因气渐缩，而旋渐速，乃重学自然之理；地中有火，五也；足见本为热气渐凉而缩，各行星亦如是。因热有光，凉而遂失，然借太阳返照。惟木星本光尚存少许，据天文家云，其体热如冶红之铁。

拉氏之说，其理尚有未尽。盖空中源气本热，其热自

[1]干德，即康德（Kant，1724—1804），启蒙时代德国古典主义哲学家。

[2]混元，指宇宙起源时，元气未分，混沌为一。见《云笈七签》：“混元者，记事于混沌之前，元气之始也。元气未形，寂寥何有？至精感激而真一生焉，元气运行而天地立焉，造化施张而万物用焉。混沌者，厥中惟虚，厥外惟无，浩浩荡荡，不可名也。”

何而生，则不之解。日星之光，亦不能知其由来。惟英国有茹里[1]者其人尚在，三十年前阐明以力生热之理以力生热之理，美国伦甫氏曾思及之，其说未备，并查其定率，方知斤重之物下坠七十丈能令斤水生热一度。嗣诸国论及者遂众。盖物动遇阻，其动力即易为热气，热甚则发光，理固易明。举此以补前说之不足，则原质既动而凝结，自应生火，愈凝而愈热，故地中之火即系此，故太阳之光热亦莫非此故也。至日星之质，古人不知为何物。奈氏始谓星虽极远，不外重学之理，盖行星运动均按吸力也。后拉氏之说行世，皆以为日星与地球质相同谓地之原质，日星多有之，惟因热甚化而为气耳。数十年来有以分光镜德国人吉尔赫[2]所创察日星之质者，不但知行星与地球相似，并知恒星与太阳亦相似分光镜详见《中西闻见录》[3]选编。天文之学如此逐渐而精，越数千年方臻美备。不但一国之人不能独成，即有攻于此学者，若不借助于测算、格

---

[1]茹里，即詹姆斯·焦耳（James Joule，1818—1889），英国物理学家，能量守恒定律、热力学第一定律的发现者。能量单位焦耳（J）即从其姓而来。他观察了磁致伸缩效应，并和开尔文合作研究了温度的绝对尺度，进而发现了电阻、电流和热量之间的关系，即焦耳定律。

[2]吉尔赫，即古斯塔夫·罗伯特·基尔霍夫(Gustav Robert Kirchhoff，1824—1887），德国物理学家，在电路学和光谱学领域贡献巨大，1859年制成分光仪，并与化学家罗伯特·威廉·本生一同创立光谱化学分析法，从而发现了铯和铷两种元素。同时，提出了热辐射中的基尔霍夫辐射定律，这是辐射理论的重要基础。

[3]《中西闻见录》（*The Peking Magazine*），是1872年8月在北京创刊的一份近代报刊，1875年停刊，由京都（北京）施医院出版发行，美国传教士丁韪良、英国传教士艾约瑟主编，后来艾约瑟离去，完全由丁韪良负责。主要是对近现代科技知识、工艺技术的报道性介绍，也刊登难题解说、科学趣闻以及试题；介绍科技知识之后，是语言、杂记、奇闻趣事等；也有少量论说、历史等社会科学内容。新闻列于每期最末，置于《各国近事》栏目中。它是北京第一份中文近代报刊，对洋务运动起到推波助澜的作用。

化诸学，亦不能探造之妙谛。

盖上古之世厘定岁时，莫不恃算学推步天文；自奈氏后，莫不以重学发明天文；今则用光学、化学以引伸之。算学之本出于数，数为六艺之一。推之可括诸学之会归，约之则为测量之发轫[1]。初学之加减乘除及四率比例，诸国自古皆有。至几何则始于埃及，代数则始于希腊。几何之出自埃及者，不但因开化最早，亦地势使之然也。其国除尼罗江[2]岸一带，余皆沙漠不毛之地。天时少雨，农田尽恃江流灌溉。但每岁江水涨发，全土被淹。虽资水以肥腴，沟渠往往梗塞，因而阡陌莫辨，乃以几何之术将界限推算分明。所著几何之书，惟有欧几里得[3]一家尚存。欧氏希腊人，迁居埃及。其书何者由土人而得，何者由己创论，未可判定。然论说详明，逾二千年犹为诸国隆重焉。毕氏在欧氏之前创论几何要理，前已言之，自云："吾既得之，喜曷胜言[4]。"遂恭备牲礼以谢天神启牖。欧氏之前，更有算学家亚及密底[5]者即亚奇默德，亦希腊人创论圆球体等于圆桶体三分之二，乃几何之要理也。命人将圆

[1]发轫，轫，意为支住车轮，让它不能转动的木头，发轫指拿掉支住车轮的木头，使车子开始行动，借指出发。

[2]尼罗江，即尼罗河（Nile River），有两个源头，一源于东非大裂谷维多利亚湖，为白尼罗河；一源于埃赛俄比亚高原，为青尼罗河。两河于苏丹汇合后，向北经埃及流入地中海，长约6650千米，为世界第一长河，是塑造古埃及文明的关键因素。

[3]欧几里得（Euclid，约前330—前275），古希腊大数学家，被誉为"几何学之父"，活跃于古埃及托勒密王朝的亚历山大里亚，所著《几何原本》一书，共13卷，提出了几何学的五大公设，成为几何学的基础。

[4]喜曷胜言，意即高兴得难以用言语表达。

[5]亚及密底，即阿基米德（Archimedes，前287—前212），古希腊物理学家、化学家、数学家、工程师和天文学家。阿基米德对物理学和数学的发展影响深远，被誉为古希腊最杰出的科学家。

镌于墓碣，以垂永久越数百年，有历其地者见墓碣镌有此图，遂知为亚氏之墓。惜二氏仅知以几何测地量物，倘知后人用以测天航海，其欣喜又何如耶？

夫几何之论辨，既凭线之曲直，用之不免繁重。况以数推算，恒有未知之数及不得以数论者，因创有代数法与中土天元[1]一理同，学者便之，且几何数理所不可知者，以代数即可推焉。代数一学，西语名阿尔热巴拉，由希腊而创。汉代有丢番都者，著书曾述其法。自希腊传至亚喇伯。唐宋间自亚喇伯回人复传至欧洲。前明法国有德戛尔者，以纵横线推几何之形，并用代数推诸深远。至奈氏推广代数，而创微分、积分之学，实为代数学之别开门径。天文与格致，每得难题，非以微积之术，无由致之。不但可为一门，即算学之各术，自奈氏后无日不创新法。故每有奇理，靡不刊诸新报以达于四方焉。

格致之学，意在即物而明其理，即事而求其故。自生民以来，莫不有格致。盖非稍知五行之功用者，无以供生人所需。然五行隐寓无穷妙理，自非农工所能知也。故自古好学深思之士，尤留意于斯者，本非假以营利，乃在究察造物之底蕴，足以增人力而厚人生焉。其学在有体之物类分为二：在体大力大较微质微力而言之之物者，谓之格物；在微渺之质，隐感而变化者，谓之化学。格物之学，亦从埃及而始，古时有用机器灌溉者，足证稍达于水学。有希腊人侨寓埃及，名希罗[2]者，以蒸汽作旋机，足证于

[1]天元，即天元术，中国古代建立数字高次方程的方法。

[2]希罗，即亚历山大港的希罗（Hero of Alexandria，10—70），古希腊数学家、工程师。

火气二学已得端倪。古之造机者莫如亚氏侨寓义大利，既进于算学，尤力求物理，以螺丝管汲水，以镜燃火，均由亚氏而作。引而伸之，水学能辨金之真伪，火学能制巨镜烧敌船古人相传镜能船烧，实有其理，恐无其事。物之浮沉及水中权轻重之理，亦由亚氏创论。

晋唐之际[1]，有希腊、罗马人侨寓埃及者，得悉炼丹之术自中华、印度传至。后各国每出烧炼名家，其丹虽未成，竟造诸多有用之药，物理因之阐明。至乾隆时，丹家秘术成为儒者之学，名之曰希密[2]，即化学也。遂与丹术分立，实为格致之大宗。至格致之学，自希腊、罗马式微后越千余年，未有提倡其学者。元明之际，学业复兴。义大利有戛里留诸人，法兰西有德戛尔、裴司格[3]诸人，日耳曼有莱布尼兹、欧利尔诸人，英吉利有培根、奈端诸人。于是，重学、光学、气学、水火之学颇见精进。百年以来，电学、汽学亦皆深造其微，旋又大兴地学及动植之学。各门地学，不但发明天文要义，且有益于开采矿窑各术。地学大旨在辨别地中层次，何层含有何物，厘定其序。夫地非陡然成形，先为气球，继而凝为流质，终则逐

---

[1]晋唐之际，指的是魏晋南北朝至唐朝这一段历史时期，时间段为265年至907年，相当于西方罗马帝国中期至中世纪前期。此期间在东地中海和阿拉伯地区，伊斯兰教兴起，阿拉伯帝国扩张，波斯安息帝国灭亡，东罗马帝国则从鼎盛走向衰落。

[2]希密，即化学，chemistry的音译。

[3]裴司格，即路易·巴斯德（Louis Pasteur，1822—1895），法国化学家、微生物学家，近代微生物学的奠基人之一。他以借生源说否定自然发生说、倡导疾病细菌学说（胚种学说）以及发明预防接种方法而闻名，为第一个参与发明狂犬病和炭疽病疫苗的科学家，被世人称颂为 “进入科学王国的最完美无缺的人”。此外，他和列文虎克以及罗伯特·科赫一起开创了细菌学，被认为是微生物学的奠基者之一，亦被称为“微生物学之父”。

渐化为实体。内火外水，此处凸出为峯，彼处凹下为谷，沧海桑田，屡次更易，莫不留有遗迹可考而知。盖土石有出于火者，有出于水者，有出于火而经水者，其层次重叠，厚至数里。如干支之有定位，如书页之有前后。然干支有时缺断，书页有时残失，有时倒置，故攻地学者相地面而推地内各层，俨如古人厘定壁经，揣摩蝌蚪文字。其学之广深何如也？今多事矿窑之国如英、美、法、德等国皆有地学专家。然只查考一方，必将诸国地势比较，如汉代之求遗书以补阙失，方为详备。

至动植之学，自古有之。而近代多有专精之者，其讲求之旨有二：一在博采旁搜，得识所有草木、鸟兽、鳞介[1]、昆虫，分其族类，辨其异同；一在由近推远，由今溯古，而得物类之所始。昔时攻其学者仅求其当然，而未能追其原本。乾隆间，瑞典国有林尼[2]者，以动植分类之旧说推陈出新。后法国有赖摩[3]者，又创新说，与拉氏论三光之始相似，拉氏谓日月星均出于一气运动，各分一界。赖氏则谓动植各物均出于一脉，并非亘古不易。太初之世，天地既分，生物始出，如水中之虫蚔，其初或一类，或数类，后年代渐远，变形体，分支派，生足而行陆

[1]鳞介，泛指有鳞和介甲的水生动物。

[2]林尼，即卡尔·林奈（Karl Linne，1707—1778），瑞典植物学家、动物学家、医生，瑞典科学院的创始人之一。他奠定了现代生物学分类法二分的基础，被誉为“现代生物学之父”，主要著作有《自然系统》。

[3]赖摩，即拉马克（Jean-Baptiste Lamarck，1744－1829），法国博物学家，他率先提出生物进化的学说，是进化论的倡导者和先驱，1809年发表了《动物哲学》一书，系统地阐述了他的进化理论，书中提出了用进废退与获得性遗传两个法则，并认为这既是生物产生变异的原因，又是适应环境的过程。达尔文在《物种起源》中曾多次引用拉马克的著作。

地，生翼而飞青空。又越千万代，兽之直立者如猩猩之类，渐通灵性，化而为人。此说当时鲜有信之者，皆谓动植各物，无不各从其类，不变不易，必是大造[1]有命而各类陡然而出，生生不息。至人则抟土而成形灵，并出为万物之灵，超万物之上。若谓人类仰猩猩为宗，万无是理。此旧说也，意固宏美，其于新说有别者，在陡渐之分。无论人物，或陡然俱出，或径万劫，次第而出，皆凭大造之命而成也。

四十年前，有英国医士达尔温[2]者，周游四海，查勘各地动植，乃举赖氏之说而重申之。伊云各类之所以变形者，其故有三：一在地势，如北方天寒，物多厚毛，南方气暖，物虽同类而无毛。且地之各层所藏骨迹可取以证之。盖太古之时，地面多水，其生物水陆皆宜。后水陆分界，陆地禽兽始出，至人则在地之最新一层方有骨迹，可知人生最后也；一在择配。各物之形，偶有变异，必求其同形者配合之。如海鸟初不能飞，偶有能飞者，牝牡[3]必相聚而传新类；一在强弱以决存亡。盖天时之寒暑，地势之高下，逐渐改变，惟物类之形体相宜者强而能存。咸丰九年[4]，达氏著书以明此理，名曰《物质推原》，意深词达。各国争译而广传之，今学者多宗其说。要之，由观天象而推元气，由攻地学而求往迹，由动植万类而溯生人之

[1]大造，即大自然。

[2]达尔温，即查尔斯·罗伯特·达尔文（Charles Robert Darwin，1809—1882），英国地理学家、生物学家，其最著名的研究成果是在《物种起源》（即下文《物质推原》）一书中阐明的进化论，强调物竞天择、适者生存。

[3]牝牡，即雌雄二性。

[4]咸丰九年，即1859年。

始，皆不外乎密探造化之踪迹。盖天之生物，皆次第经营而成，实有聪明智慧而为万物之主宰也。

第四章　学校册记

册内开列诸国民数，可与学者之多寡相比，以窥学校之盛衰也。

泰西各国，学业本出一原，所异者实鲜。自孺馆至太学均有等差，而课程递进，其教授之各术虽别门径，而大旨相同。兹查各国学政部院呈报之数，以证学校多寡、增减、进退之情形如左。册记西历一千八百七十年，即同治九年；一千八百八十年，即光绪六年。余可类推。

英吉利一作英伦，一作英格兰民数二千五百万。

一千八百七十年

官学八千二百八十一所。

生徒一百五十一万。

一千八百七十八年

官学增至一万六千四百一十所（数几加倍）。

生徒增至二百九十九万（只论小学，太学、中学均不在内）。

苏格兰民数三百六十三万。

一千八百七十九年

官学生徒登名者五十一万，到馆者四十万。

阿尔兰[1]民数五百三十一万。

一千八百七十九年

官学生徒登名者一百零三万，到馆者四十三万五千人。

布国民数二千五百七十四万。德意志各邦不在内。

一千八百七十七年

小学二万九千四百八十二所其所增减未详。

生徒三百零五万。

一千八百七十八年

新调兵丁八万六千一百七十七人，未入乡学诵读者仅二千一百四十人即二百人中之五人而已。

学校经费按生徒数目揆之，每人岁需银三两五钱，实学馆暨经馆大者八十四所。

教习一千二百四十七人每馆教习约十四人。

德国民数四千三百万布国在内。

太学二十四所。

一千八百八十一年

教习一千三百四十人。

生徒二万三千一百二十一人每学数几千人。

法国民数三千六百万。

一千八百三十七年

小学生徒二百六十九万。

[1]阿尔兰，即爱尔兰，当时属英国。

一千八百七十七年

小学生徒增至四百七十四万四十年中，数几加倍。

经馆二百四十二所。

大书院八十所。

生徒共七万六千人。

法学院生徒四千六百五十人。

医学院生徒五千零三十人。

日本民数三千四百二十五万日本属雅细亚，不在西国之内，然亦按西法设立学校，是以书之。

一千八百七十五年

小学一万二千六百所。

一千八百七十七年

小学增至二万五千四百所三年中数几加倍。

教习六万。

生徒二百一十万内有女生五十七万。

大学律法格致等科，生徒七百一十人。

医学生徒一千零四十人。

义国民数两千八百四十六万。

一千八百七十六年

官学三万八千所。

教习三万七千人。

男生九十六万七千人。

女生七十五万五千人。

民学九千一百五十所。

教习九千四百人。

男生八万七千人。

女生十二万七千人。

和兰民数三百八十六万，

小学三千八百一十三所。

生徒四十八万六千人内有女生，数几一半。

比国民数五百三十三万。

小学五千八百五十七所。

生徒六十六万九千人男生三十三万六千四百人，女生三十三万两千六百人。

俄国民数八千五百六十八万。

太学八所。

教习六百零一人。

生徒六千二百零八人，实学馆暨经馆一百七十一所。

生徒六万一千人。

小学两万五千所。

生徒一百零四万内有女生十八万。

美国民数五千万。

一千八百七十一年

小学生徒三百七十万。

一千八百七十九年

小学生徒增至五百三十万内有女生，数几一半。

男教习十万八千人。

女教习十四万二千人。

经费七千八百一十八万洋圆，每人岁需银十两。

一千八百七十年

书院暨太学二百六十六所。

一千八百七十九年

书院暨太学增至三百六十四所。

教习四千二百四十一人。

生徒六万零十一人。

一千八百七十年

师道馆系练习为师傅者五十三所。

一千八百七十九年

师道馆增至二百零七所数几四倍。

教习一千四百二十二人。

生徒四万零二十九人。

一千八百七十年

道学院系学为教士者八十所。

一千八百七十九年

道学院增至一百三十三所

教习六百人。

生徒四千七百三十八人。

一千八百七十年

法学院二十八所。

一千八百七十九年

法学院增至四十九所。

教习二百二十四人。

生徒三千零一十九人。

一千八百七十年

医学院六十三所。

一千八百七十九年

医学院增至一百一十四所。

教习一千四百九十五人。

生徒一万三千三百二十一人。

以上各国学校册记观之，英吉利学校生徒为民数八分之一，苏格兰学校生徒为民数九分之一，阿尔兰学校生徒为民数十三分之一，布国学校生徒为民数八分之一，法国学校生徒为民数九分之一，日本学校生徒为民数十一分之一，义国学校生徒为民数十四分之一，和兰学校生徒为民数八分之一，比国学校生徒为民数八分之一，俄国学校生徒为民数八十三分之一，美国学校生徒为民数六分之一。

跋

荣肄业同文迄今十有六载矣。从壬叔先生攻历算之学，从冠西先生攻格致之学，凡观察、推步、测量、创造之实际，星、电、水、火、光、气、声、力之要端，极承两先生口讲指画，几阅寒暑，殚思日久，始窥其奥窔[1]于万一。同人翻译西书，十余年来，如《星轺指掌》《公法便览》《公法会通》《俄国史略》，蒙冠西先生任以校字之役，复为之朝夕讲解，始知邦国往来之道，战和交涉之例，以及世代盛衰之由。上下四千年之久，东西七万里之遥，犹全豹之见一斑也。庚辰春，先生有事归里，旋历七国而还，其名胜之登临，古迹之访求，图书之搜罗，名儒老宿之过从，罔不笔之于书，以为鸿雪[2]之证。其最属意者，大小学校之因革，东西文学之隆替，古今风化之异同，钩深致远[3]，制造之精奇；推陈出新，道理之微妙，皆身历其境，实事求是而发为宏论，以冀有裨于我国家，此《西学考略》所以作也。书中于测算、格致、公法、史乘诸学尤为三致意焉。向之闻于耳者，今如寓于目矣。往

[1]奥窔，原意为室隅深处，引申为奥妙精微之处。

[2]鸿雪，鸿鸟在雪泥上留下的爪印，比喻陈迹。

[3]钩深致远，谓能钩取深处之物和招致远处之物，比喻探讨深奥的道理。出自《周易·系辞上》："探赜索隐，钩深致远。"

复读之，有感于怀。先生自述，由扶桑挂帆抵美岸，浩淼重洋，一望无际，在风涛险阻之中有不堪设想之语，而先生处之泰然，未数月而返棹[1]。按程详记，逐事精求，译以华文，出而问世。殆所谓利害不动于中、欣戚[2]不形于色者欤？噫！可以不朽矣。

光绪八年冬十有一月，内务府郎中、天文馆副教习、肄业生贵荣谨跋。

[1]返棹，乘船返回，泛指归来。

[2]欣戚，即喜乐和忧戚。

译名对照表

《西学略述》部分

类别	外　文	艾约瑟译	今　译
地理类	Africa	亚非利加州	阿非利加洲、非洲
	Australia	奥大利亚洲	澳大利亚、澳洲
	Abyssinia	阿比西尼	阿比西尼亚
	Adullam	兰塞	阿杜兰城
	Athens	亚典	雅典
	Bactria	巴哥底	巴克特里亚
	Bering Strait	贝令海峡	白令海峡
	Ceylon	西兰	锡兰
	Canada	加那达	加拿大
	Carrara	加拉拉	卡拉拉
	Cape of Good Hope	土角	好望角
	Celt	革勒底族	凯尔特人
	Euphrates	欧伯拉底河	幼发拉底河
	Great Barrier Beef	葛留巴岛	大堡礁
	Hawaii Islands	散多威知群岛	夏威夷群岛
	Kingdom of Prussia	布国	普鲁士王国
	Lydia	吕利亚	吕底亚、小亚细亚
	Mississippi River	米西西比河	密西西比河
	Moscow	磨斯瓜	莫斯科
	Mantova	马伦哥	曼托瓦
	Nile River	尼禄河	尼罗河
	Nineveh	尼尼微	尼尼微
	Netherlands	和兰	荷兰
	Persia	巴西	波斯
	Pamir	巴米尔	帕米尔
	Republic of Genoa	日挪瓦国	热那亚共和国
	Republic of Florence	弗罗连国	佛罗伦萨共和国
	Syria	叙里亚	叙利亚
	Tigris	底革利斯河	底格里斯河
	Vienna	非也那	维也纳
	Volga River	弗罗加河	伏尔加河
人种族别类	Aram	亚兰族	亚拉姆人
	Alan	阿兰族	阿兰人
	Dravidians	拉非典族	达罗毗荼人
	Franks	法兰革人	法兰克人
	Germany	德族	日耳曼人

（续表）

类别	外　文	艾约瑟译	今　译
人种族别类	Goth	哥低族	哥特人
	Hamites	西底米族	闪米特人
	Langobard	郎巴底人	伦巴底人
	Marcomanni	马革满族	马克曼尼人
	Norman	挪满族	诺曼人
	Slav	斯拉分尼族	斯拉夫人
	Saxon	撒革孙族	撒克逊人
	Suebi	绥威人	苏维汇人
	Vandal	宛大利人	汪达尔人
人物类	Aristotle	阿斯多底	亚里士多德
	Anaximenes	安那西美尼	阿那克西美尼
	Anaximander	安那西满	阿那克西曼德
	Anaxagoras	阿拿撒哥拉	阿那克萨戈拉
	Archimedes	亚奇默德	阿基米德
	Asclepius	哀斯古拉伯	阿斯科勒庇俄斯
	Augustine of Hippo	奥古斯典	希坡的奥古斯丁
	Alexander the Great	亚利散大	亚历山大大帝
	Alexander III	亚利第三	亚历山大三世
	Al-Khwarizmi	穆罕偏谟撒得	花拉子米
	Alfred Tennyson	德尼逊	丁尼生
	Auguste Comte	弓德	奥古斯特·孔德
	Adam Smith	备礼、斯米得	亚当·斯密
	Augustus De Morgan	棣么甘	奥古斯塔斯·德摩根
	Albrecht Dürer	都雷	阿尔布雷希特·丢勒
	Benjamin Franklin	弗兰革林	本杰明·富兰克林
	Charlemagne	大加罗	查理大帝
	Charles I	札斯利	查理一世
	Constantine	根斯丹典	君士坦丁大帝
	Colbert	哥罗伯耳	科尔贝尔
	Cyrus II	古烈王	居鲁士二世
	Cambyses II	千布西	冈比西斯二世
	Christiaan Huygens	海根斯	克里斯提安·惠更斯
	David	大辟	大卫
	David Hume	休摩	大卫·休谟
	David Livingstone	利逢斯敦	戴维·利文斯顿
	Dante	丹低	但丁

（续表）

类别	外　文	艾约瑟译	今　译
人物类	Darius I	大利乌王	大流士一世
	De Fleury	都耳哥	德·弗勒里
	Denis Papin	巴斯加勒	丹尼斯·帕伯
	Descartes	代加德	笛卡尔
	Demosthenes	底莫提尼	德摩斯提尼
	Democritus	底摩革利都	德谟克里特
	Diophantine	丢番都	丢番图
	Epicurus	意比古路	伊壁鸠鲁
	Euclid	欧吉利德	欧几里得
	Edward Gibbon	基本	爱德华·吉本
	Edmund Cartwright	加得雷德	埃德蒙·卡特莱特
	Frobel	额伯邻	福禄贝尔
	Francis Bacon	备根	弗朗西斯·培根
	Franciscus Vieta	肥乙大	弗朗索瓦·韦达
	Galileo Galilei	加利略	伽利略·伽利莱
	Gaius Octavius Thurinus	奥古斯都	屋大维
	Gregory I	俄拉多略	格里高利一世
	Goethe	哥底	歌德
	Gotthold Ephraim Lessing	勒星	莱辛
	Gorge Bancroft	乔治·班克罗夫特	班哥罗夫
	Georges Cuvier	举非也	乔治·居维叶
	Herodotus	希罗多都	希罗多德
	Homer	和美耳	荷马
	Hippocrates	希波拉底	希波克拉底
	Hobert Spencer	斯本赛	郝伯特·斯宾塞
	Handel	韩德勒	亨格尔
	Heraclitus	希腊革雷都	希拉克里特
	Henry Cavendish	加芬底矢	亨利·卡文迪许
	Imannuel Kant	干德	伊曼努尔·康德
	Infant De Henrique	显理	恩里克王子
	John Milton	米罗敦	约翰·弥尔顿
	James Cook	古革	詹姆斯·库克
	James Grant	哥兰	詹姆斯·格兰特
	James Watt	瓦得	詹姆斯·瓦特

（续表）

类别	外 文	艾约瑟译	今 译
人物类	James Hargreaves	亚革雷	詹姆斯·哈格里夫斯
	Jean Racine	拉先兹	让·拉辛
	Joseph Priestly	伯理斯理	约瑟夫·普利斯特里
	Joseph Haydn	海敦	约瑟夫·海顿
	John Ray	赖氏	约翰·雷
	John Speke	斯毕革	约翰·斯皮格
	Jussieu	如秀	朱西厄
	Justinian I	茹底斯年	查士丁尼一世
	Karl Linne	邻奈	卡尔·林奈
	Landini	非力乃利	兰迪尼
	Lavoisier	拉非洩	拉瓦锡
	Leibniz	雷伯尼兹	莱布尼茨
	Lichard Burton	贝格	理查德·伯顿
	Luis of Germanic	雷斯	日耳曼人路易
	Lucretius	卢革来底	卢克莱修
	Mani	摩尼	摩尼
	Marco Polo	波罗	马可·波罗
	Max Muller	马斯米勒	马克斯·缪勒
	Mendelssohn	门得孙	门德尔松
	Muhammad	穆罕默德	穆罕默德
	Mozart	摩杂得	莫扎特
	Monger Park	巴革	蒙戈·帕克
	Moliere	摩列耳	莫里哀
	Napoleon	拿波伦	拿破仑
	Numa Pompilius	弩玛	努马·庞皮里乌斯
	Necho II	尼哥	尼科二世
	Newton	奈端	牛顿
	Ole Romer	罗美尔	奥勒·罗默
	Oliver Cromwell	哥伦威勒	克伦威尔
	Ovid	俄非德	奥维德
	Peter I	彼得第一	彼得一世
	Plato	伯拉多	柏拉图
	Pepin	伯宾奄	丕平
	Pythagoras	卜大哥拉	毕达哥拉斯
	Phidias	非底亚斯	菲狄亚斯
	Pierre Corneille	哥内罗	皮埃尔·高乃依
	Ptolemy	多禄某	托勒密

（续表）

类别	外 文	艾约瑟译	今 译
人物类	Plutarch	伯路大孤	普鲁塔克
	Raphael Sanzio	拉发夜	拉斐尔·圣齐奥
	Rembrandt	林伯兰得	伦勃朗
	Robert Hooke	格路	罗伯特·胡克
	Robert Hart	鹭宾赫君	罗伯特·赫德
	Roger Bacon	罗革	罗杰·培根
	Sappho	撒弗	萨福
	Socrates	梭革拉底	苏格拉底
	Schiller	世落耳	席勒
	Thales	他里斯	泰勒斯
	Thucydides	都基底底	修昔底德
	Thomas Aquinas	亚圭那	托马斯·阿奎那
	Thomas Reid	理德	托马斯·里德
	Thomas Macaulay	马高乐	托马斯·麦考利
	Thomas Young	雍姓	托马斯·杨
	Torricelli	多利遮里	托里拆利
	William Stanly Jevons	哲分斯	威廉·斯坦利·杰文斯
	William Edward Forster	威得斯宾	威廉·爱德华·福斯特
	William Shakespeare	筛斯比耳	威廉·莎士比亚
	William Harvey	哈斐	威廉·哈维
	Virgil	威公	维吉尔
	Virtuvius	威得路斐	韦德路威
	Vittorio Immanuel II	威多以马内利	维托利奥·伊曼纽二世
	Xenophanes	丢几尼	色诺芬尼
	Zeno	赛挪	芝诺
	Zoroastrian	梭都诗得	琐罗亚斯德

（续表）

类别	外 文	艾约瑟译	今 译
神话人物、经典类	Astraios	底多努	阿斯特赖俄斯
	Ahuramazda	和摩斯达	阿胡拉·马兹达
	Angra Mainyu	亚利瞒	安哥拉·曼纽
	Avesta	孙大威达书	阿维斯塔
	Koran	哥拉尼书	可兰经
	Vedas	韦多书	吠陀经
	Eos	约斯	厄俄斯
	Muses	慕赛	缪斯
	Osiris	俄西利斯	奥西利斯
其他	anatomy	阿那多米、剖截	解剖学
	gallon	加伦	加仑
	idyll	伊底罗诗	田园诗
	linen	利年	麻布
	Macmillan & Co.	麻密纶大书院	麦克米伦公司
	opera	俄贝拉	歌剧
	physiology	非西由罗机、生物学	生理学
	president	伯理玺天德	总统
	Romanov	罗马挪族	罗曼诺夫
	Ruilik	路利革	留里克
	sonnet	十四句之诗	十四行诗、商籁

《西学考略》部分

类别	外 文	丁 韪 良 译	今 译
地理类	Asia	雅西亚、雅洲	亚细亚洲、亚洲
	Africa	阿斐利加洲、斐洲	阿非利加洲、非洲
	America	亚美利加洲、美洲	阿美利加洲、美洲
	Arab	亚剌伯	阿拉伯
	Aachen	艾克斯	亚琛
	Babylon	巴庇伦	巴比伦
	Boston	亳斯敦	波士顿
	Berlin	伯林	柏林
	Carthage	嘉大奇	迦太基
	Cologne	哥罗尼	科隆
	Europe	欧罗巴洲、欧洲	欧罗巴洲、欧洲
	Freiburg	富来堡	弗莱堡、弗赖堡
	Geneva	冉城	日内瓦
	glacier	格拉细尔	冰川、冰河
	Kingdom of Prussia	布国	普鲁士王国
	Koblenz	哥布伦斯城	科布伦茨
	Lake Lucerne	陆晋湖	卢塞恩湖
	Lake Erie	伊里湖	伊利湖
	Massachusetts	密省	马萨诸塞州
	Mont Blanc	蒙布朗	勃朗峰
	Napoli	那柏里	那不勒斯
	New York	牛约	纽约
	New Haven	钮哈芬城	纽黑文
	Nile River	尼罗江	尼罗河
	Niagara River	尼各拉江	尼亚加拉河
	Panama	班那马	巴拿马
	Paris	巴里	巴黎
	Perim Island	碧林小岛	丕林岛
	Rigi	童女山	瑞吉山
	Rhine River	连那江	莱茵河
	San Francisco	金山	旧金山、三藩市
	Singapore	新嘉坡	新加坡
	The Suez Canal	苏以士河	苏伊士运河
	Wales	威利士	威尔士
	Worms	沃木斯	沃尔姆斯

（续表）

类别	外 文	丁韪良译	今 译
人物类	President	伯理玺天德	总统
	Aristotle	额里斯多	亚里士多德
	Archimedes	亚及密底	阿基米德
	Benjamin Franklin	富氏	本杰明·富兰克林
	Charles Darwin	达尔温	查尔斯·达尔文
	Charles the Great	大楂理	查理大帝
	Columbus	哥伦氏	哥伦布
	Daniel Gilman	吉尔曼	丹尼尔·吉尔曼
	Daniel Jerome Magowan	马高温	玛高温
	Descartes	德戛尔	笛卡尔
	Francis Bacon	培根	弗兰西斯·培根
	Galileo Galilei	戛里留	伽利略·伽利莱
	Gustav Moignier	穆尼耶	古斯塔夫·穆瓦尼耶
	Henry Dunant	杜南	亨利·杜南
	Herry Wheaton	惠顿	亨利·惠顿
	Hero of Alexander	希罗	亚历山大港的希罗
	Humphry Davy	达飞	汉弗理·戴维
	James Joule	茹里	詹姆斯·焦耳
	Johannes Kepler	格布莱	约翰内斯·开普勒
	John Heinrich Pestalozzi	贝斯罗西	约翰·亨利希·裴斯泰洛齐
	Johannes Gutenberg	顾汀浦	约翰内斯·古登堡
	J. C. Bluntschli	布伦氏	约翰·卡斯帕·伯伦知理
	Kirchhoff	吉尔赫	基尔霍夫
	Karl Linne	林尼	卡尔·林奈
	Laplace	拉布拉瑟	拉普拉斯
	Louis Pasteur	裴司格	路易·巴斯德
	Napoleon I	那波仑第一	拿破仑一世
	Napoleon III	那波伦第三	拿破仑三世
	Newton	奈端	牛顿
	Nicolaus Copernicus	哥白尼	尼古拉·哥白尼
	Plato	布拉多	柏拉图
	Pythagoras	毕他固拉	毕达哥拉斯
	Socrates	索格底	苏格拉底
	Thales	塔理士	泰勒斯
	Thomas Alva Edison	哀公狄孙	爱迪生
	Victor Hugo	虎哥	维克多·雨果

（续表）

类别	外　文	丁韪良译	今　译
博物馆类	Louvre	路斐尔	卢浮宫
	Luxembourg Palace	路桑堡	卢森堡宫
学校、建筑类及其他	American Oriental Society	东土文会	美国东方学会
	Academy	阿佳底密	学院
	Cambridge University	毕治之古太学	剑桥大学
	Chemistry	希密	化学
	Cortland Normal School	师学院	科特兰师范学校
	Columbia University in the City of New York	哥伦书院	哥伦比亚大学
	Gothic	古德式	哥特式
	Harvard University	哈法书院	哈佛大学
	New York University	纽约太学	纽约大学
	Oxford University	鄂斯浦太学	牛津大学
	Paris Observatory	法京之观象台	巴黎天文台
	St. Peter's Basilica	彼得罗之圣堂	圣彼得大教堂
	Smith College	斯美书院	斯密斯学院
	The United States Military Academy at West Point	威司伯观武学院	西点军校
	The Johns Hopkins University	杨湖金书院	约翰斯·霍普金斯大学
	The University of Dublin	爱尔兰太学	都柏林大学
	Theological Seminary	道学院	神学院
	University of Massachusetts	密省太学	马萨诸塞大学
	Yale University	雅礼书院	耶鲁大学
	theology	道科	神学
	telegram	对里戞	电报
	telephone	对里丰	电话